高等职业技术院校汽车类专业教材

汽车钣金维修

（第三版）

人力资源社会保障部教材办公室　组织编写

主　编　张启森

中国劳动社会保障出版社

简介

本书主要内容包括汽车车身钣金件认知与维修安全，典型车身钣金件的拆装与调整，车身钣金件的修复，钣金件的制作，车身玻璃件、塑料板件和铝件的修复，车身测量与校正。

本书由张启森任主编，蔡祥、周云任副主编，胡昊、李方、任永潇、蒋达、王婷参加编写，彭桂枝任主审。

图书在版编目（CIP）数据

汽车钣金维修 / 人力资源社会保障部教材办公室组织编写；张启森主编 . --3 版 . -- 北京 : 中国劳动社会保障出版社，2023

高等职业技术院校汽车类专业教材

ISBN 978-7-5167-5795-6

Ⅰ. ①汽…　Ⅱ. ①人…　②张…　Ⅲ. ①汽车 - 钣金工 - 维修 - 高等职业教育 - 教材　Ⅳ. ①U472.4

中国国家版本馆 CIP 数据核字（2023）第 039585 号

中国劳动社会保障出版社出版发行

（北京市惠新东街 1 号　邮政编码：100029）

*

北京市白帆印务有限公司印刷装订　　新华书店经销

787 毫米 ×1092 毫米　16 开本　13.25 印张　235 千字

2023 年 4 月第 3 版　　2025 年 11月第 6 次印刷

定价：35.00 元

营销中心电话：400-606-6496

出版社网址：http://www.class.com.cn

http://jg.class.com.cn

前 言

为了更好地适应全国高等职业技术院校汽车类专业的教学要求，全面提升教学质量，人力资源社会保障部教材办公室组织有关学校的骨干教师和行业、企业专家，在充分调研企业生产和学校教学情况、广泛听取教师对现有教材反馈意见的基础上，吸收和借鉴各地高等职业技术院校教学改革的成功经验，对现有全国高等职业技术院校汽车类专业教材进行了修订（新编）。

本次教材修订（新编）工作的重点主要体现在以下几个方面：

第一，合理更新教材内容。

根据企业岗位和教学实践的需求变化，确定学生应具备的能力与知识结构，调整部分教材内容，使知识点与技能点的深度、难度、广度与实际需求相匹配；根据相关专业领域的最新发展，淘汰陈旧过时的内容，补充新知识、新技术、新设备、新材料方面的内容；根据最新的国家技术标准编写教材内容，保证教材的科学性和规范性。

第二，加强实践技能的培养。

根据就业岗位对技能型人才所需能力的要求，进一步加强实践性教学内容，采用理论知识与技能训练一体化的编写模式，以体现“做中学”“学中做”的教学理念。

第三，精心设计教材形式。

在教材的呈现形式上，尽可能使用图片、实物照片和表格等将知识点生动地展示出来，力求让学生更直观地理解和掌握所学内容。

第四，提供全方位的教学服务。

本套教材配有习题册、电子课件、习题册答案和二维码微视频，电子课件和习题册答案可通过技工教育网（http://jg.class.com.cn）下载。

本次教材的修订（新编）工作得到了辽宁、吉林、江苏、山东、河南、广东等省人力资源社会保障厅及有关学校的大力支持，在此我们表示诚挚的谢意。

人力资源社会保障部教材办公室

2021年3月

目　录

CONTENTS

项目一 | 汽车车身钣金件认知与维修安全

任务 1　汽车车身钣金件的组成与维修类型 ………… 001

任务 2　汽车钣金维修安全与防护 ………… 011

项目二 | 典型车身钣金件的拆装与调整

任务 1　翼子板的拆装与调整 ………… 019

任务 2　保险杠的拆装与调整 ………… 028

任务 3　发动机罩的拆装与调整 ………… 034

任务 4　车门的拆装与调整 ………… 041

任务 5　行李舱门的拆装与调整 ………… 046

任务 6　照明及信号灯的拆装与调整 ………… 050

项目三 | 车身钣金件的修复

任务 1　门板的挖补 ………… 058

任务 2　门槛的修复 ………… 069

任务 3　后翼子板的切割与焊修 ………… 078

任务 4　散热器及百叶窗的修复 ………… 090

任务 5　不锈钢保险杠的修复 ………… 097

项目四 | 钣金件的制作

任务 1 钣金件的划线与下料 …… 107
任务 2 四棱台和斜口圆柱体的放样 …… 115
任务 3 窗沿（加强筋）的制作 …… 123
任务 4 翼眉的制作 …… 129
任务 5 发动机罩外边的制作 …… 135

项目五 | 车身玻璃件、塑料板件和铝件的修复

任务 1 汽车玻璃的拆装 …… 140
任务 2 车身塑料板件的修复 …… 148
任务 3 车身铝件的修复 …… 156

项目六 | 车身测量与校正

任务 1 车身的测量 …… 165
任务 2 车身局部变形损伤的校正 …… 184
任务 3 车身整体变形损伤的校正 …… 190

项目一

汽车车身钣金件认知与维修安全

任务 1　汽车车身钣金件的组成与维修类型

学习目标

- ◆ 掌握汽车车身钣金件的组成。
- ◆ 掌握各类汽车车身钣金件的功用、材料等。
- ◆ 了解汽车车身钣金件的维修类型。

在维修汽车车身钣金件之前，了解汽车车身钣金件的组成、位置、材料及功用非常重要。只有全面地了解汽车车身钣金件，掌握相关作业技巧，才能顺利完成相应的钣金维修工作。

一、汽车车身钣金件的组成

汽车车身钣金件主要由发动机罩、翼子板、保险杠、立柱（A 柱、B 柱、C 柱等）、门槛护板、车顶、行李舱门、车门、车身底板等部件组成，还包括前围挡板总成、减振器塔座、散热器支架总成等，如图 1–1–1 所示。

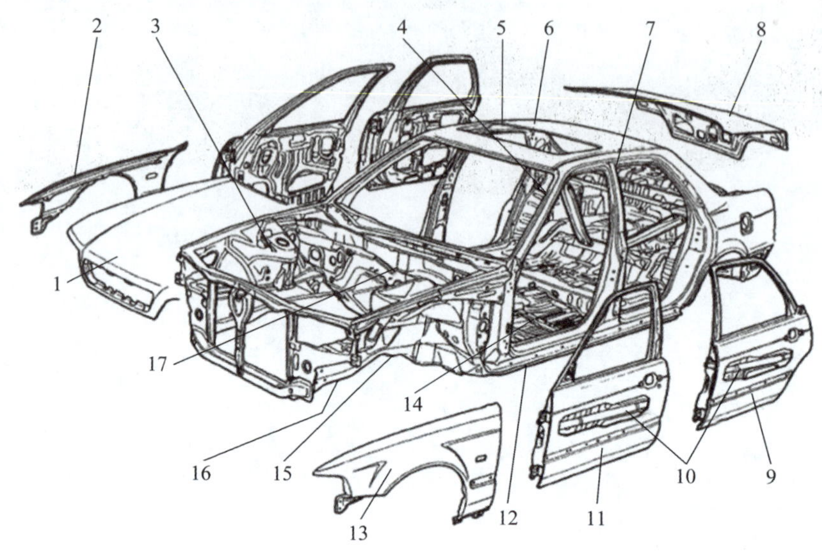

图 1-1-1　汽车车身钣金件的组成

1—发动机罩　2—右前翼子板　3—减振器塔座　4—A 柱　5—天窗　6—车顶　7—B 柱　8—行李舱门
9—后车门　10—车门横梁　11—前车门　12—门槛护板　13—左前翼子板
14—车身底板　15—翼子板挡泥板　16—前纵梁　17—散热器支架总成

1. 发动机罩

发动机罩位于车辆前上部、两侧翼子板之间，是发动机舱的盖板，如图 1-1-2 所示。

图 1-1-2　发动机罩

（1）发动机罩的功用和性能

发动机罩是发动机舱的重要组成部分，主要有以下三方面功用：

1）密封。保护发动机免受灰尘、杂物和水气侵袭。

2）美观。作为前车身表面覆盖件，完成整车造型。

3）导流。作为车身前部的导流板，减少行车时的空气阻力。

（2）发动机罩的性能

由于维护发动机时要经常开关发动机罩，且发动机罩位于风窗玻璃前，为防止碰撞给驾驶员带来巨大的安全隐患，因此要求发动机罩应具有足够的刚度、安全性和密封性，同时还要具备隔音、减振等功能。

（3）发动机罩的材料

发动机罩通常由冷轧钢板制成，目前车辆多用高强度钢板，也有使用铝制玻璃纤维和塑料罩的汽车，发动机罩多为双面镀锌。

2. 翼子板

翼子板是遮盖车轮的车身外板，是非常重要的车身结构件。翼子板分为前翼子板和后翼子板，如图 1–1–3 所示。

a）

b）

图 1–1–3　翼子板

a）前翼子板　b）后翼子板

（1）翼子板的功用

翼子板是车身的主要覆盖件，其主要功用是遮挡车轮，使车身具备统一的造型，确保车身的造型线条完美、流畅；同时，前翼子板还能将行车时的气流向车身两侧分流，减少空气阻力。

（2）翼子板的材料

翼子板厚度一般为 0.6 ~ 0.8 mm，多由冷轧钢或低碳钢拉延制成，部分车辆采用玻璃纤维和塑料材质的翼子板，铝合金翼子板多见于高档汽车。

（3）翼子板的形状

以前翼子板为例。翼子板的外边形状由车身造型决定，周围边界形状、前部形状取决于车灯的形式和布置方式，后部形状取决于前门和后部覆盖件的形状，上部形状取决于发动机罩的尺寸和布置方式，下部形状与车轮相配合。

3. 保险杠

通常汽车的前部和后部都装有保险杠。保险杠的主要功能是：保护车身，减轻对被撞物体和人员的伤害程度；作为外部装饰件，美化汽车造形。

（1）保险杠的类型

根据组成部件数量和组成方式的不同，保险杠可分为整体式保险杠和组合式保险杠两类，如图 1–1–4 所示，目前多数汽车配用的是组合式保险杠。

a）

b）

图 1–1–4　常见保险杠的类型
a）整体式保险杠　b）组合式保险杠

（2）保险杠的材料

保险杠通常由钢、铝或塑料制成。由塑料制成的保险杠称为塑料保险杠，大多应用在普通汽车上。采用薄钢板冲压的保险杠称为钢制保险杠，另外还有铝制保险杠。钢制和铝制的保险杠一般应用在紧凑型汽车上。

4. 立柱、门槛护板和底板

中间车身的结构如图 1–1–5 所示。立柱和门槛护板是构成车身侧框架的钣金结构件，是非常重要的车身支撑件，车身底板是乘客区底部的主要结构。

（1）立柱

立柱分为 A 柱、B 柱和 C 柱。

1）A 柱

A 柱是汽车前风窗玻璃两侧的车身主柱，其作用是作为客区框架梁的前部支承，用来固定前风窗玻璃、安装车门等。

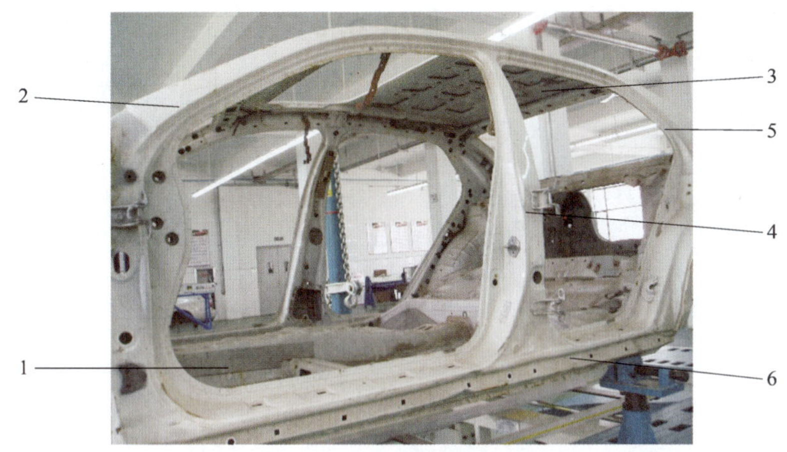

图 1-1-5　中间车身的结构

1—车身底板　2—A 柱　3—车顶　4—B 柱　5—C 柱　6—门槛护板

由于 A 柱既是车身结构件，又具有车身覆盖件的作用，故对其有特殊的要求：A 柱外板的表面形状应与车身外观造型要求一致，而内板在形状上要避免尖角转折，防止对人体产生伤害，并方便安装内饰；具有足够的强度，以便安装附件；有较高精度的装配尺寸，与上盖板、车门、翼子板之间具有良好的装配关系，确保良好的密封结构。

2）B 柱

B 柱是 A 柱之后的第二根立柱，它为车顶提供中间支撑，为前车门提供门锁接触面，又兼为后车门的铰链门柱。B 柱焊接在门槛护板、地板和车顶纵梁上。通常情况下，B 柱的内板、外板和加强板焊接在一起，形成紧凑的结构。因考虑视野等要求，B 柱的上部通常做得比较细小，下部由于要安装门铰链、安全带装置等，需要较大的强度和刚度，因此做得粗大，并带有加强件。

3）C 柱

C 柱是 B 柱之后和 D 柱（若有）之前的所有立柱，一般由后上立柱和后下立柱焊接而成，形成车门侧围框架梁的后部支撑件，其后上立柱兼作后风窗立柱，用来固定后风窗玻璃。

（2）车身底板

车身底板是全车焊接的基础件，是与各大总成连接的重要构件，通常为一整块冲压成形的大钢板，如图 1-1-6 所示。它承受和传递汽车重力、牵引力等，因此对其强度要求很高。

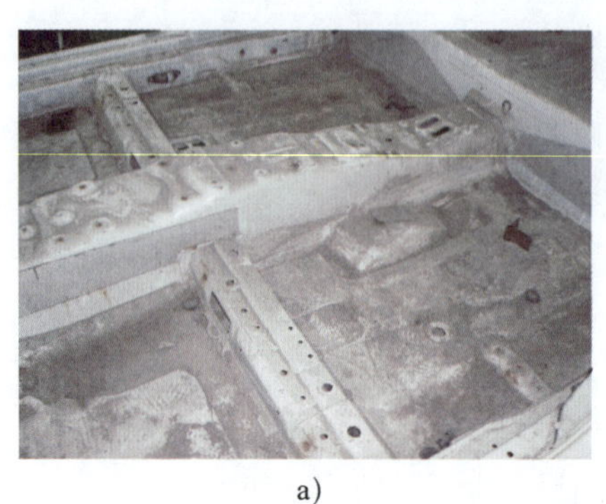
a）

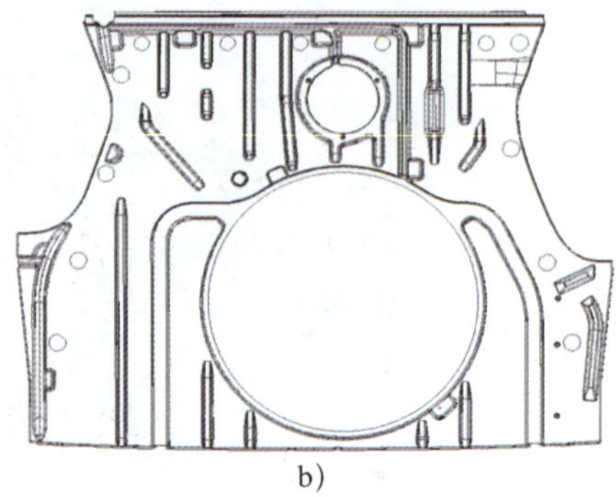
b）

图 1-1-6　车身底板

a）中间车身底板　b）行李舱底板

（3）门槛护板

门槛护板是安装在车门框底部的加强梁，结构如图 1-1-7 所示。它通常焊接在底板和立柱上，且与 B 柱连接。门槛护板主要由内、外板件组成，对车身底板和车身侧面有加强作用，在车身侧面发生碰撞时能够对乘客进行保护。

a）

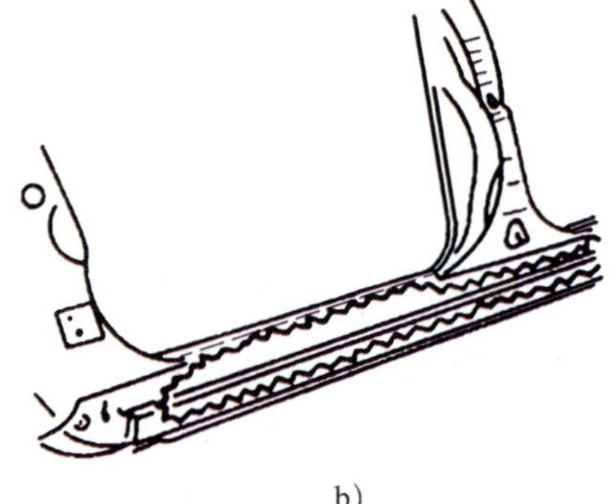
b）

图 1-1-7　门槛护板结构

a）门槛护板实物　b）门槛护板截面形状

5. 车顶和天窗

车顶是客舱顶部的盖板，通常焊接在立柱上。车顶可以装备天窗、换气窗或天线等，如图 1-1-8 所示。车顶主要由车顶板、车顶内衬、横梁（可能有前横梁、后横梁、加强筋）等组成，有的车型还配有车顶行李架。

图 1-1-8　车顶和天窗

6. 行李舱门

汽车的行李舱主要由行李舱门、行李舱门锁止机构、行李舱门铰链、行李舱门支承、行李舱门内板、警示牌等组成，如图 1–1–9 所示，部分汽车的行李舱门还带有车型品牌标识等。

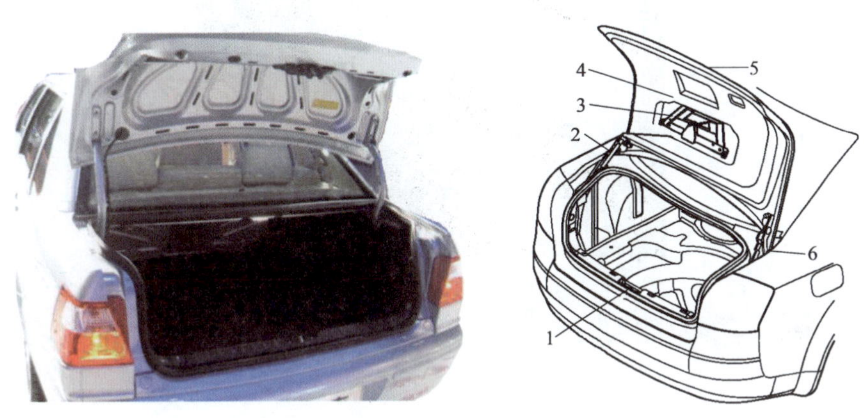

图 1–1–9　行李舱及其组成

1—行李舱门锁止机构　2—行李舱门支承　3—警示牌　4—行李舱门内板
5—行李舱门　6—行李舱门铰链

为了提高行李舱门的强度和吸能效果，行李舱门内板上通常装有加强筋。行李舱门内、外板件的结构形式加大了钣金维修的难度，若其在事故中严重损坏，一般只能更换内、外板件。行李舱门以铰接方式连接在上部后盖板上，通常留有安装后车牌的位置，有时还安装部分尾灯。

7. 车门

（1）车门的类型

车门一般分为旋转式车门、推拉式车门、折叠式车门和上掀式车门等，如图 1–1–10 所示。

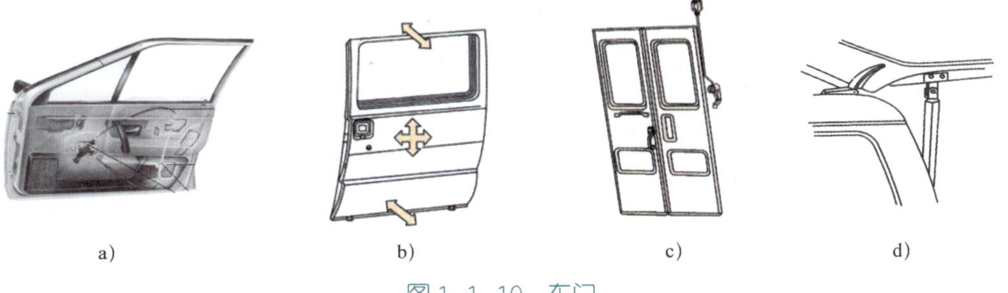

图 1–1–10　车门

a）旋转式车门　b）推拉式车门　c）折叠式车门　d）上掀式车门

（2）车门的组成

车门及附件主要包括车门玻璃、车门内饰板、车门铰链等，如图 1–1–11 所示。

图 1–1–11　车门的结构

1—车门手动摇窗机　2—车门铰链　3—车门锁锁定按钮　4—车门玻璃
5—车门内饰板　6—内拉手　7—内扶手

8. 前围挡板总成

前围挡板总成位于客舱前部，通过防火板使发动机舱与客舱分开，其结构如图 1–1–12 所示。前围挡板总成不仅决定着发动机舱和客舱的抗扭强度，更直接关系到客舱的舒适性和安全性，所以在结构上既要保证车身整体的强度及刚度，又要考虑发动机舱和客舱空间的大小、环境、总布置以及附件的安装等。因此，要求前围挡板总成具有以下性能：良好的隔热、减振和隔音效果；作为各部件的安装基础，具有支撑转向柱、前风窗玻璃、制动器、离合器踏板支架和雨刮的功能；能支撑和安装仪表板等附件；上部设有空气吸入口、通风道、泄水通道等；确保车身抗扭强度，提高车辆安全性能，有效控制发动机舱前部撞车后的后位移量。

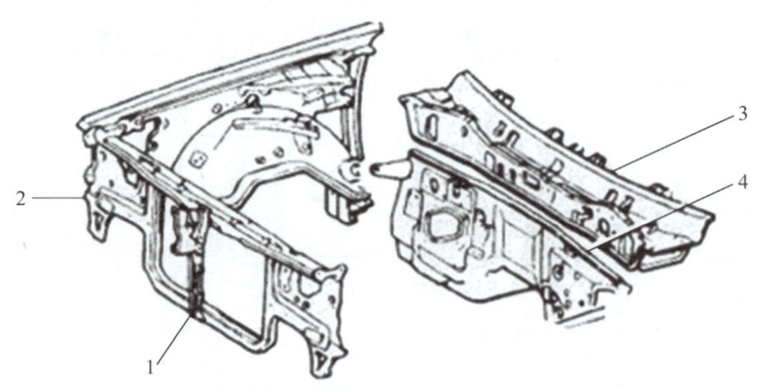

图 1–1–12　前围挡板总成结构

1—前横梁　2—散热器支架　3—车颈板　4—防火板

9. 减振器塔座

减振器塔座的作用是固定前悬架系统减振器支柱和螺旋弹簧，如图 1–1–13 所示。减振器塔座是封闭式结构，能使车轮传递的力分散到前车身上，实现力的分散和平衡。由于要为悬架提供安装基体，形成保护发动机免受路面污泥飞溅的车轮罩，保证乘员的舒适性与安全性，因此要求减振器塔座必须有足够的强度和刚度，而且安装时要严格保证位置和形状精度。

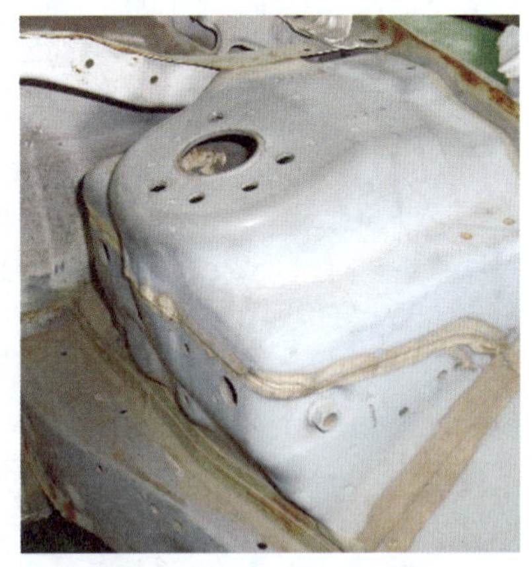

图 1–1–13　减振器塔座

10. 散热器支架总成

散热器支架总成是由几块钣金件焊接在一起形成的框架结构，如图 1–1–14 所示。散热器支架总成主要用于安装散热器、前照灯，同时起到增强车身前部刚度的作用。

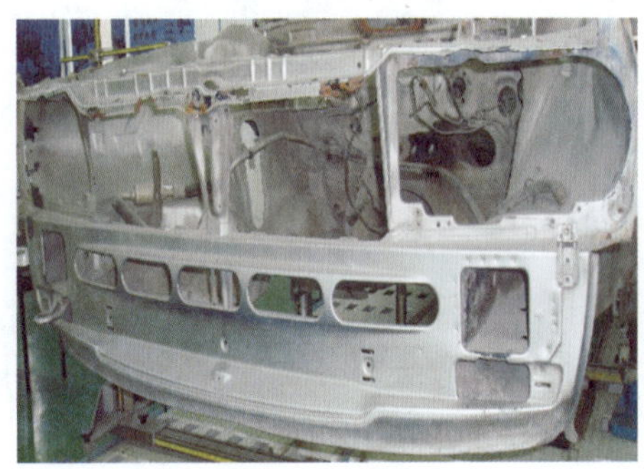

图 1–1–14　散热器支架总成结构

二、汽车车身钣金件的维修类型

汽车车身钣金件的维修包括换件、调整、焊修、挖补制作等，各类维修方式的图示和适用范围见表 1–1–1。

1. 换件

汽车碰撞或局部严重损伤导致车身钣金件无法修复时，需换件并重新安装。

2. 调整

车身钣金件更换或拆检后，若钣金件间的间隙或位置不当，需进行调整以达到原厂技术要求。

表 1-1-1　　汽车车身钣金件的常见维修方式、图示及适用范围

维修方式	图示	适用范围
换件		翼子板、发动机罩、行李舱门等钣金件
调整		发动机罩和前照灯与前翼子板之间的间隙、车门与翼子板间的间隙、行李舱门与后翼子板间的间隙、门锁等位置的调整
焊修		车身覆盖件的焊修、钣金件间的连接脱离和强度加固、切割后的焊接修复
挖补制作		门槛、门沿、翼子板眉、行李舱尾部等部位的修复

3. 焊修

若车身钣金件锈蚀或脱离、钣金件间的连接脱离或强度不够均需要进行焊接修复，切割后修复时也需要焊接操作。

4. 挖补制作

当翼眉等部位损坏需要焊补时，需先进行手工制作；当车身覆盖件表面锈蚀时，

需对其进行挖补、焊接以恢复其表面形状、强度和尺寸。

思考与练习

1. 简述图 1-1-15 中各汽车车身部件的名称。
2. 简述发动机罩的功用和性能。
3. 简述翼子板的功用。
4. 简述车门的主要类型。

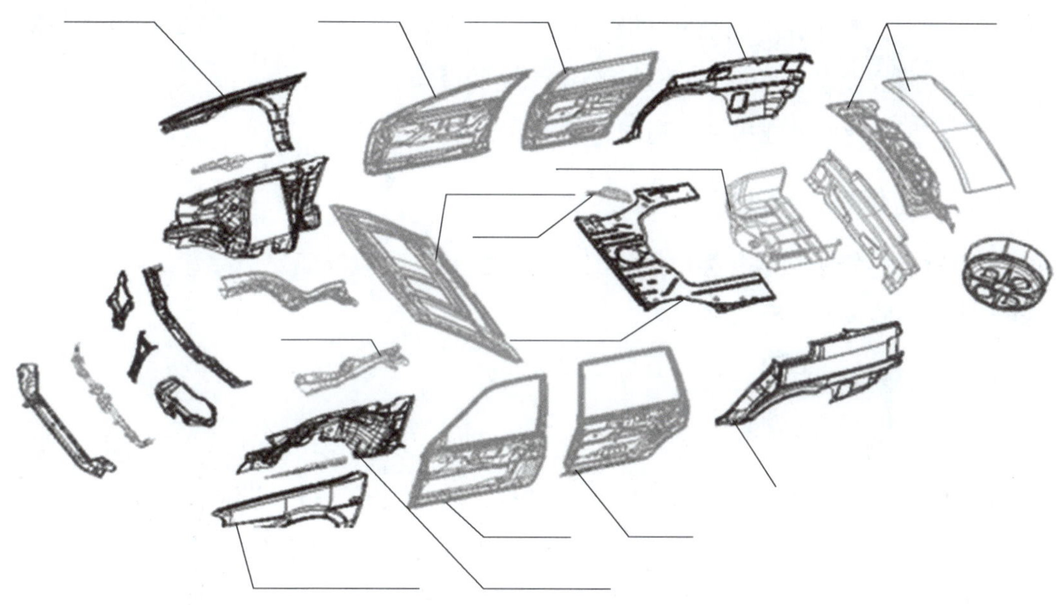

图 1-1-15 汽车车身部件

任务 2 汽车钣金维修安全与防护

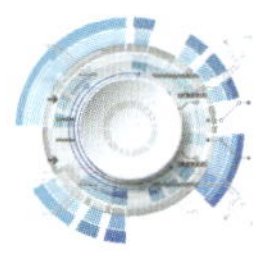

学习目标

- 了解汽车钣金维修车间安全的主要内容。
- 掌握汽车钣金维修安全防护措施。
- 能按汽车钣金维修作业要求正确进行安全防护。

汽车钣金维修安全与防护是指在维修过程中，努力改善劳动环境与工作条件，克服不安全因素，防止各类安全事故发生，使汽车钣金维修在保证人员安全健康和财产安全的前提下顺利进行。汽车钣金维修人员穿戴防护用品进行安全作业如图 1–2–1 所示。

图 1–2–1 汽车钣金维修人员穿戴防护用品进行安全作业

汽车钣金维修人员需了解汽车钣金维修车间布置及安全知识，掌握急救、消防等操作技能，能正确穿戴防护服、护耳器、口罩、眼镜、手套、安全鞋等各类安全防护用品。作业人员严禁在禁火区域吸烟、动火，禁止在上岗前和工作时间饮酒，禁止移动或拆除安全装置和安全标志、触摸无关的设备、设施，工作时间禁止串岗、离岗、睡觉或嬉戏打闹。

一、汽车钣金维修车间安全

汽车钣金维修车间内各类电路、气路的性能和参数应保证安全完好，场地通风应良好，各类消防设施应有效到位。

1. 电路及气路安全

车间内的电气设备不能随意移动，需要移动时，必须先切断电源。不得将导线在地面上拖拽，以免磨损，导线被压时不要硬拉，防止拉断。电气设备发生故障时不能“带病”运转，应立即请电工检修。经常接触使用的配电箱、闸刀开关、按钮开关、插座以及导线等必须保持完好。打扫卫生、擦拭电气设备时，严禁用水冲洗或用湿抹布擦拭，以防发生触电事故。

气体保护焊焊接时的输入电流必须要保证。配电箱中的三孔、四孔插座要保证接地良好且插线不能外露，焊机的电源线不宜过长，以免造成线路过热损坏。

气动工具必须在其制造商推荐的压力下工作，车间内的气源压力通常为 0.5 ~ 0.8 MPa。禁止利用压缩空气来清洁衣物，即使在较低的压力下，压缩空气也能使灰尘嵌入皮肤，造成发炎。禁止将吹气枪直接对着皮肤吹，否则易造成人身伤害。

2. 消防安全

汽车维修企业应在车间设有明显的安全警示标志，配备水龙头、防火沙、灭火器等消防设施，同时应设有专门车间存放汽油、油漆、混合气体等易燃品。

维修车间应配备足量的多用途灭火器，摆放在车间的固定位置，定期检查更换，保证性能良好。灭火器的使用方法如图 1–2–2 所示，所有员工都要掌握。

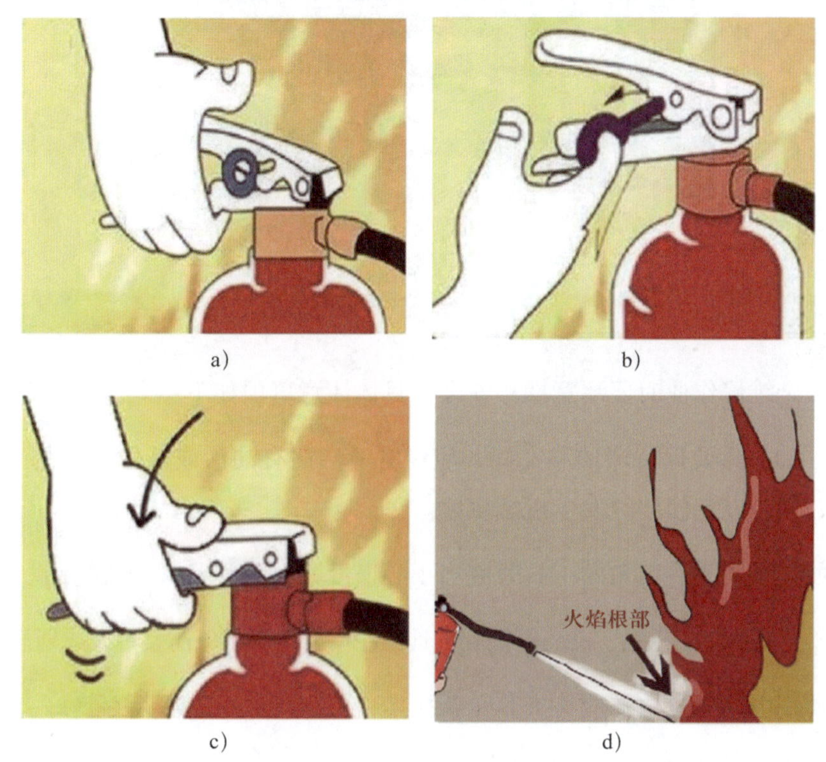

a）　b）　c）　d）

图 1-2-2　灭火器的使用方法

a）提起灭火器　b）拔下保险销　c）用力压下手柄　d）对准火焰根部扫射

易燃材料应正确储存、处理，禁止在钣喷车间抽烟和点燃明火。在存放易燃材料的场所，应对火源实施严格监控。输送桶装溶剂时，要用专用泵通过桶上的孔抽送，不允许侧倒装运，抽送完毕后应将容器盖关紧。

3. 环境安全

钣金维修车间内常有有害气体、灰尘等，应采取相应的措施来保证通风。可应用换气系统进行地面抽气，或用强力抽气中心来抽吸维修时产生的磨料和喷漆场地的灰尘，只有在通风良好的场所运行发动机，才能防止一氧化碳等气体的危害。维修车间需安装尾气排气系统（见图 1–2–3）来排出一氧化碳，如果没有安装尾气排气系统，可通过直接通往室外的管道系统和过滤装置将一氧化碳排出。

图 1-2-3　安装尾气排气系统的维修车间

4. 操作安全

进行钣金维修作业时要注意操作安全，具体注意事项如下：

（1）手动工具要保持清洁和完好，应经常清洁沾有油污或其他杂物的工具，检查其是否有破损，以免使用时发生机械事故。

（2）使用锐利或有尖角的工具时应当小心谨慎，以免伤及人身或物品。

（3）不要将旋具、手钻、冲头等锐利工具放在口袋中，以免伤及本人或划伤汽车表面。

（4）使用电动工具之前应检查其是否接地，检查导线的绝缘是否良好。

（5）操作时应站在绝缘橡胶地板上。

（6）用气动或电动工具进行打磨、修整、喷砂等作业时，必须佩戴防护眼镜。

（7）进行打磨、切割、研磨等作业或处理溶剂时请勿佩戴隐形眼镜。

5. 紧急情况处理

如遇紧急情况，应及时与火警、中毒控制中心、急救中心或医院联系，简单问题可取车间内急救箱进行处理。

二、汽车钣金维修安全防护

1. 人身安全防护

（1）头面部、眼部的防护

防护面罩和眼镜可防止异物进入眼睛，阻隔尘埃、飞屑（玻璃碎片等）、化学品的飞溅等，防护眼镜还可以阻隔烟雾，各种头面部、眼部的防护用品及其穿戴方式如图 1–2–4 和图 1–2–5 所示。

图 1-2-4　各种头面部、眼部的防护用品

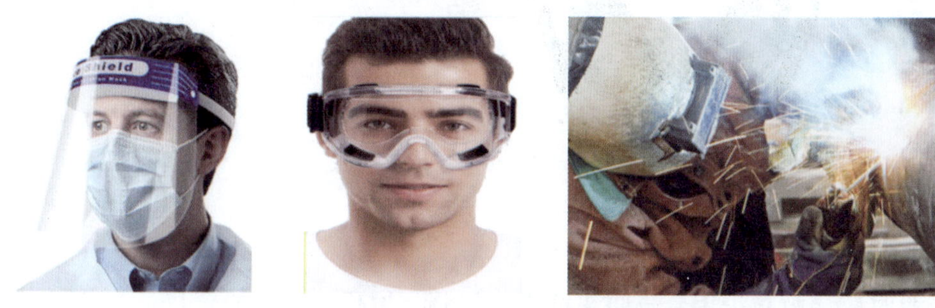

图 1-2-5　头面部、眼部防护用品的穿戴

在进行打磨、切割、钻孔、喷漆等工作时必须佩戴防护眼镜，防止飞出的碎片和飞屑伤害眼睛。

（2）呼吸系统的防护

在进行打磨、切割等工作时必须佩戴呼吸系统的防护用品，防止打磨或切割时产生的粉尘、金属微粒等进入呼吸系统，各种呼吸系统的防护用品及其穿戴方式如图 1–2–6 所示。

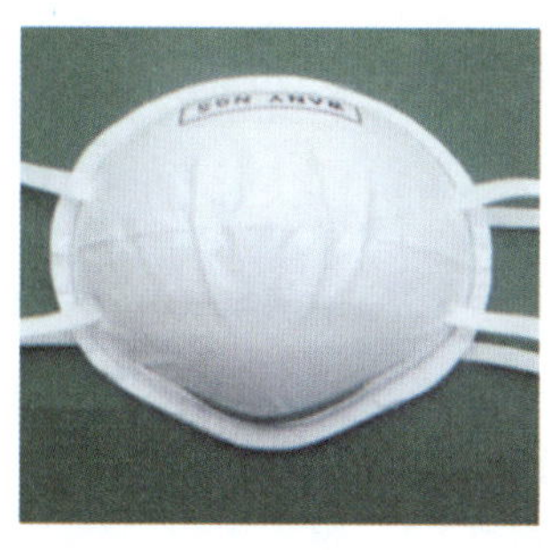

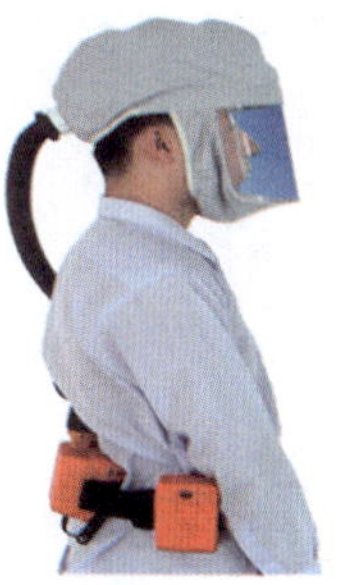

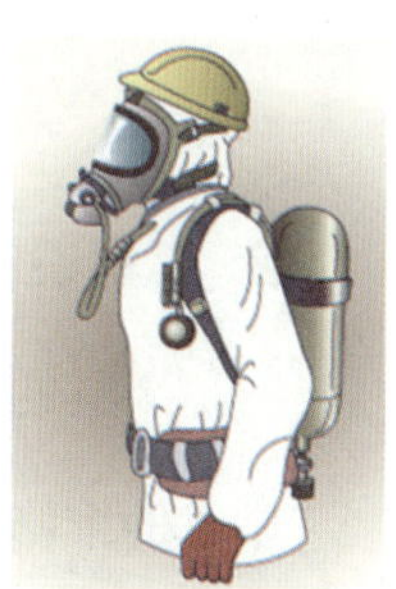

图 1-2-6　各种呼吸系统的防护用品及穿戴

（3）耳部的防护

在进行打磨、切割作业时必须佩戴耳部防护用品，防止打磨、切割过程中产生的高分贝噪声损伤听力，对耳部产生伤害，各种耳部防护用品如图 1–2–7 所示。

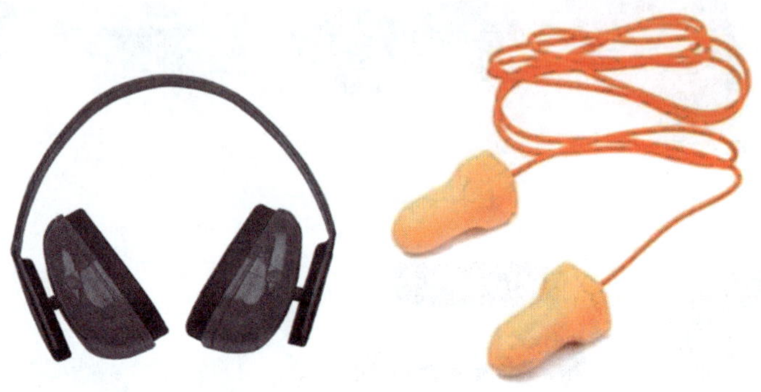

图 1-2-7　各种耳部防护用品

（4）手部、脚部的防护

作业时应穿戴防护手套，防止撞击、切割、擦伤，还可避免机油等化学品损伤手部。

穿戴防护鞋可防止地板打滑，还可防止高处坠落物品及铁钉等锐利物品砸伤或刺伤腿、脚。各种手部、脚部的防护用品如图 1–2–8 所示。

图 1-2-8　各种手部、脚部的防护用品

2. 工具设备防护

（1）工具的防护

常见的维修工具包括手动工具、气动工具和电动工具，如图 1–2–9 所示。

手动工具应保持清洁和良好的工作状况，禁止将手动工具用于任何非设计规定的用途。应将所有的零件和工具整齐、正确地存放，不要同时打开多个工具柜抽屉。

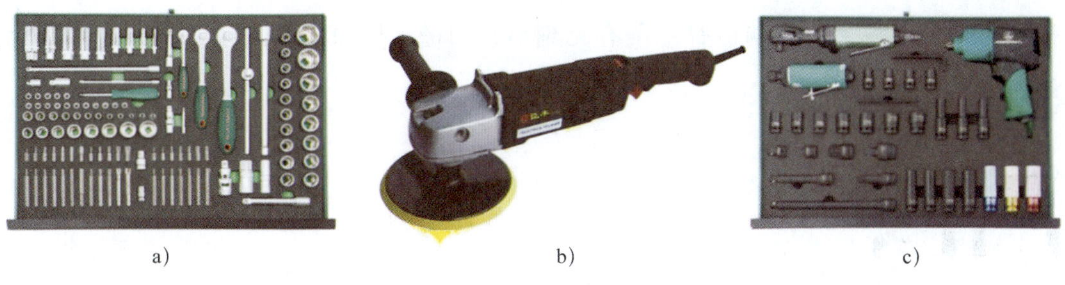
a)　b)　c)

图 1-2-9　常见维修工具
a）手动工具　b）电动工具　c）气动工具

电动工具的电路开关处于断开位置时，才允许接通电源。电动工具使用完毕后，应切断电路。清理电动工具产生的切屑或碎片时，必须让电动工具停止转动，切勿在转动过程中用手或刷子清理。

气动工具必须在规定的压力下工作，不要将压缩空气对着人或设备直吹。

（2）设备的防护

以车身校正仪为例，车身校正仪如图 1-2-10 所示，可针对不同车型车身和骨架变形情况有效地进行修复，节约了维修成本，推动了维修行业的发展。使用车身校正仪时，必须遵守安全操作规程。

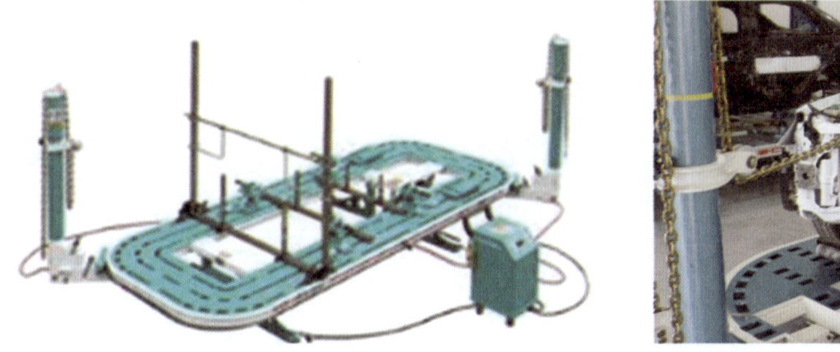

图 1-2-10　车身校正仪

在举升或降下工作平台时，一定注意不要压到工具、液压管路、空气管路等。液压油管应保持完整，不得有任何形式的损伤，不允许使用火烤。应时刻注意检查液压系统的密封性，如果密封不严，要立刻维修或更换。在拉伸操作前，必须将事故车夹持牢固，避免事故车在拉伸过程中出现滑动。钣金工具附件必须牢固夹持在车身表面，保证拉伸过程中不会脱落。在拉伸过程中，不允许使用液压千斤顶作为汽车的支撑，不允许操作人员在车底工作。在使用链条前，必须保证链条没有扭曲、弯折、打结等现象，应定期检查链条有无刻痕、凹槽、扭曲、弯曲或拉长，附件有无损坏。

思考与练习

1. 简述灭火器的使用方法。
2. 汽车钣金维修人员在进行打磨、切割、钻孔时需佩戴哪些防护用品？

项目二

典型车身钣金件的拆装与调整

任务1　翼子板的拆装与调整

学习目标

- ◆ 掌握翼子板的结构。
- ◆ 掌握翼子板的常用拆装工具及其使用方法。
- ◆ 能够熟练进行翼子板的拆装和调整。

任务引入

图 2-1-1 所示为一辆翼子板损伤的汽车，汽车左前部与其他车辆相撞，造成左前翼子板严重变形，经 4S 店鉴定，已无法恢复其强度及表面形状，车主要求更换左前翼子板。

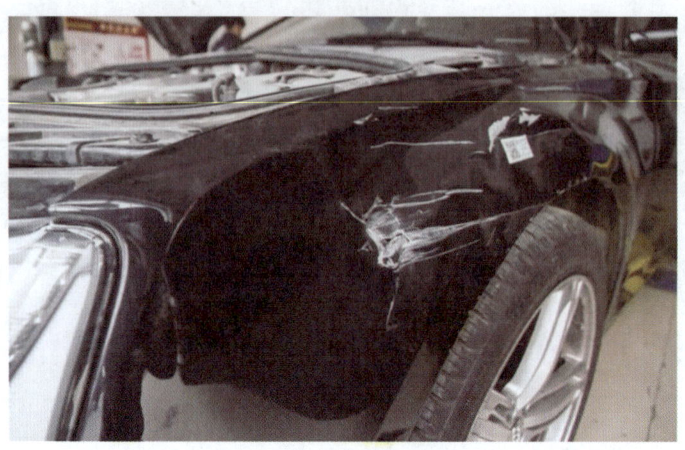

图 2-1-1　翼子板损伤汽车

任务分析

翼子板是汽车车身钣金件的重要组成部分。在发生事故时，翼子板的受力通常很大（尤其是前翼子板），会出现变形、塌陷、不规则的褶皱等状况，撞击严重时需要整体更换翼子板。对翼子板进行更换，必须学习翼子板的结构和翼子板拆装工具的使用方法，然后掌握翼子板拆卸、安装和调整的步骤、方法。

相关知识

一、翼子板的结构

车身翼子板分为前翼子板和后翼子板，如图 2-1-2 所示。

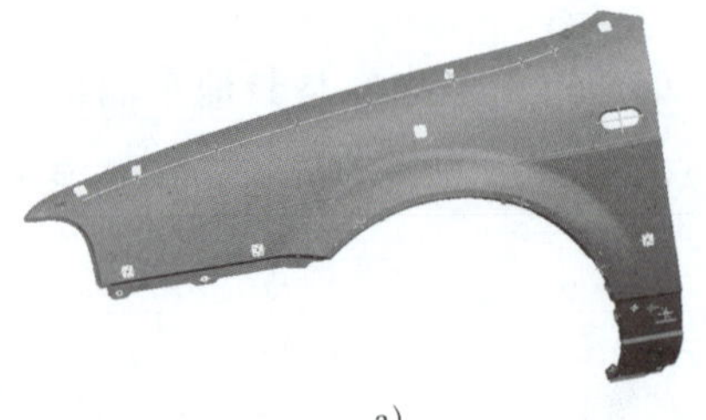

a)

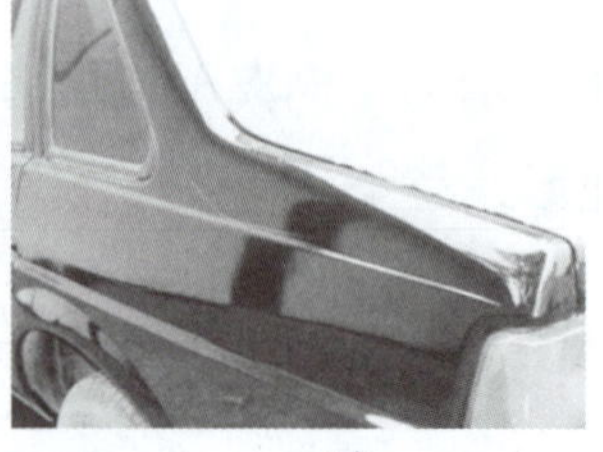

b)

图 2-1-2　翼子板

a）前翼子板　b）后翼子板

1. 前翼子板

前翼子板一般用螺栓与车身壳体相连接，后端通过中间板和前围支柱相连接，前端和散热器框架的延长部分及灯具架相连接，侧面与挡泥板相连接，左、右前翼子板间也有连板。

2. 后翼子板

后翼子板是车身后部两侧的大块板件，从后车门向后一直延伸到后保险杠位置，构成后段车身的侧面，它与后侧围内板或后舱架连接（两厢式）。后翼子板通常以整体焊接方式固定，后翼子板总成包容车轮，应具有防止飞溅的功能，并且不与车轮发生运动干涉。它的形状和边界取决于车身造型，并与行李舱门、后保险杠、后部灯具、车轮等形状和位置有关。

二、翼子板的常用拆装工具

在车身翼子板拆装、调整的过程中，通常需要使用呆扳手或套筒扳手。如果受工作空间和维修条件限制，也可灵活选择其他扳手进行维修操作。

汽车车身维修常用的扳手类型主要有梅花扳手、呆扳手、套筒扳手和活动扳手等，如图 2–1–3 所示。

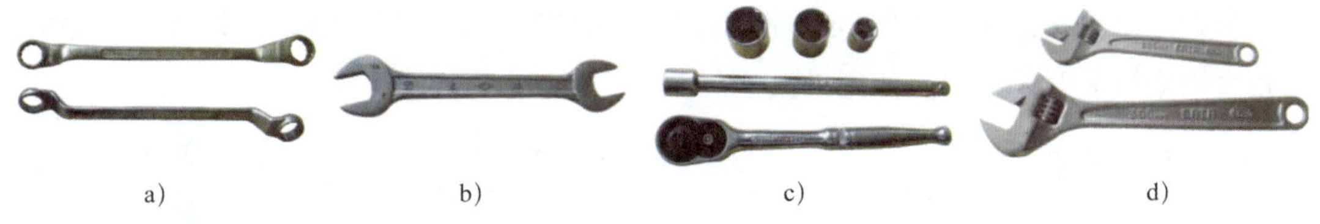

a)　　b)　　c)　　d)

图 2–1–3　常用扳手类型

a）梅花扳手　b）呆扳手　c）套筒扳手　d）活动扳手

1. 梅花扳手

（1）应用场合

梅花扳手的工作部位呈花环状，套住螺母扳转时可使螺母的六角受力均匀。梅花扳手适应性强，扳转力大，适用于拆装所处空间狭小的螺栓、螺母。

（2）使用要求

梅花扳手的使用方法如图 2–1–4 所示。

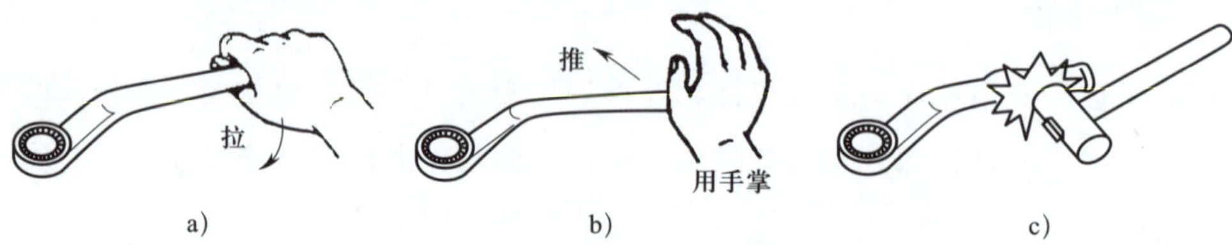

图 2-1-4 梅花扳手的使用方法

a）拉的正确操作 b）推的正确操作 c）错误操作

1）使用时，通常应轻力扳转；重力扳转时，四指与拇指应上下握紧扳手手柄，向要求的受力方向扳转。

2）扳转时，不准在梅花扳手上任意加套管或进行锤击。

3）禁止使用内孔磨损过度的梅花扳手。

4）禁止将梅花扳手当撬棒使用。

5）禁止用酸、碱溶液或水清洗扳手，应用煤油或柴油清洗后再涂上一层薄润滑脂保存。

2. 呆扳手

（1）应用场合

呆扳手适用于拆装所处空间狭小的标准规格的螺栓、螺母。特别是螺栓、螺母需用较大力矩拆装时，应尽量使用呆扳手。

（2）使用要求

呆扳手的使用要求与梅花扳手相同，使用时要注意受力方向，禁止使用开口处磨损过度的呆扳手，以免损坏螺栓、螺母。呆扳手的使用方法如图 2–1–5 所示。

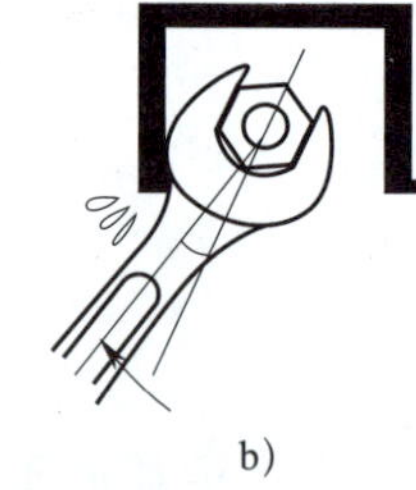

图 2-1-5 呆扳手的使用方法

a）正确操作 b）错误操作

3. 套筒扳手

（1）应用场合

套筒扳手由一套尺寸不同的套筒和快速摇柄组成，如图 2–1–6 所示，标准规格的螺栓、螺母均可使用。套筒扳手既适用于一般部位螺栓、螺母的拆装，也适用于处于深凹部位和隐蔽、狭小部位螺栓、螺母的拆装。与接杆配合，可加快拆装速度，提高拆装质量。

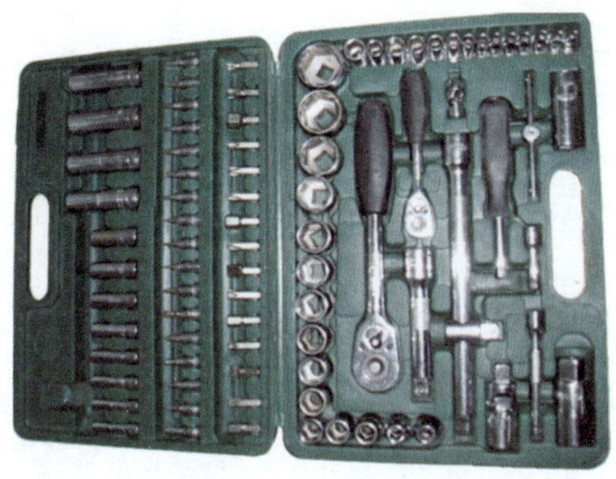

图 2-1-6 套筒扳手

（2）使用要求

1）使用时应根据螺栓、螺母的尺寸选好套筒（见图 2-1-7a），套在快速摇柄（见图 2-1-7b）的方形端头上（视需要与长接杆或短接杆配合使用），再将套筒套住螺栓、螺母，转动快速摇柄进行拆装（见图 2-1-7c）。

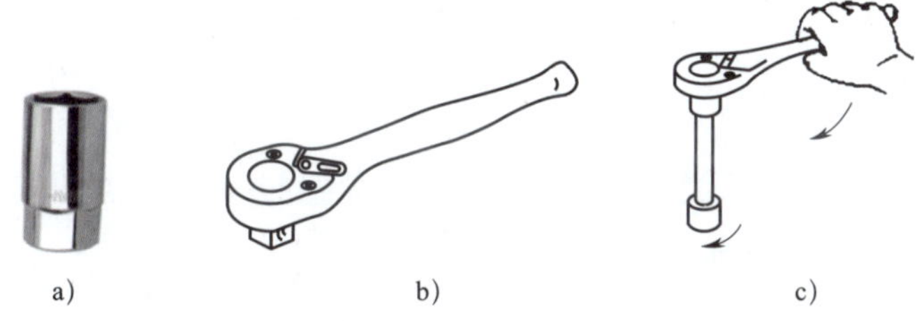

图 2-1-7 套筒扳手的使用

a）套筒 b）快速摇柄 c）套筒扳手的使用

2）用棘轮手柄扳转时，不准拆装过紧的螺栓、螺母，以免损坏棘轮手柄。

3）拆装时，握住快速摇柄的手切勿摇晃，以免套筒滑出或损坏螺栓、螺母。

4）禁止用锤子将套筒击入变形的螺栓、螺母，以免损坏套筒。

5）禁止使用内孔磨损过度的套筒。

6）工具使用完毕后，应清洗油污，妥善放置。

4. 活动扳手

（1）应用场合

活动扳手由固定部分和可调部分组成，扳手的开度大小可以调整。活动扳手一般用于不同尺寸螺栓、螺母的拆装。

（2）使用要求

1）使用活动扳手时，应先根据螺栓、螺母的尺寸调好活动扳手的开度大小，使之与螺栓、螺母相配。

2）扳转活动扳手时，应使固定一侧受力，以免损坏可调部分。

3）扳转活动扳手时，不准在活动扳手的手柄上随意加套管或进行锤击。

4）禁止将活动扳手当锤子使用。

任务实施

事故汽车前部与其他车辆相撞，造成前翼子板严重变形，需先将前保险杠、前照灯、挡泥板等一一拆卸，再进行翼子板的拆卸和修复。

一、拆卸保险杠

首先准备好呆扳手和套筒扳手，拆下保险杠骨架的固定螺栓和螺母，然后两人配合拆卸保险杠，如图 2–1–8 所示。

图 2–1–8　拆卸保险杠

二、拆卸天线、挡泥板

许多汽车的翼子板上部有天线，在拆卸翼子板前需旋转取下天线上端的螺母（见图 2–1–9a），再拆下挡泥板（见图 2–1–9b）与轮罩的固定螺钉，按顺序拧下，并堆放整齐。

a)

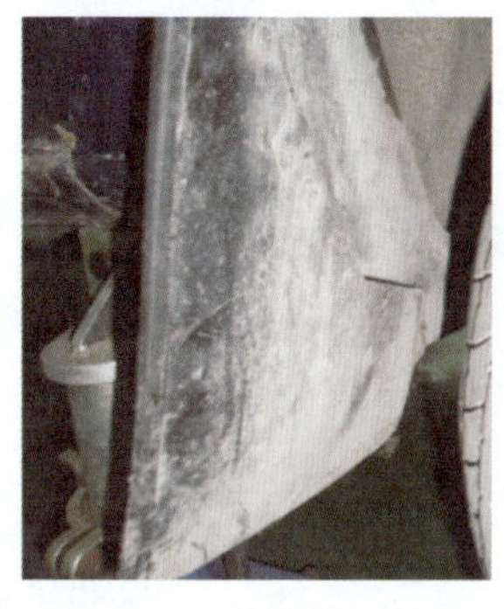
b)

图 2-1-9 拆卸天线和挡泥板

a）拆卸天线 b）拆卸挡泥板

三、拆卸前照灯、中网、中装饰条

由于前翼子板与前照灯相邻，所以在拆卸翼子板前需先拆卸前照灯及其组件。如图 2-1-10 所示，依次用旋具拆下前照灯下部、上部和顶部的固定螺钉，同时拔下前照灯线束的连接器，取下前照灯组件。

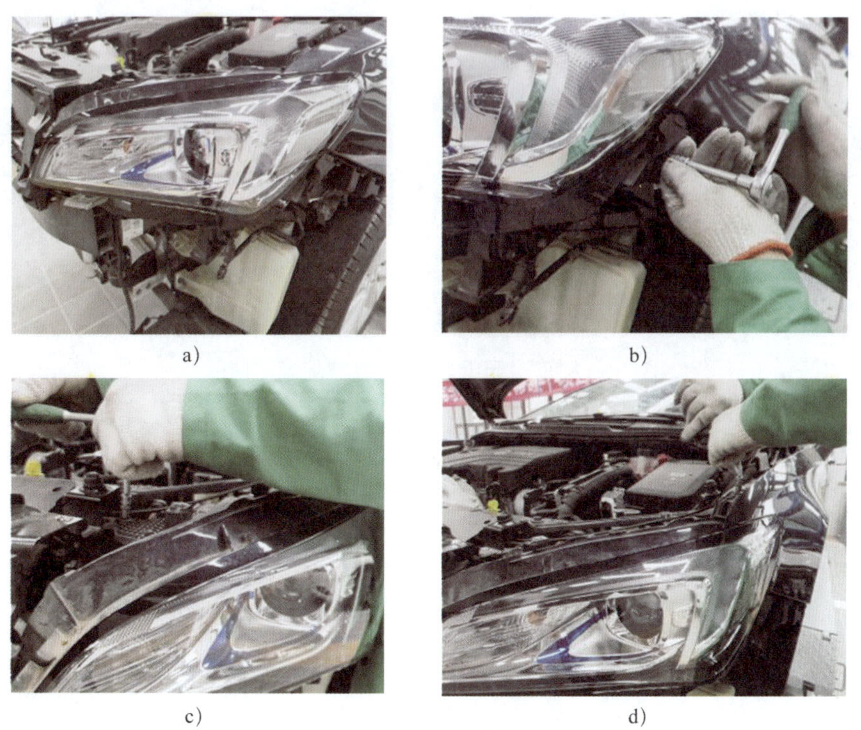
a) b) c) d)

图 2-1-10 拆卸前照灯组件

a）车身损伤分析 b）拆卸前照灯下部螺钉 c）拆卸前照灯上部螺钉 d）拔下前照灯线束连接器

最后拆下中装饰条，取出中网，放置在车内地板上，以防刮伤或损坏，如图 2–1–11 所示。

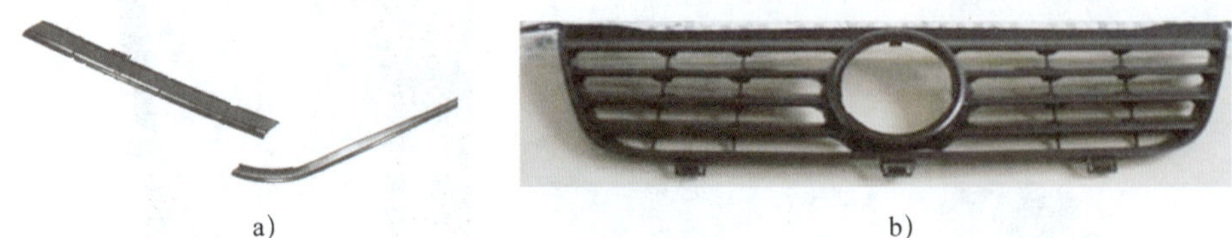

a）　　　　b）

图 2–1–11　中装饰条和中网

a）中装饰条　b）中网

四、拆装翼子板

拆装翼子板之前应查看所修理车型翼子板与车身的连接螺母，以正确选择不同的扳手等维修工具。

1. 拆卸翼子板与轮罩的连接螺母

在拆装左前和右前翼子板时，需通过转动转向盘改变车轮方向，为拆装提供更多空间，因此需要先拆卸翼子板与轮罩的连接螺母，如图 2–1–12 所示。

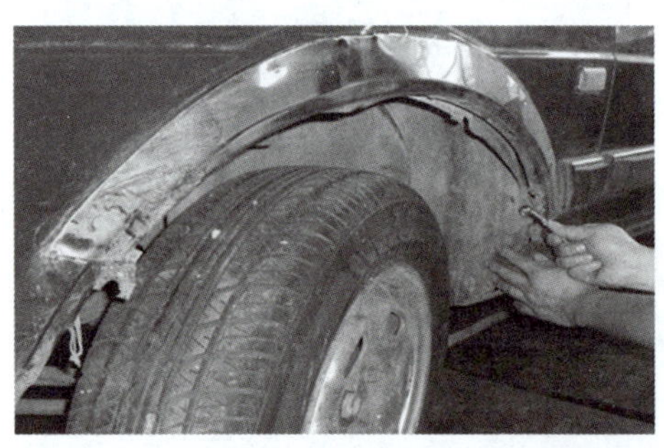

图 2–1–12　拆卸翼子板与轮罩的连接螺母

2. 拆卸翼子板与车身的连接螺母

如图 2–1–13 所示，首先选择合适的旋具、梅花扳手或套筒扳手拆卸翼子板与车身连接的前部、中部和后部的螺母，接着对翼子板与车身连接上部的螺母进行拆卸。注意在翼子板拆卸和装复的过程中，不得刮碰其他部件的表面和涂层。

3. 取下翼子板和翼子板轮罩

依次拆卸螺栓，取下前翼子板，如图 2–1–14 所示；再取下插入式自锁螺母，最后取下翼子板轮罩。

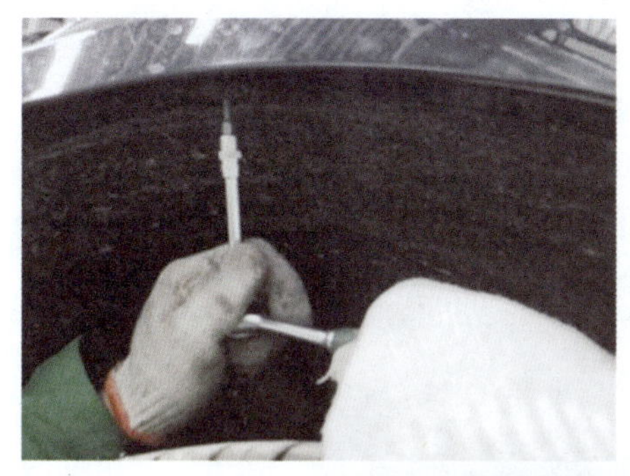
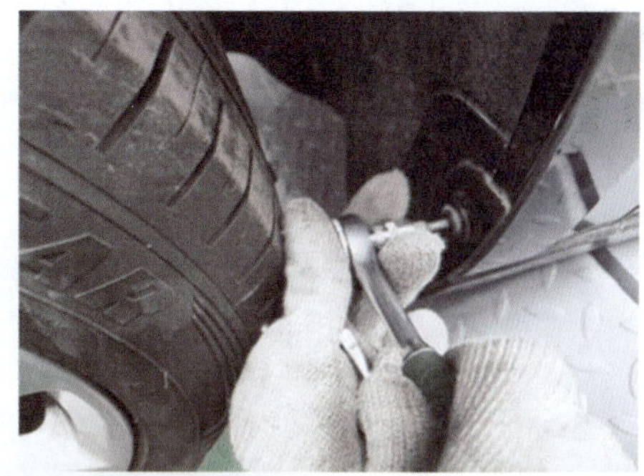
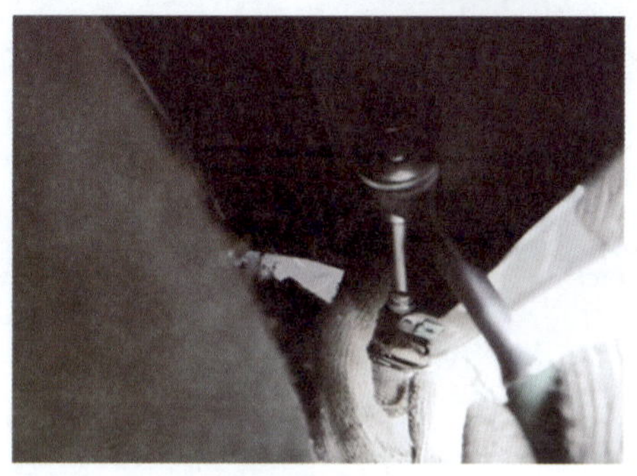

图 2-1-13 拆卸翼子板与车身的连接螺母

4. 装复翼子板

翼子板的安装顺序与拆卸顺序相反，注意必须更换损坏的插入式自锁螺母，同时更换新的塑料密封垫。

图 2-1-14 取下翼子板

5. 调整翼子板

翼子板更换或修复完毕后，应对表面进行处理，再进行安装位置和间隙的调整。前翼子板是通过螺栓连接到散热器支架和轮罩上的，松开这些螺栓时，翼子板可以向前或向后、向内或向外移动，使它与车门齐平，并且平行于发动机罩。翼子板与车门位置关系的调整，还可以通过对翼子板与上盖板间的两个大连接螺栓添加垫片的方法完成。对上部的螺栓加垫片，可以使翼子板的上部外移；对下部的螺栓加垫片，可以使翼子板的下部外移。如果翼子板超出限度而不能与车门齐平，会导致车辆行驶时产生风扰动噪声。应同步调整翼子板和发动机罩，使环绕翼子板的所有间隙（如翼子板与发动机罩和前照灯、翼子板与车门的间隙）均匀，且不大于 4 mm。

思考与练习

1. 简述车身翼子板的拆卸过程。
2. 汽车车身维修常用的扳手有哪些？
3. 简述车身翼子板的调整方法。

任务 2　保险杠的拆装与调整

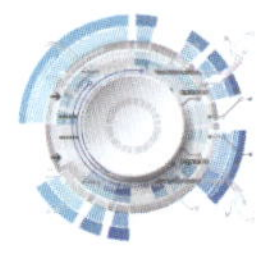

学习目标

- 熟悉保险杠的结构。
- 掌握保险杠的功用。
- 能够熟练进行各类保险杠的拆装和调整。

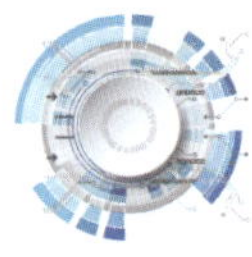

任务引入

在行驶过程中，前方车辆由于遇到紧急情况立即制动，后车驾驶员紧跟着制动，但由于车速较快，仍造成追尾事故，导致后车前保险杠开裂、脱落（见图 2-2-1），虽未造成重大事故和人员伤亡，但需对保险杠进行拆装和修复。

图 2-2-1　保险杠损伤

任务分析

要修复开裂和脱落的保险杠，首先需要了解该车型保险杠的结构和材料，掌握保险杠拆卸、修复或更换、调整的方法，最后将其装复，恢复其强度和性能。

相关知识

一、保险杠的结构

根据结构的不同，保险杠可分为普通型保险杠和吸能型保险杠两类。普通型保险杠结构简单、质量轻，广泛应用于一般汽车上。吸能型保险杠的安全保险性能好，安全系数较高，且与车身造型相协调，多应用于高级轿车上。

1. 普通型保险杠

普通型保险杠可分为钢制保险杠、整体成形树脂型保险杠和碳纤维保险杠。

（1）钢制保险杠

钢制保险杠如图 2–2–2a 所示，常用厚度为 2 mm 左右的钢板冲压成型，表面镀铬。为了提高安全性能，有的钢制保险杠将保险杠的钢支架安装在车身纵梁等部位，外侧安装合成树脂材料制成的保险杠面罩。

钢制保险杠结构简单，但发生局部碰撞变形后会影响到整个车身。

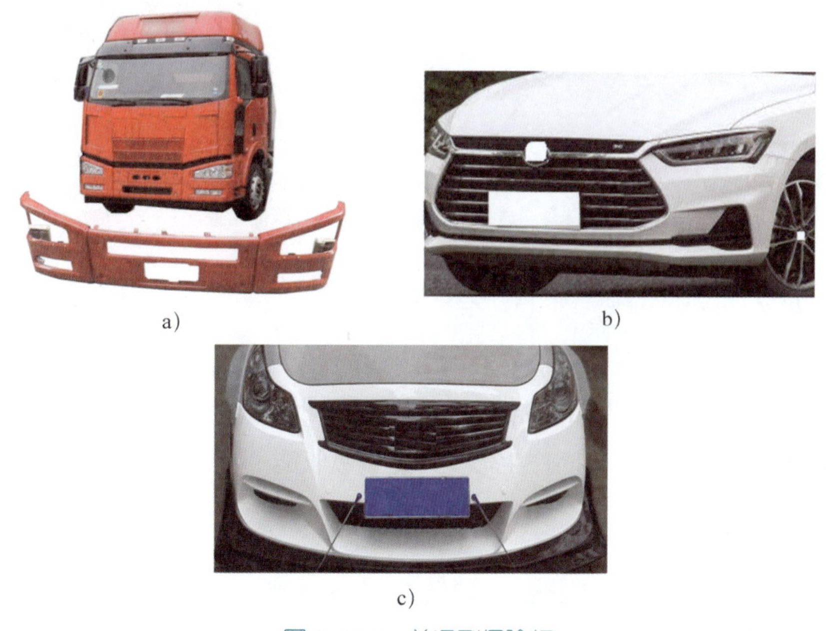

图 2–2–2 普通型保险杠

a）钢制保险杠 b）整体成形树脂型保险杠 c）碳纤维保险杠

（2）整体成形树脂型保险杠

现代汽车主要采用的是与车身造型一体化的整体成形树脂型保险杠，如图 2–2–2b 所示。这种保险杠的主要材料是聚丙烯，其特点是质轻且容易注塑成形，所以应用广泛。

（3）碳纤维保险杠

近年来，部分高档车型越来越多地应用碳纤维保险杠，如图 2–2–2c 所示。碳纤维保险杠可以有效减轻车体自重，并且在高速碰撞过程中的性能优势显著。

2. 吸能型保险杠

吸能型保险杠能够吸收保险杠在碰撞时产生的冲击能量，一般分为直接吸能型保险杠和筒状吸能型保险杠两种类型，如图 2–2–3 所示。

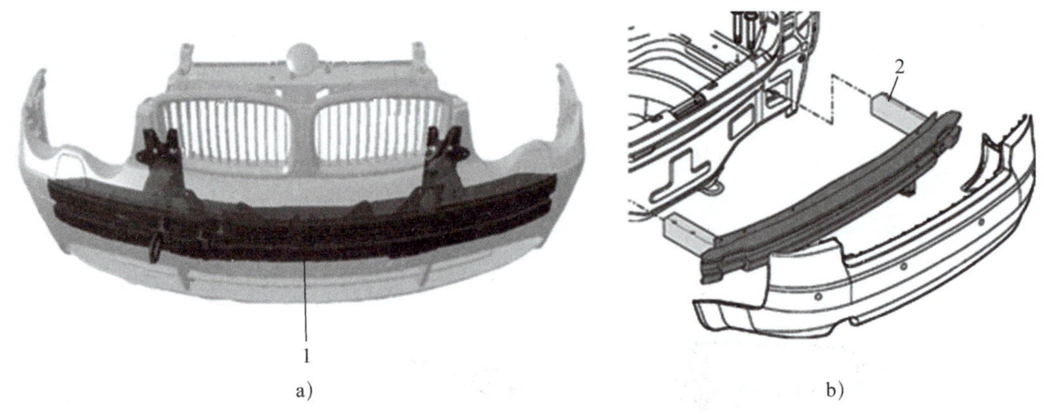

图 2–2–3　吸能型保险杠

a）直接吸能型保险杠　b）筒状吸能型保险杠

1—泡沫塑料碰撞缓冲器　2—保险杠吸能装置

（1）直接吸能型保险杠

直接吸能型保险杠（见图 2–2–3a）将泡沫塑料或橡胶等能吸收冲击能量的材料填充于保险杠支架和面罩支架，构成具有一定能量吸收功能的保险杠。当汽车受到轻度冲击时，填充材料被压迫的瞬间产生形变，直接吸收能量。

（2）筒状吸能型保险杠

筒状吸能型保险杠（见图 2–2–3b）在活塞中充入油和空气，利用液压油的阻尼作用吸收冲击能量，用空气弹簧的压缩减轻冲击；或利用硅油作为阻尼器，并通过两端套管的面积差进行缓冲。

二、保险杠的功用

保险杠的主要功用是：当汽车前、后端与其他物体相撞时，不仅能有效保护车身，还能减轻对被撞物体的伤害程度。此外，保险杠作为车身外部装饰件，还起到美化外形的作用。

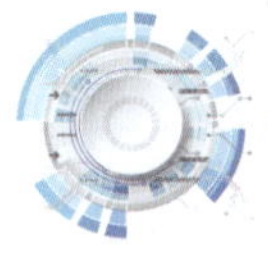

任务实施

事故汽车与其他车辆相撞，造成保险杠严重变形，需先将前保险杠、保险杠骨架等一一拆卸，再进行保险杠的修复或更换、装复、调整。

一、钢制保险杠的拆装（以前保险杠为例）

首先准备好呆扳手、套筒扳手、十字旋具、垫布等工具。

1. 拆卸保险杠

（1）拆下前翼子板内衬板与前保险杠总成的连接螺栓，如图 2-2-4 所示。

图 2-2-4　拆下前翼子板内衬板与前保险杠总成的连接螺栓

（2）拆下前保险杠总成与前纵梁的连接螺栓。

（3）拔下转向灯插头，拆下转向灯。

（4）两人配合将保险杠卡座向前推，然后卸下前保险杠总成，如图 2-2-5 所示。

图 2-2-5　拆下前保险杠总成

（5）拆下前保险杠支架的连接螺栓，拆卸前保险杠支架分总成。

2. 装复保险杠

前保险杠的装复顺序与拆卸顺序相反。

3. 调整保险杠

装复后应注意将前保险杠的位置调整到位，保险杠后部应与前翼子板对齐。

二、整体成形树脂型保险杠的拆装（以前保险杠为例）

整体成形树脂型保险杠与车身做成一体，首先观察不同车型保险杠与车身连接螺栓的位置，准备好各种旋具、呆扳手和套筒扳手。

1. 拆卸保险杠

（1）拆卸前格栅，打开各连接螺栓盖罩，如图 2–2–6 所示。

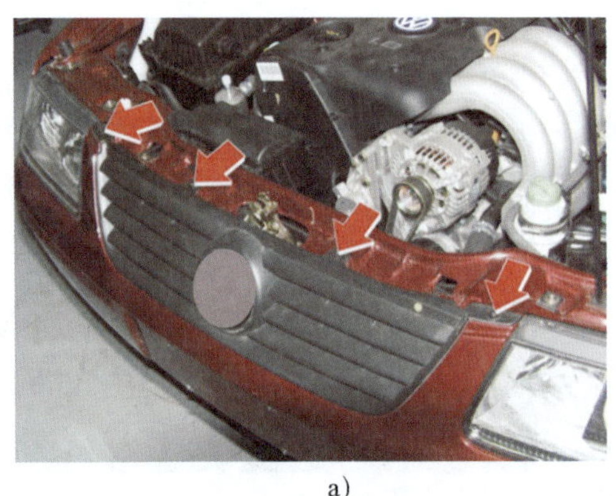

a)

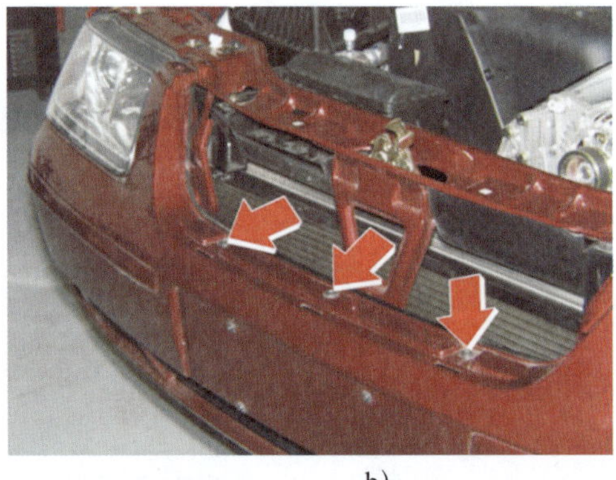

b)

图 2–2–6　拆卸前格栅并打开螺栓盖罩

a）拆卸前格栅　b）打开各连接螺栓盖罩

（2）拆下前翼子板内衬板与前保险杠总成的连接螺栓，如图 2–2–7 所示。

（3）拆下前保险杠总成与底板的连接螺栓，如图 2–2–8 所示。

（4）取下前保险杠总成，如图 2–2–9 所示。

注意：取下前保险杠总成后，不得将保险杠面罩与地面等摩擦系数大的物体接触，以防止刮伤其表面涂层。

图 2-2-7 拆下前翼子板内衬板与前保险杠总成的连接螺栓

图 2-2-8 拆下前保险杠总成与底板的连接螺栓

图 2-2-9 取下前保险杠总成

2. 装复、调整保险杠

前保险杠的装复顺序与拆卸顺序相反，最后应将前保险杠调整到位。

思考与练习

1. 简述吸能型保险杠的吸能原理。
2. 简述保险杠的功用。
3. 钢制保险杠与整体成形树脂型保险杠的拆装流程有何区别？

任务 3　发动机罩的拆装与调整

学习目标

- ◆ 了解发动机罩及其附件。
- ◆ 了解发动机罩的组成。
- ◆ 能够熟练进行汽车发动机罩的拆装和调整。

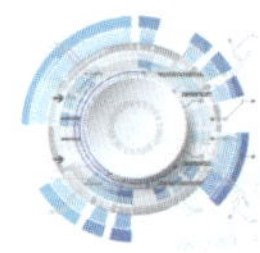

任务引入

汽车在行驶过程中发生碰撞，导致发动机罩出现凹陷变形（见图 2-3-1），需要对发动机罩进行拆装和修复。

图 2-3-1　发动机罩损伤

任务分析

发动机罩位于汽车的前部，容易因受到撞击而变形。发动机罩的维修通常分为三种情况：凹陷变形的维修、表面损伤的维修和发动机罩的拆装。要做好发动机罩的维修工作，就必须了解发动机罩的结构，掌握发动机罩拆装和调整的方法。

发动机罩是遮盖和保护发动机的车身钣金总成，是发动机舱的上盖板。发动机罩除了能保护发动机外，还具有隔音、减振和避免共振的功能。

一、发动机罩及其附件

发动机罩位于车辆前上部，汽车的发动机罩附件主要包括发动机罩铰链、发动机罩支撑杆、发动机罩锁、发动机罩锁开启拉索等，如图 2–3–2 所示。

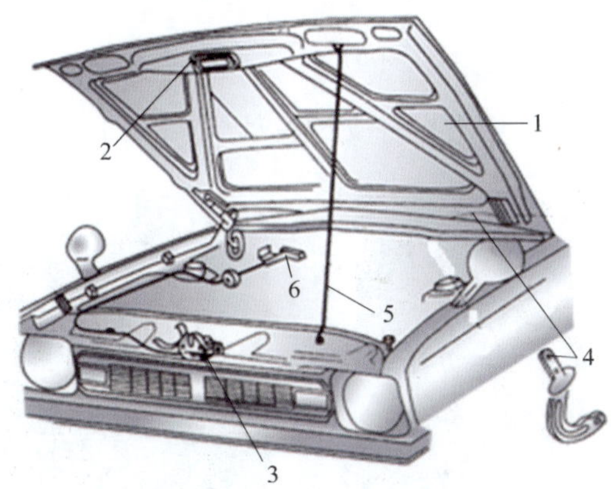

图 2–3–2 发动机罩的结构

1—发动机罩 2—发动机罩锁头 3—发动机罩锁座 4—发动机罩铰链
5—发动机罩支撑杆 6—发动机罩锁开启拉索

二、发动机罩的组成

发动机罩由外板、内板、加强梁和隔音胶组成，并于内板和外板的四周施加卷边以取代焊接。发动机罩一般涂抹隔音胶，隔音胶具有密封、隔音等功能。发动机罩内、外板分离如图 2–3–3 所示。

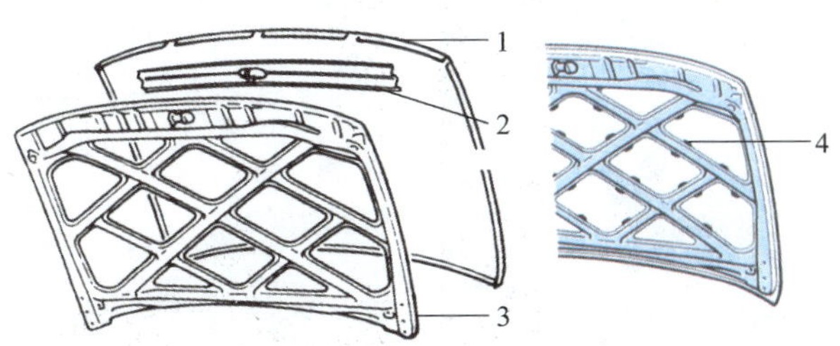

图 2–3–3 发动机罩内、外板分离

1—外板 2—加强梁 3—内板 4—隔音胶

任务实施

汽车发生碰撞，造成发动机罩凹陷变形，需要先将发动机罩拆卸，再进行安装和调整。

一、发动机罩的拆卸

1. 打开发动机罩开启拉索

在对发动机罩进行拆卸前，首先打开发动机罩开启拉索（一般在驾驶区左下方），如图 2–3–4 所示。

2. 支撑发动机罩

用手拨开发动机罩锁扣，用支撑杆支撑发动机罩，如图 2–3–5 所示。

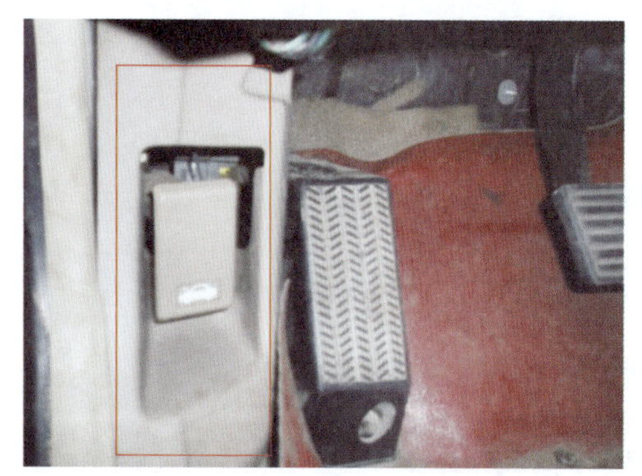

图 2-3-4 发动机罩开启拉索

图 2-3-5 支撑发动机罩

3. 拆卸线束和连接器

观察发动机罩内板相关线束，拆卸线束和连接器，如图 2–3–6 所示。

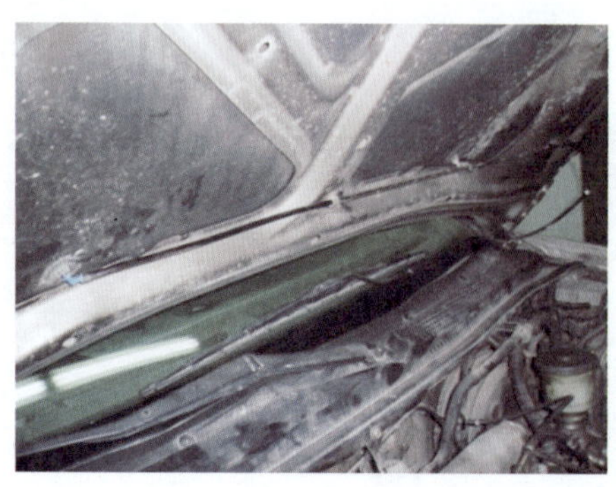

图 2-3-6 拆卸线束和连接器

4. 拆卸发动机罩铰链

两人配合拆卸发动机罩铰链，注意一人在拆卸的同时，另一人用手托住发动机罩尾部尖角处，防止发动机罩刮伤涂层或前风窗玻璃，如图 2–3–7 所示。

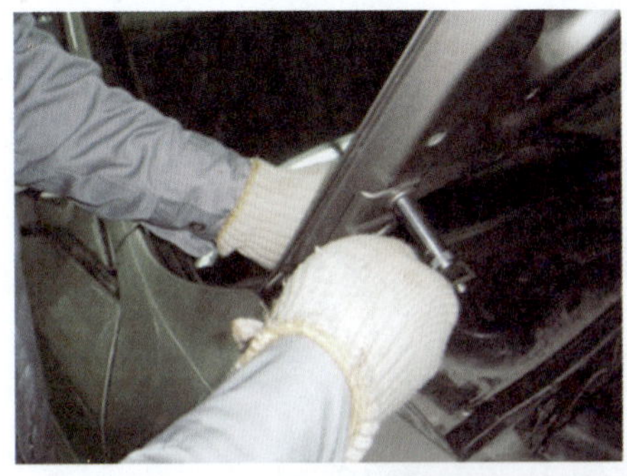

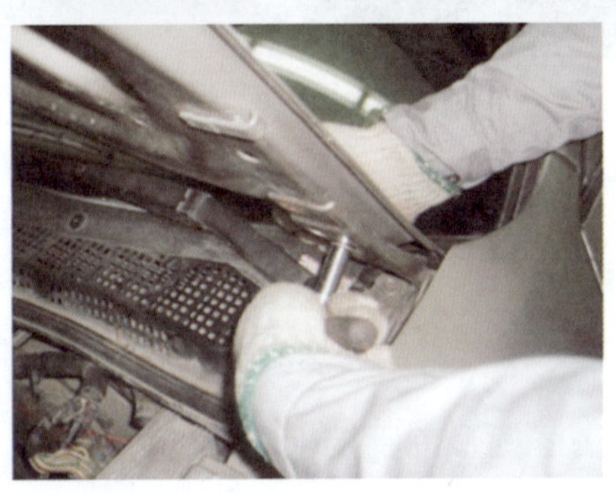

图 2–3–7　拆卸发动机罩铰链

5. 修复、更换发动机罩

拆卸完两侧铰链的固定螺母后，两人共同抬下发动机罩，进行修复或更换，如图 2–3–8 所示。放置发动机罩时应注意表面不得与地面等摩擦系数大的表面接触，以防刮伤表面涂层。

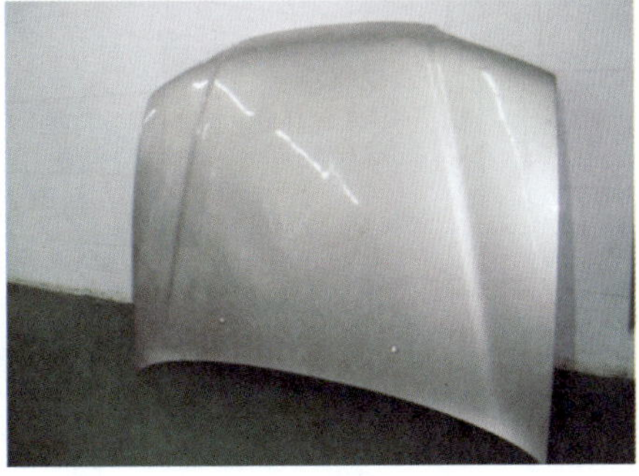

图 2–3–8　抬下发动机罩

二、发动机罩的安装

发动机罩的安装顺序与拆卸顺序相反，应注意拆卸的位置或痕迹，以便调整发动机罩的间隙和位置，如图 2–3–9 所示。

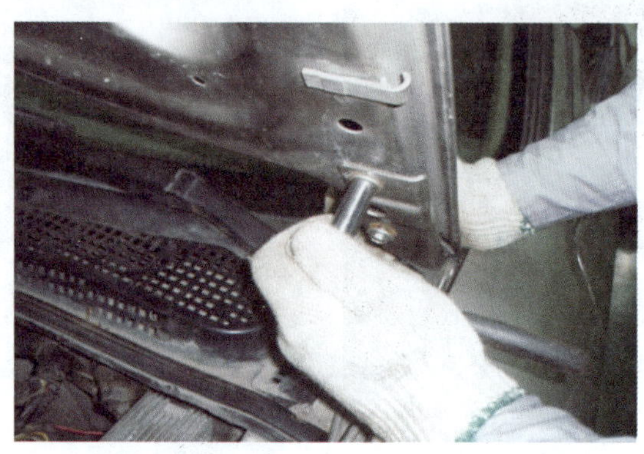

图 2-3-9　安装发动机罩

三、发动机罩的调整

在发动机罩与铰链的固定螺栓拧紧前，应对发动机罩的安装位置进行微调（前、后、左、右），也可借助铰链垫片及缓冲橡皮将其上、下调整，使其缝隙均匀。

1. 调整发动机罩与翼子板及前围挡板之间的缝隙

首先调整发动机罩的前后位置。稍微松开固定发动机罩与铰链的螺栓，再关闭发动机罩。发动机罩的前缘必须与翼子板前缘对齐，其后缘要与翼子板和前照灯之间保留足够的缝隙，避免开启时相互干扰，同时左右缝隙保持一致、美观。发动机罩位置错误示例如图 2–3–10 所示。

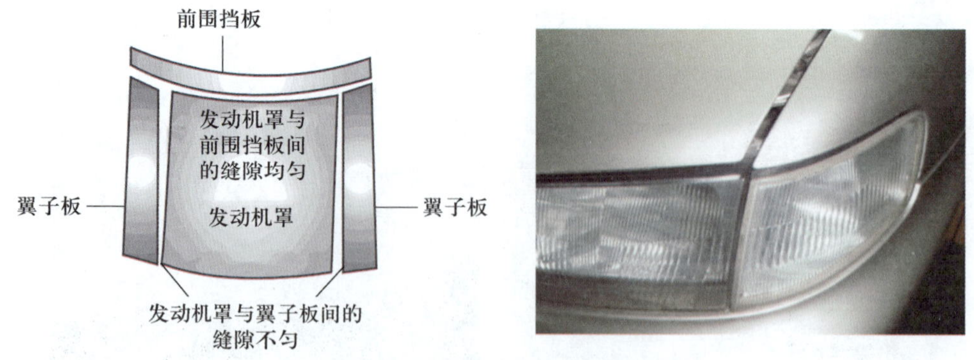

图 2-3-10　发动机罩位置错误

2. 调整发动机罩的高度

在调整发动机罩的高度时，先稍稍松开铰链与翼子板或前围挡板连接处的螺栓，然后慢慢关闭发动机罩。根据情况将它的后缘抬起或压下，当它的后部与相邻的翼子板和前围挡板高度一致时，慢慢掀开翼子板，将螺栓拧紧。

对于新换装的发动机罩，容易出现图 2–3–11a 所示的变形，此时仅仅通过对铰链等的简单调整无法将发动机罩的变形消除，而需要调整发动机罩的边缘曲线。可以参照图 2–3–11b 所示的方法，用手搬动拱曲部位使其复位；也可根据图 2–3–11c 所示的方法，在前端垫上布团，然后用手掌轻轻压下拱曲部位，使其与翼子板边缘高度一致。注意不要用力过大，以免出现二次损伤。

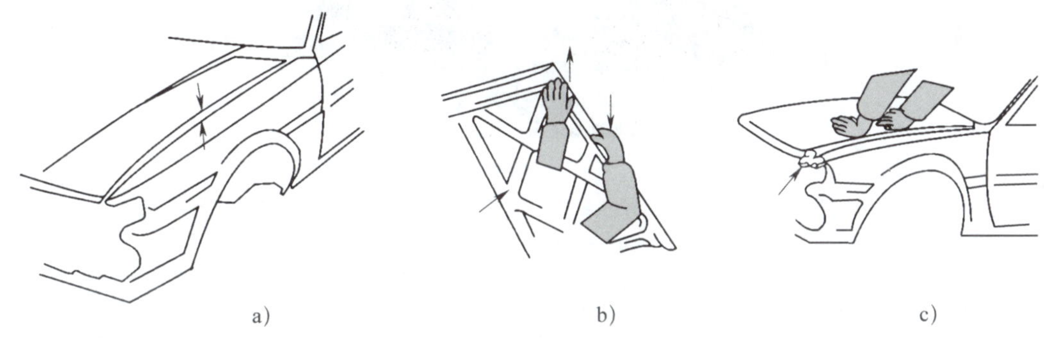

图 2–3–11　发动机罩的高度调整

a）发动机罩变形　b）用手搬动拱曲部位　c）在发动机罩前端垫布团

另外，还可以通过铰链垫片及缓冲橡皮对发动机罩做上、下（高度 L）调整，如图 2–3–12 所示。

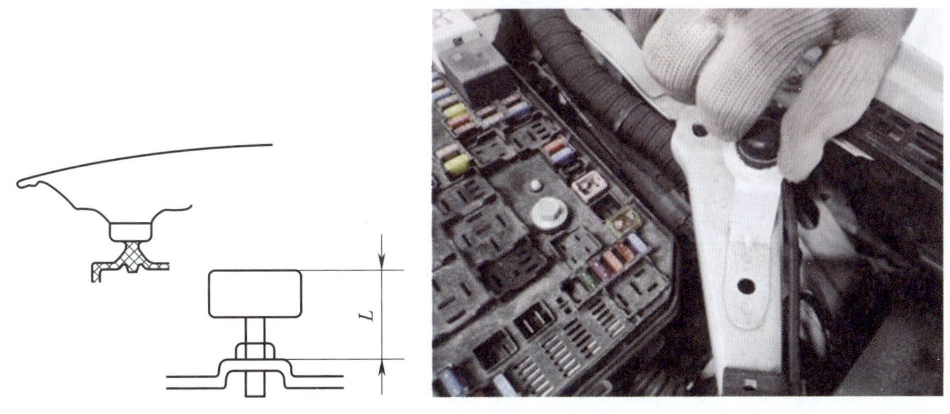

图 2–3–12　用铰链垫片或缓冲橡皮调整发动机罩的高度

3. 检查发动机罩附件

如图 2-3-13 所示，打开发动机罩，检查发动机罩的锁扣是否平稳解脱，发动机罩锁扣钢绳是否正常工作，发动机罩铰链行程是否合适，发动机罩支撑杆工作是否可靠。如果工作不当，应及时进行调整。

图 2-3-13　发动机罩及锁扣的检查

1—发动机罩铰链　2—发动机罩锁扣　3—发动机罩支撑杆　4—发动机罩

4. 调整发动机罩锁头控制机构

调整发动机罩锁头之前，必须将发动机罩位置调整合适，松开固定螺栓，即可前后、左右移动锁头（见图 2-3-14a），使之与锁座对准。将发动机罩开、关数次检查其作用，检查锁头是否与锁座接合适当；打开发动机罩锁头后，检查安全拉钩（见图 2-3-14b）能否使发动机罩保持适当的位置。

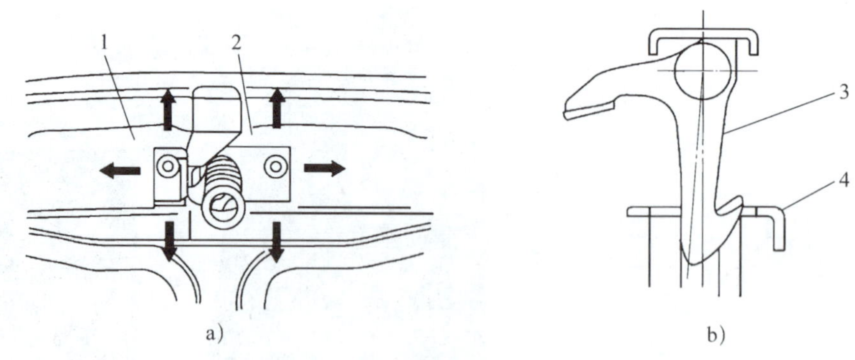

图 2-3-14　发动机罩锁头的调整

a）发动机罩锁头　b）安全拉钩

1—发动机罩　2—发动机罩锁头　3—安全拉钩　4—锁座

思考与练习

1. 简述发动机罩的拆卸步骤。
2. 简述发动机罩高度的调整方法。

任务 4 车门的拆装与调整

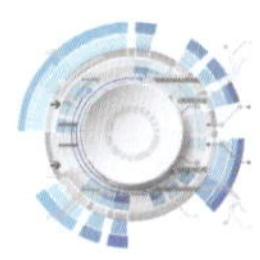

学习目标

◆ 了解车门的种类和结构。
◆ 能够熟练进行车门的拆装和调整。

任务引入

某汽车在行驶过程中发生事故，导致车身侧面和骨架严重变形，如图 2-4-1 所示。由于汽车左前和左后车门损伤面积较大，需对车门进行拆装和调整，恢复其形状、强度和尺寸。

图 2-4-1 车门损伤

任务分析

车门位于汽车的侧部，经常会出现刮伤、撞击、关闭不严、摇窗器故障等问题。如果车门表面损伤面积较大或出现摇窗器故障等问题，需对车门进行拆卸、维修（或更换）、装复和调整。要做好车门的维修工作，就必须了解车门的种类和结构，掌握车门拆装和调整的方法。

相关知识

车门是汽车车身的主要组成部分，是乘客上、下车或装卸货物的通道；在汽车行驶时，车门封闭车身壳体，确保行车安全。

一、车门的种类

根据开关方式的不同，车门可分为旋转式车门、推拉式车门、折叠式车门、上掀式车门等，如图 2-4-2 所示。

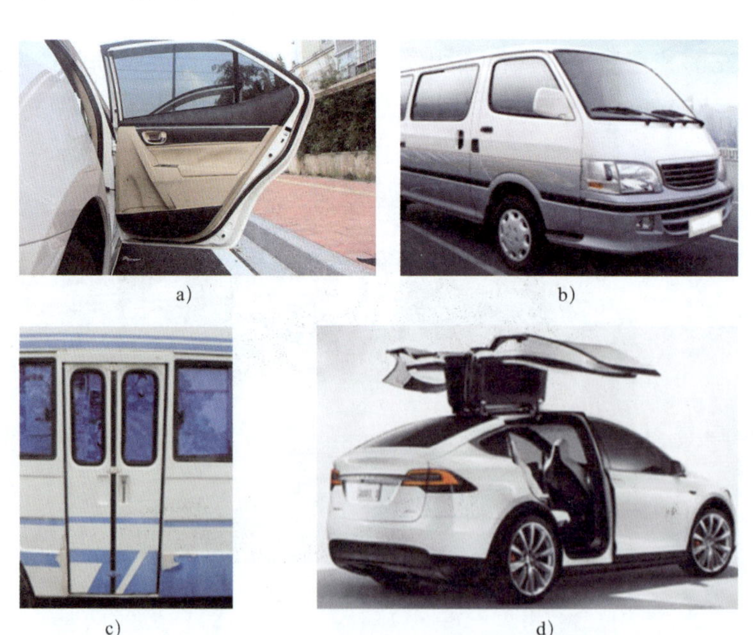

图 2-4-2　不同开关方式的车门

a）旋转式　b）推拉式　c）折叠式　d）上掀式

二、车门的结构

车门本体的骨架部分包括内板、外板、窗框、加强板和外加强板，如图 2-4-3 所示，汽车门板和门内骨架通常以点焊或粘接的方式接合在一起。车门外板基本由车身外形决定，车门内板是车门的主要受力部件，大多数附件都安装在车门内板上。为提高车门侧面的抗碰撞能力，门内通常还设有防撞杆。车门上通常装有车窗玻璃、玻璃升降器、门锁及相关电控装置、按钮和开关等。车门通过铰链与门立柱相连接，车门铰链通过螺栓或焊接方式固定在门立柱和门框上。

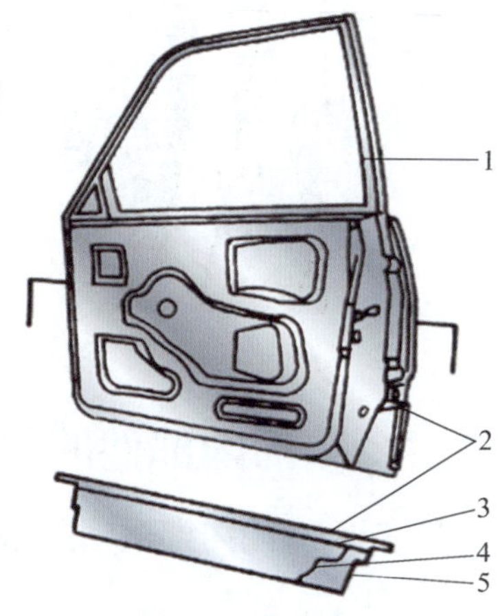

图 2-4-3 车门本体

1—窗框 2—外板 3—外加强板 4—加强板 5—内板

任务实施

一、车门总成的拆卸

1. 固定车门

打开车门并用支架或千斤顶配合木块或夹具将车门顶住，如图 2-4-4 所示。

图 2-4-4 打开车门并固定

2. 拆卸车门

拆卸车门与铰链的固定螺栓，如图 2-4-5 所示，并将车门拆离铰链，从而拆下车门。

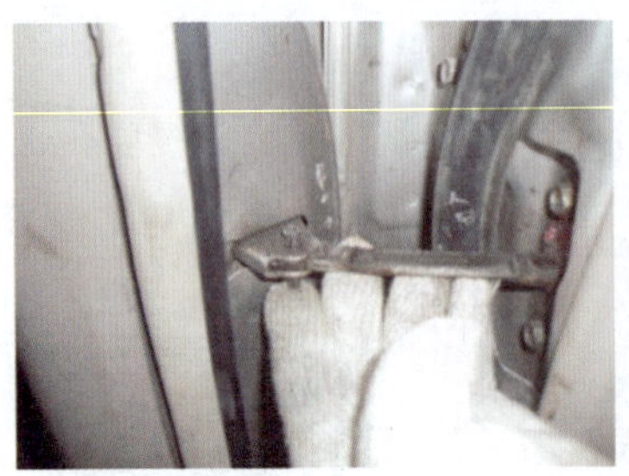

图 2-4-5　拆卸车门与铰链的固定螺钉

二、车门内部件的拆卸

1. 拆卸车门内饰板相关部件

操作过程中，如需修复车门部件，需先拆卸车门内饰板的相关部件，包括所有的螺栓、固定扶手和摇窗器把手等，可能还要取出某些螺栓上的装饰性塞子，如图 2–4–6 所示。

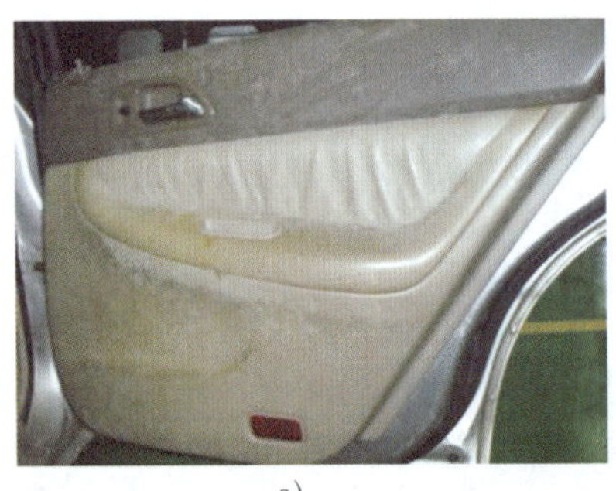
a）
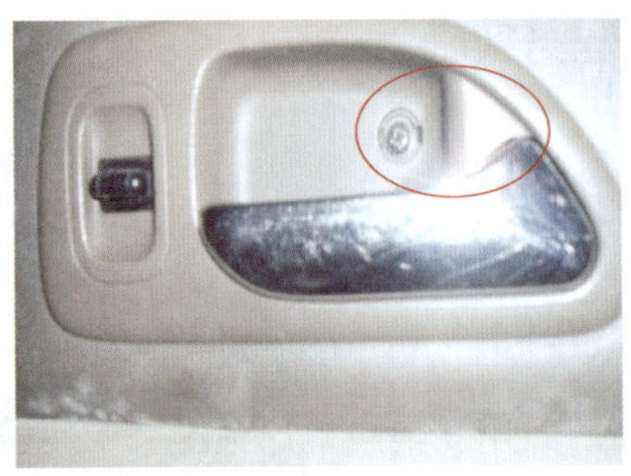
b）

图 2-4-6　车门内饰板的相关部件

a）车门内饰板　b）螺栓装饰性塞子

2. 断开电线

拆下车门内饰板前，先断开蓄电池与所有电力附件的连接，如图 2–4–7 所示。

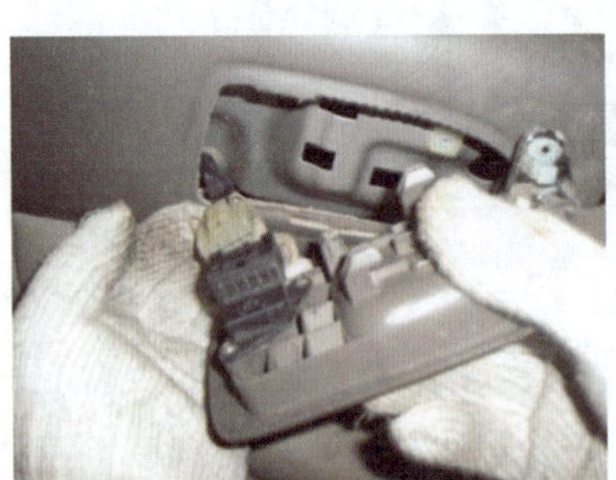

图 2-4-7　断开蓄电池与所有电力附件的连接

3. 拆卸车门内饰板

如图 2–4–8 所示，拆卸车门内饰板，注意不要损伤内饰板和相关涂层。车门内饰板拆下后，应撕下门框上防尘、防潮的塑料或纸，要缓慢撕拉，避免弄破。

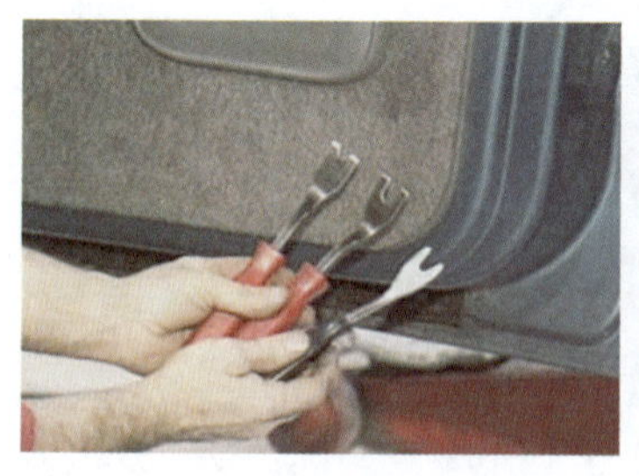
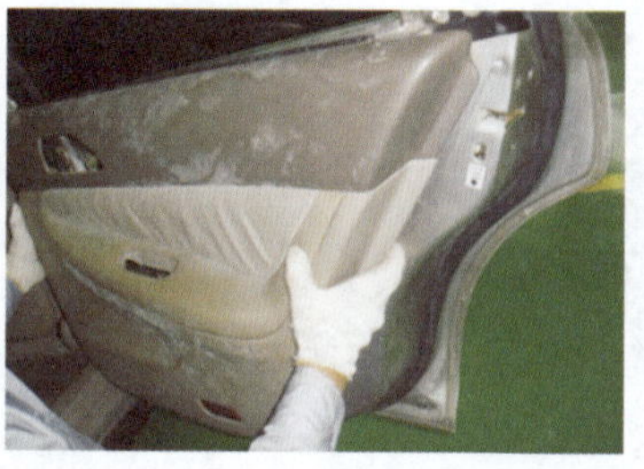
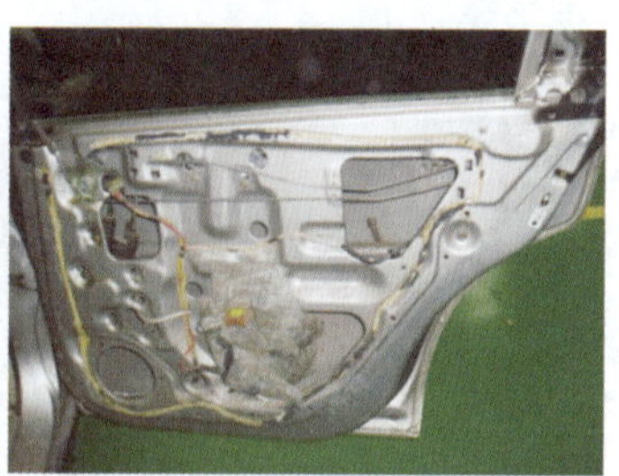

图 2-4-8 拆卸车门内饰板

三、车门总成的装复

安装车门时，应保持车门的边缘与其他车门、车顶和门槛对准。移动、旋转车门，保证车门与各处缝隙的宽度合适，再次拧紧铰链螺钉（见图 2–4–9），并检查车门的安装是否合适，确保开门时不与其他车门、挡泥板产生干涉。

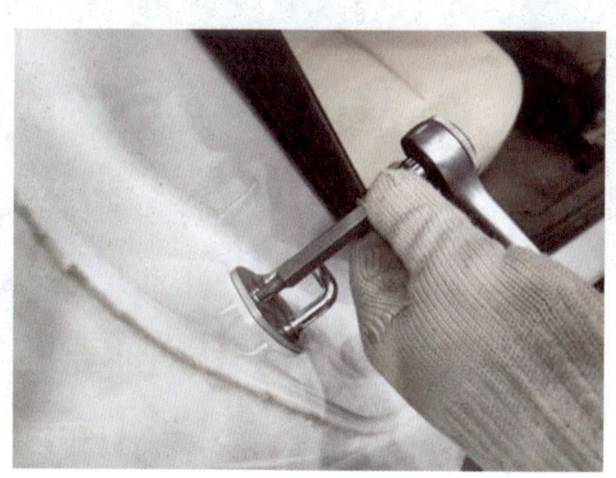

图 2-4-9 拧紧铰链螺钉

思考与练习

1. 常见的车门种类有哪些？
2. 简述车门总成装复的注意事项。

任务 5　行李舱门的拆装与调整

学习目标

◆ 了解行李舱的类型。
◆ 掌握行李舱门的结构。
◆ 能够熟练进行行李舱门的拆装和调整。

任务引入

汽车在行驶过程中发生追尾事故，导致行李舱门出现变形、凹瘪，如图 2-5-1 所示，需对行李舱门进行拆装和修复。

图 2-5-1　行李舱门损伤

任务分析

当行李舱门出现变形或凹陷时，需对其进行拆卸、整修、装复和调整。要做好行李舱门的维修工作，必须了解行李舱门的结构，掌握行李舱门拆装和调整的方法。

一、行李舱的类型

行李舱位于客舱后侧，用于放置行李等物品。其中，三厢式汽车有与客舱分开的行李舱，而两厢式汽车的行李舱则与客舱连为一体，成为相通的结构。无论哪种形式的汽车都有一个宽大的行李舱门，后车身结构如图 2–5–2 所示。

图 2–5–2　后车身结构

1—行李舱门　2—行李舱　3—后保险杠　4—后翼子板

二、行李舱门的结构

行李舱门由内板、上外板和下外板三块板件组成，如图 2–5–3 所示。

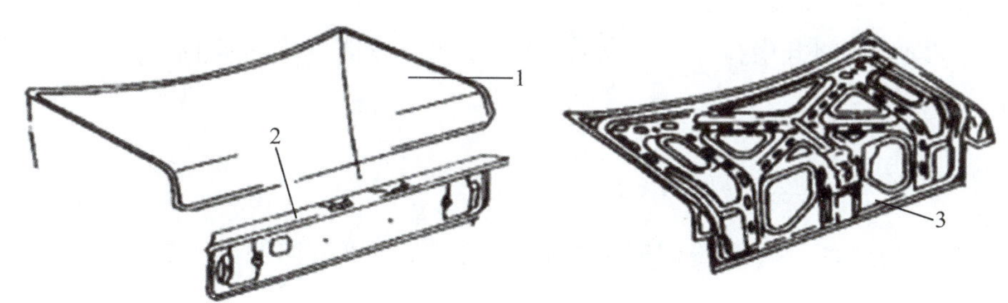

图 2–5–3　行李舱门的结构

1—上外板　2—内板　3—下外板

为了方便行李的取放并保证行李舱门的开启角度，行李舱内设置了行李舱门铰链及行李舱门支撑杆。行李舱门铰链常用臂式，支撑杆则为弹簧式或减振支撑杆，如图 2–5–4 所示。

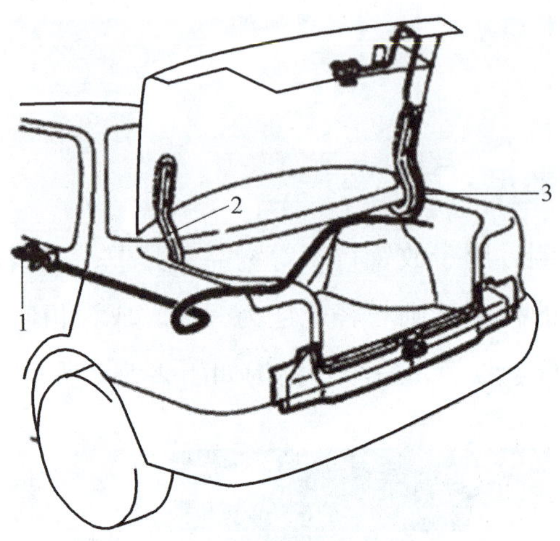

图 2-5-4　行李舱门铰链及支撑杆

1—行李舱门支撑杆　2、3—行李舱门铰链

任务实施

汽车在行驶过程中发生追尾事故，导致行李舱门出现严重变形，需先将行李舱门等部件拆卸，再进行行李舱门的修复或更换。

一、行李舱门的拆卸

1. 准备好呆扳手和套筒扳手。

2. 拉动行李舱门开启拉索（一般在仪表板中下方或驾驶区座椅旁），打开行李舱门，如图 2–5–5 所示。

3. 沿行李舱边缘包上布片。

4. 在行李舱锁座及行李舱门铰链处做标记，以便于按照原始位置进行装复并调整其位置。

5. 拔下牌照灯、行李舱灯等相关线束，如图 2–5–6 所示。

6. 两人共同支撑行李舱门，拆下行李舱门铰链的固定螺栓和螺母，如图 2–5–7 所示。

7. 两人共同拆下行李舱门。

图 2-5-5 打开行李舱门开启拉索

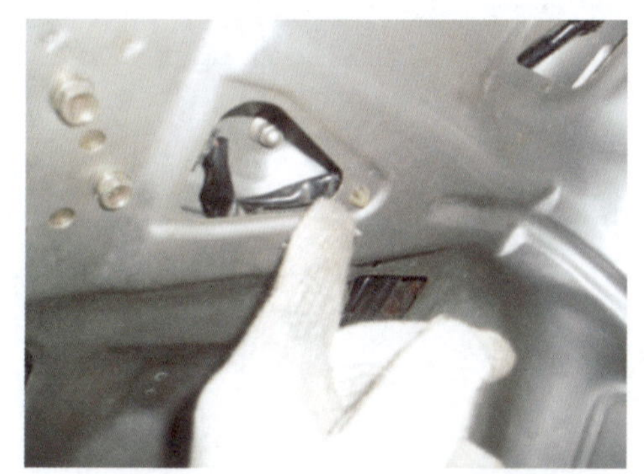

图 2-5-6 拔下相关线束

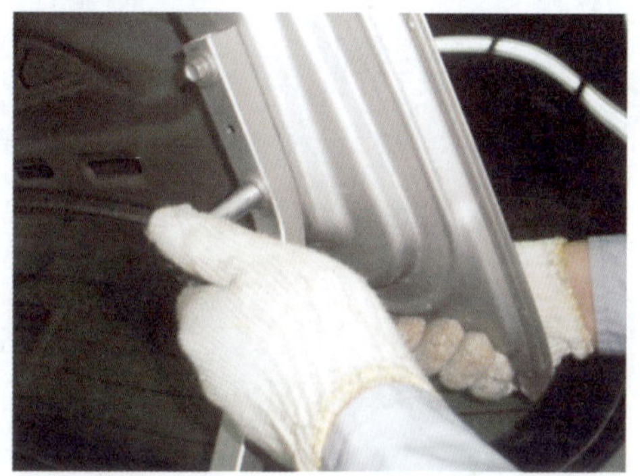

图 2-5-7 拆下行李舱门铰链的固定螺栓和螺母

二、行李舱门的装复与调整

行李舱门的装复顺序与拆卸顺序相反，并可通过增减行李舱门与铰链的垫片，上下调整行李舱门的位置；将行李舱门前后、左右移动，使之与后翼子板装配平齐。为了使行李舱门与防水橡皮条装配良好，使行李舱锁座能对准锁头，应将行李舱锁的固定螺栓拧松，移动锁头或锁座，直至调整妥当后再将螺栓拧紧。行李舱门的调整如图 2–5–8 所示。

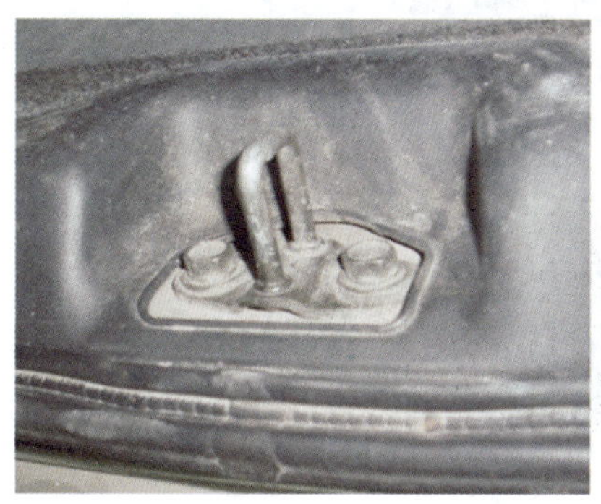

图 2-5-8 行李舱门的调整

思考与练习

1. 简述行李舱门的拆卸步骤。
2. 简述行李舱门的调整方法。

任务 6 照明及信号灯的拆装与调整

学习目标

◆ 了解汽车照明及信号灯的种类和功用。
◆ 能够熟练进行汽车照明及信号灯的拆装和调整。

任务引入

汽车在行驶过程中发生事故，前照灯受到损伤，如图 2–6–1 所示，需对其进行拆卸和检修。

图 2–6–1 前照灯破损

任务分析

汽车前照灯受到损伤，需进行拆卸和检修。首先应了解汽车照明及信号灯的种类和功用，再对其进行拆卸和检修，并调整水平方向和垂直方向的光束，以满足车辆正常行驶的需求。

相关知识

汽车照明及信号系统主要包括前照灯、雾灯、组合后灯、牌照灯、行李舱灯、车内照明灯等。

一、前照灯

汽车前照灯位于车辆头部两侧，用于夜间行车照明。前照灯具有远光和近光的功能，是汽车非常重要的照明装置。汽车使用中，对前照灯的要求是：既要有良好的照明，又要避免对来车驾驶员和其他道路使用者造成不适感。合理使用前照灯应做到会车时使用近光，提示对面或前方行驶车辆注意避让时使用远光。

汽车前照灯一般由灯泡、反射镜、配光镜三部分组成。反射镜的作用是最大限度地将灯泡发出的光线聚合成强光束，以增加照射距离。配光镜的作用是将反射镜反射出的平行光束进行折射，使车前的路面有良好而均匀的照明。

二、雾灯

雾灯的光色为黄色或红色（波长较长、透雾性能好），主要用于雨雾天气或低能见度情况下行车时的道路照明与安全提示。雾灯可分为前雾灯和后雾灯，前雾灯一般为明亮的黄色，后雾灯则为红色，如图 2–6–2 所示。

三、组合后灯

汽车尾灯与转向灯、制动灯、倒车灯、后雾灯等组装在一起，统称为组合后灯，如图 2–6–3 所示。

a)

b)

图 2-6-2　雾灯

a）前雾灯　b）后雾灯

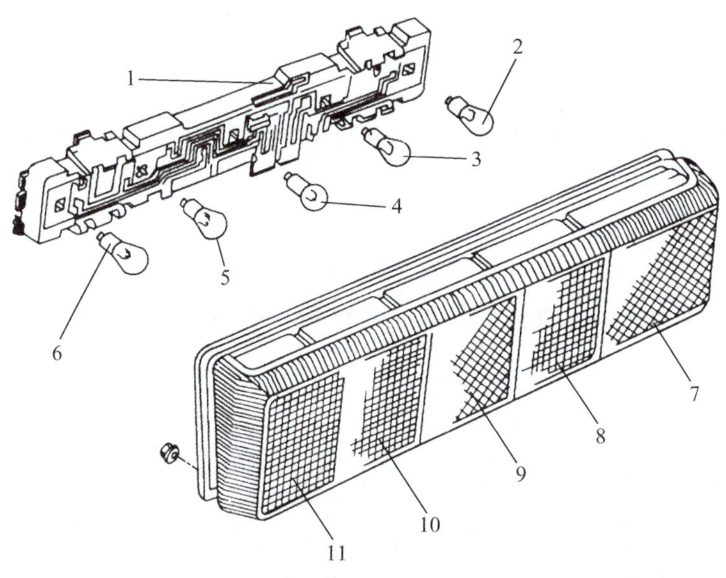

图 2-6-3　组合后灯

1—灯泡座　2—倒车灯　3—后雾灯　4—尾灯　5—制动灯　6—转向灯　7—倒车灯灯罩　8—后雾灯灯罩　9—尾灯灯罩　10—制动灯灯罩　11—转向灯灯罩

四、牌照灯

牌照灯是夜间或者天色较暗时和示廓灯一起打开的用以照亮牌照的灯，如图 2-6-4 所示。

按照有关规定，所有车辆夜间行驶时必须打开车后的牌照灯。对牌照灯的亮度要求是：夜间正常视力者在 20 m 之内必须能看清牌照号码。

五、行李舱灯

行李舱灯是指为行李舱提供照明的小灯，如图 2-6-5 所示。

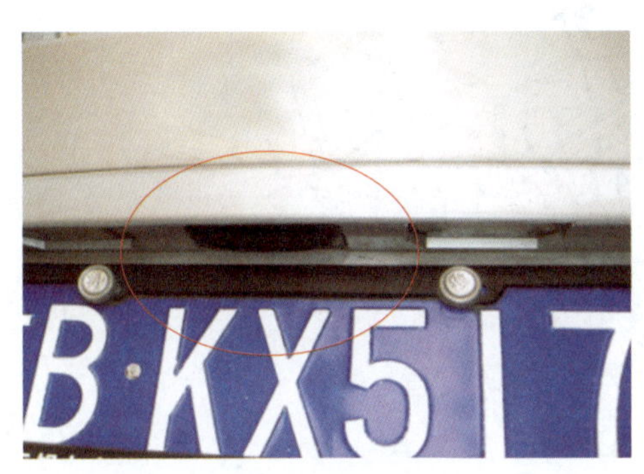

图 2-6-4 牌照灯

图 2-6-5 行李舱灯

六、车内照明灯

车内照明灯是指在夜间或天色较暗时提供车内照明的小灯，如图 2-6-6 所示。

图 2-6-6 车内照明灯

1—车内照明灯 2—照明灯开关

任务实施

一、照明及信号灯的拆装

1. 前照灯的拆装

前照灯的分解与组装如图 2-6-7 所示。应先拆卸前保险杠、中网、饰条等，再拔下相关线束和连接器，最后拆卸前照灯。如前照灯灯泡损坏，应直接进行更换，装复顺序与拆卸顺序相反。

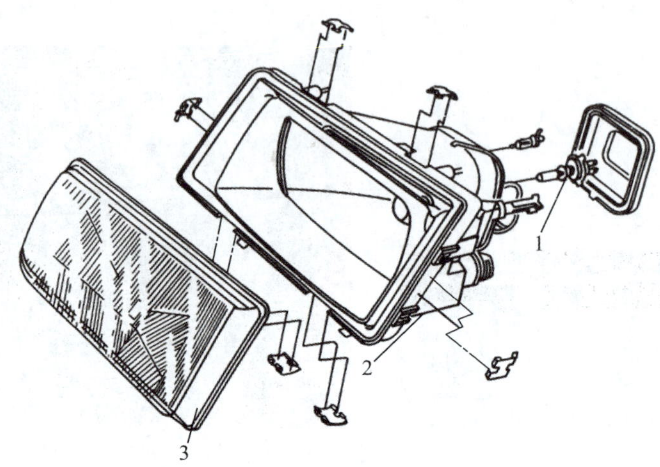

图 2-6-7　前照灯的分解与组装

1—前照灯灯泡　2—前照灯壳体　3—前照灯灯罩

2. 雾灯的拆装

雾灯的拆装图如图 2-6-8 所示，拆装雾灯的主要步骤为：

（1）断开蓄电池负极。

（2）拆卸雾灯的固定螺栓、螺母，断开雾灯相关线束和连接器。

（3）拆卸雾灯灯泡，必要时可进行更换。

（4）雾灯的安装顺序与拆卸顺序相反。

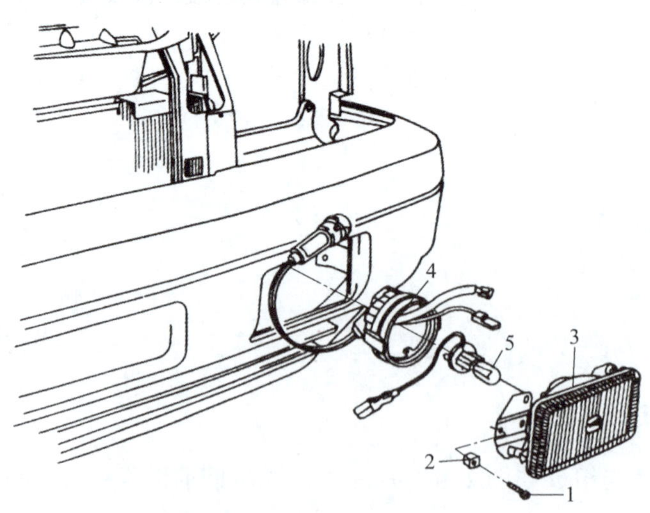

图 2-6-8　雾灯的拆装图

1—固定螺栓　2—固定螺母　3—雾灯灯罩　4—雾灯灯座　5—雾灯灯泡

3. 尾灯、牌照灯的拆装

尾灯、牌照灯的拆装图如图 2–6–9 所示，拆装尾灯、牌照灯的主要步骤为：

（1）断开蓄电池负极。

（2）拆卸尾灯、牌照灯的固定螺栓、螺母，断开尾灯、牌照灯相关线束和连接器。

（3）拆卸尾灯、牌照灯的灯泡，必要时可进行更换。

（4）尾灯、牌照灯的安装顺序与拆卸顺序相反。

图 2–6–9 尾灯、牌照灯拆装图

1—牌照灯 2—尾灯

4. 行李舱灯的拆装

行李舱灯的拆装图如图 2–6–10 所示，拆装行李舱灯的主要步骤为：

（1）断开蓄电池负极。

（2）拆卸行李舱灯的固定螺栓、螺母，断开相关线束和连接器。

（3）拆卸行李舱灯的灯泡，必要时可进行更换。

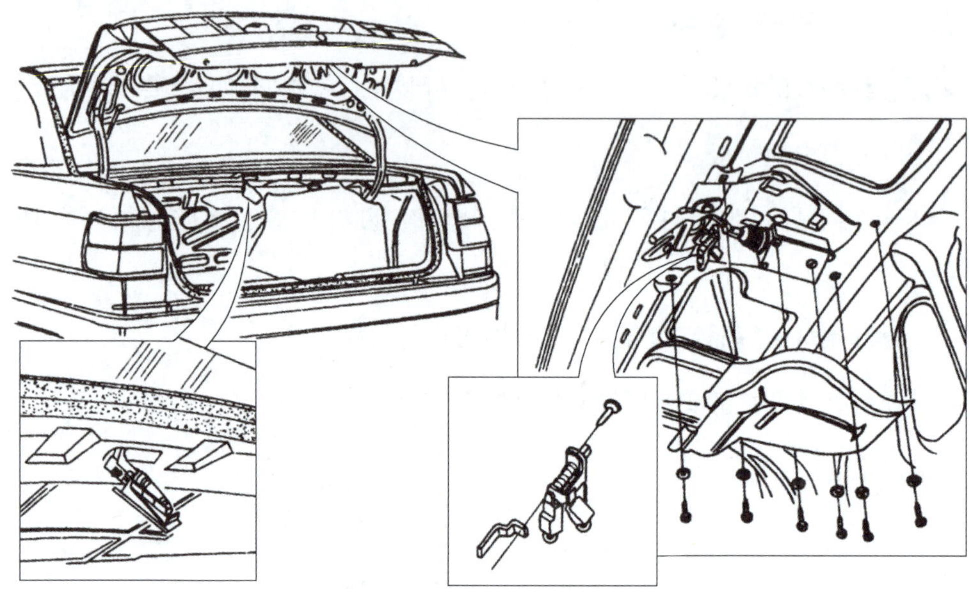

图 2-6-10　行李舱灯拆装图

（4）行李舱灯的安装顺序与拆卸顺序相反。

5. 车内照明灯的拆装

车内照明灯的拆装步骤为：

（1）断开蓄电池负极。

（2）拆卸车内照明灯的壳体，断开相关线束和连接器。

（3）拆卸车内照明灯的灯泡，必要时可进行更换。

（4）车内照明灯的安装顺序与拆卸顺序相反。

二、前照灯和雾灯光束的调整

1. 前照灯和雾灯光束的调整要求

如图 2-6-11 所示，在车辆装备齐全（包括所有常规装备，如备胎、工具、千斤顶、灭火器等），轮胎气压正常，后座乘坐一人或放置 70 kg 行李，车辆停放在平坦场地，距屏幕或墙壁 10 m 的情况下，前照灯光束最低线 *a–a* 应在前照灯水平中心线 *H–H* 的下方 10 cm 处，雾灯光束的下部边线 *d–d* 应在前照灯水平中心线 *H–H* 的下方 20 cm 处。

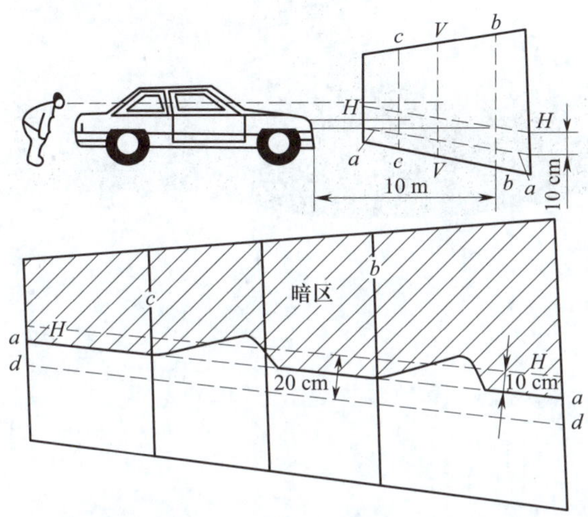

图 2-6-11　前照灯与雾灯光束的调整要求

2. 前照灯和雾灯光束的调整方法

当前照灯和雾灯的光束未达到要求时，应当对其进行调整。如图 2–6–12 所示，前照灯的水平光束用光束水平方向的调整螺钉 1 进行调整，前照灯的垂直光束用光束垂直方向的调整螺钉 2 进行调整，雾灯的光束用雾灯调整螺钉 3 进行调整。

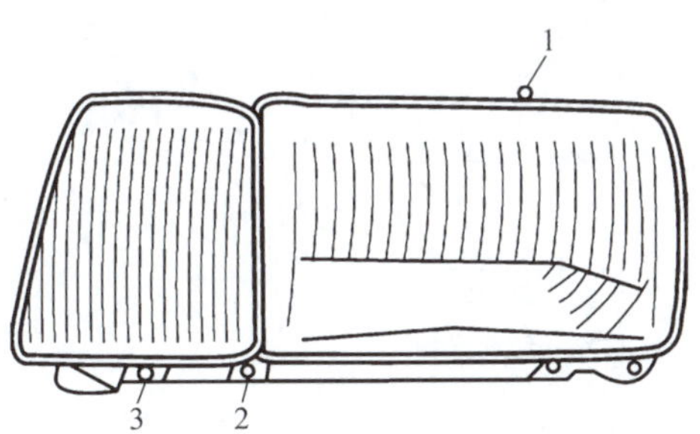

图 2-6-12　前照灯与雾灯光束的调整方法

1—前照灯水平方向调整螺钉　2—前照灯垂直方向调整螺钉　3—雾灯调整螺灯

思考与练习

1. 简述牌照灯的作用。
2. 如何合理使用前照灯？
3. 简述雾灯的拆装步骤。

项目三

车身钣金件的修复

任务 1　门板的挖补

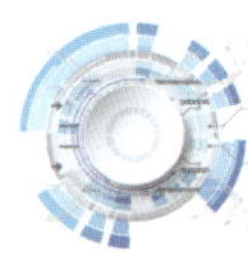

学习目标

- ◆ 了解气焊法、气割法及相关工具、设备。
- ◆ 掌握气焊工艺和气割工艺。
- ◆ 能够熟练进行门板的挖补。

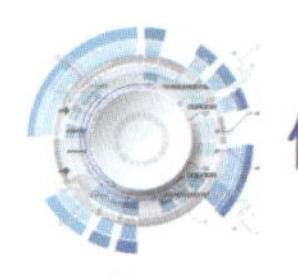

任务引入

某汽车门板多次进行维修，表面已形成塑性变形区，如图 3-1-1 所示。汽车门板发生碰撞后无法恢复其性能，并且门板有多处锈孔，需进行挖补修复。本任务要求采用气焊和气割工艺对门板进行修复。

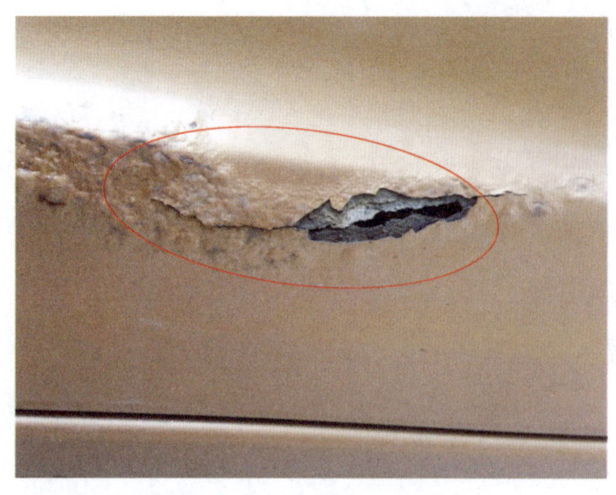

图3-1-1 损伤的门板

任务分析

要对汽车门板进行修复，首先需要熟练掌握门板的挖补工艺、氧—乙炔焊接和气割的方法，然后对损伤部位进行评估，制定维修方案，进行门板制作、气割和焊接等工艺操作，使门板达到使用要求。

相关知识

汽车门板的划痕、损伤、凹陷、锈孔等问题，通常可以通过敲平法、惯性锤法、挖补法等方法来解决，恢复其形状、强度和性能。其中，气焊和气割是挖补法的重要步骤。

一、气焊法和气割法

1. 气焊法

气焊法是利用氧—乙炔气体火焰作为热源的焊接方法。根据焊件厚度，选择相应的焊炬并正确连接氧气和乙炔管路，调节气瓶的压力，打开焊炬的调节旋钮进行操作。

点火前，应先开启氧气调节阀，再开启乙炔调节阀，乙炔阀开启程度要小于氧气阀，以免乙炔燃烧不充分而产生黑烟灰。两种气体在焊炬内混合后，从焊嘴喷出，用点火枪即可将混合气点燃。

2. 气割法

氧气切割法又称气割法，是指利用气体火焰的热能将工件切割处预热到一定温度后，喷出高速切割氧气流，使其燃烧并放出热量进行切割的方法。气割操作所用的设备中，除用割炬代替焊炬外，其余均与气焊所用设备相同。

二、氧气瓶、乙炔瓶及附件

气瓶是贮存和运输气体的容器，是气焊、气割的重要设备，氧气瓶和乙炔瓶如图 3–1–2 所示。

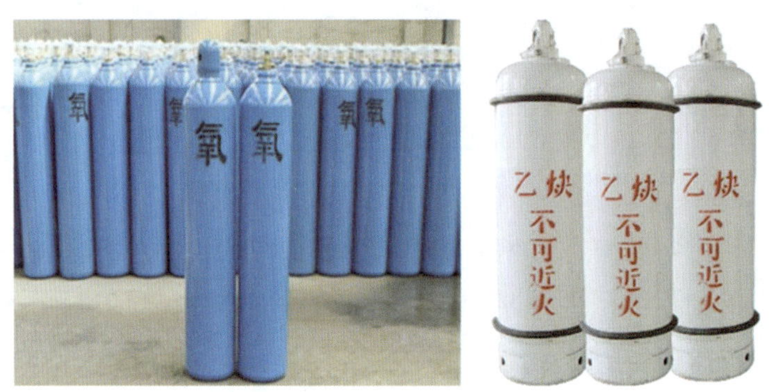

图 3–1–2　氧气瓶和乙炔瓶

1. 氧气瓶

氧气瓶是贮存和运输氧气的钢制高压容器。瓶内压力一般约为 14.7 MPa，在此压力下可贮存 6 m^3 氧气。目前，我国生产的氧气瓶瓶身漆成天蓝色，用黑漆写有“氧”字样。最常见的氧气瓶容积为 40 L。

2. 乙炔瓶

乙炔瓶是贮存和运输乙炔的钢制压力容器。乙炔瓶的外形与氧气瓶相似，但内部比氧气瓶复杂。乙炔瓶的容积一般为 40 L，气瓶外表漆成白色，并用红漆写有“乙炔”字样。

（1）乙炔瓶的优点

1）工作压力大，能保证气焊、气割火焰稳定。

2）搬运轻便，操作比较安全，便于保持工作场地的清洁。

（2）乙炔瓶的使用注意事项

1）严禁振动和撞击瓶体，瓶体必须保持直立，严禁卧置，定期检查，严禁漏气。

2）瓶内温度不得超过 40 ℃。

3）瓶内气体不得用尽，气体压强不得低于 0.098 MPa。

3. 调节器

调节器的作用是把贮存在气瓶内的高压气体转换为工作需要的低压气体，并保持输出气体的压强和流量稳定不变，常见的调节器如图 3-1-3 所示。根据结构的不同，调节器可分为单级式和双级式两类；根据工作原理的不同可分为正作用式和反作用式两类。

图 3-1-3　调节器

（1）常见的调节器

1）单级式氧气调节器

单级式氧气调节器能够直接把瓶内的高压氧气减压至工作压强并输出。单级式氧气调节器可分为正作用式和反作用式两种，反作用式调节器输出氧气的压强受瓶内压强的影响较小，所以应用更加广泛。

2）双级式氧气调节器

双级式氧气调节器分两级减压。第一级将瓶内氧气由高压减至 2.94 ~ 3.92 MPa，第二级由 2.94 ~ 3.92 MPa 减至 1.47 MPa 以下。由于分两级减压，双级式氧气调节器输出氧气的压强受瓶内压强的影响小，工作压强稳定，流量较大。但由于结构复杂，耗用的有色金属较多，因此双级式氧气调节器主要用于大厚度钢材的气割，很少用于气焊。

（2）调节器的使用注意事项

为确保安全并延长调节器的使用寿命，使用时应注意以下几点：

1）使用前将各接口处的油污和灰尘擦拭干净，确保清洁。

2）安装调节器之前，要略打开气瓶瓶阀，吹除污物，避免将灰尘或水分带入调节器。

3）将调节器安装到气瓶上后，缓缓地打开瓶阀，以免调节器受高压气体的冲击而损坏。

4）经检查确定无漏气现象且压力表指示正常后，方可连接输气胶管。

5）在调节氧气的工作压强时，要先将焊炬或割炬上的氧气调节阀略微拧开，再逐渐拧紧调节器上的调节螺钉，使工作压强达到需要的数值。

6）如果环境温度过低且气体流量过大而导致调节器出现霜冻现象，切忌用明火烘烤，只能用热水或蒸汽解冻，最好将调节器放在温度较高的室内慢慢解冻。

7）工作结束后，应先松开调节器上的调节螺钉，再关闭气瓶瓶阀，然后再适当拧紧调节器上的调节螺钉，放掉剩余气体，待压力表上的指针指零后，再次松开调节螺钉。

4. 回火防止器

回火防止器可以防止回火导致的乙炔发生器的爆炸，同时还可以对乙炔进行过滤，提高其纯度，回火防止器如图 3–1–4 所示。

图 3-1-4　回火防止器

（1）回火防止器的分类

根据工作压力的不同，回火防止器可分为低压式回火防止器和中压式回火防止器；根据作用原理的不同可分为水封式回火防止器和干式回火防止器；根据装置部位的不同可分为集中式回火防止器和岗位式回火防止器。目前，生产中普遍应用的是水封式回火防止器。

（2）水封式回火防止器的使用注意事项

1）加入的水要适量且清洁。

2）要定期换水以保持清洁。

3）当环境温度低于 0 ℃时，可加入温水或食盐，防止冻结。

4）防爆膜的厚度要合适。

5. 焊炬

焊炬的作用是使可燃气体和氧气以一定的比例混合并燃烧，形成具有一定热能的气焊火焰。焊炬可分为射吸式焊炬和等压式焊炬两种。

（1）焊炬的结构

以射吸式焊炬为例，当混合气体为乙炔和氧气时，焊炬的结构如图 3–1–5 所示，由焊嘴、乙炔调节阀、乙炔进气管、氧气进气管和氧气调节阀组成。

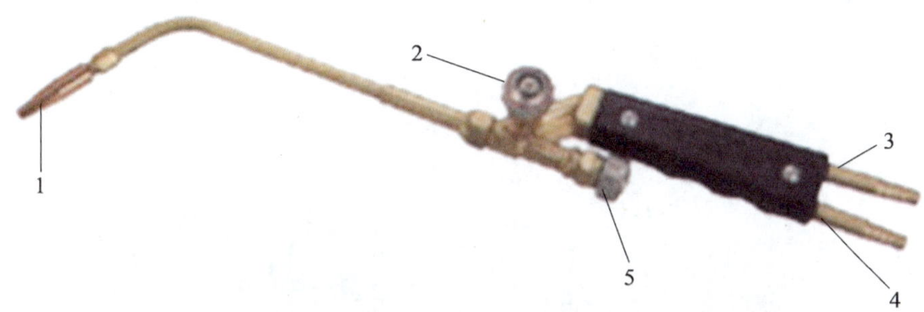

图 3–1–5　焊炬的结构

1—焊嘴　2—乙炔调节阀　3—乙炔进气管　4—氧气进气管　5—氧气调节阀

（2）焊炬的使用方法

气焊时，通常左手持焊丝，右手持焊炬，两手动作应协调，沿焊缝向左或向右对板件进行焊接。焊接方法可分为右向焊法和左向焊法，如图 3–1–6 所示。

a）

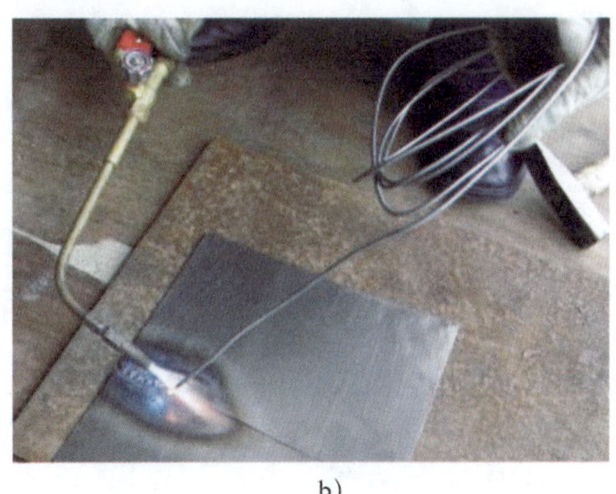

b）

图 3–1–6　焊炬的使用方法

a）右向焊法　b）左向焊法

在焊接的过程中，应注意氧气阀门和乙炔阀门的调节顺序：

1）点火时，应先微开氧气阀门，再打开乙炔阀门，随后用明火自下部向上点燃。

2）调节火焰时，应先根据焊件材料确定氧—乙炔焰的类型，并调整为所需的火焰，再根据焊件厚度调整火焰大小。

3）灭火时应先关闭乙炔阀门，再关闭氧气阀门。

6. 割炬

割炬的作用是使可燃气体和氧气混合、燃烧，形成有一定热能和形状的预热火焰，同时可在火焰中心射出切割氧气流，形成切割能力。当混合气体为乙炔和氧气时，割炬的结构如图 3–1–7 所示。

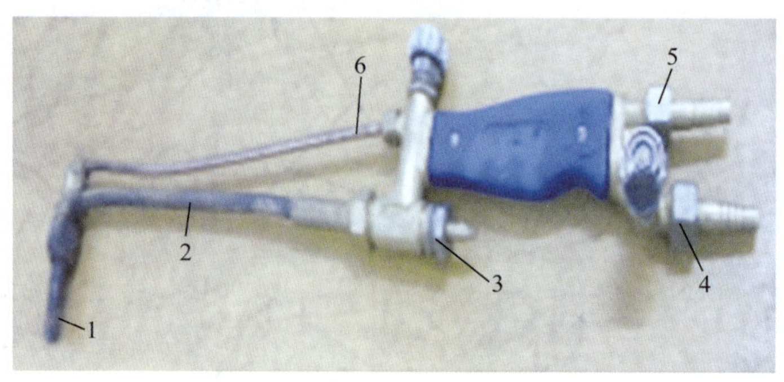

图 3–1–7 割炬的结构

1—割嘴 2—预热混合气体管 3—预热氧阀门 4—乙炔阀门
5—切割氧阀门 6—切割氧气管

任务实施

当门板的某些部位损伤严重或同一部位已经过多次焊修，再修已无法达到质量要求时，需对门板进行挖补或更换处理，挖补后再焊接新门板。

一、门板的挖补

1. 准备挖补工具

在进行挖补工作前，需准备铁锤、弯剪刀、鲤鱼钳、扁錾、钢直尺、锉刀、木锤等工具，如图 3–1–8 所示。

2. 确定修复范围

挖补前需清除损伤部位及附近的腻子层，确定需修复或更换的范围。更换范围的大小取决于损坏范围的大小和焊接后便于敲平的部位，还要考虑保持连接螺栓孔的准确位置，图 3–1–9 中石笔所画出的范围即为需要挖补的范围。

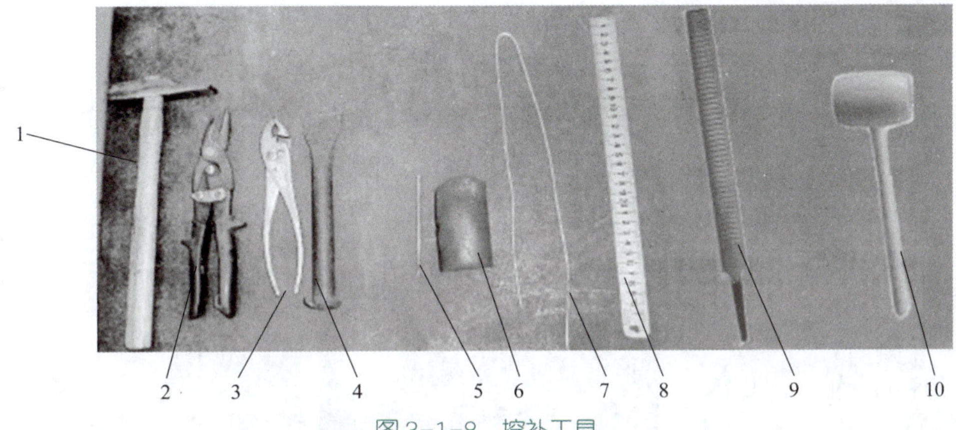

图3-1-8 挖补工具

1—铁锤 2—弯剪刀 3—鲤鱼钳 4—扁錾 5—石笔 6—垫铁 7—焊丝 8—钢直尺 9—锉刀 10—木锤

图3-1-9 确定修复范围

3. 下料

确定修复范围后，剪出纸样板，按纸样板留出需折边或加放的修剪余量。用 1.2 mm 厚的薄板下料，然后按待换处的轮廓形状加工出镶补件并修剪结合切口。图 3–1–10 所示为修复的镶补件，剪切完成后用木锤进行整平。

图3-1-10 所需修复的镶补件

4. 整形、切割

在挖补、更换之前，应先对整个门板进行整形，使其基本恢复原来的几何形状，以保证镶补件焊补的平整性。整形后按修复范围画线位置依次进行切割操作，如图 3–1–11 所示。切割完成后，取下损伤部分，如图 3–1–12 所示。

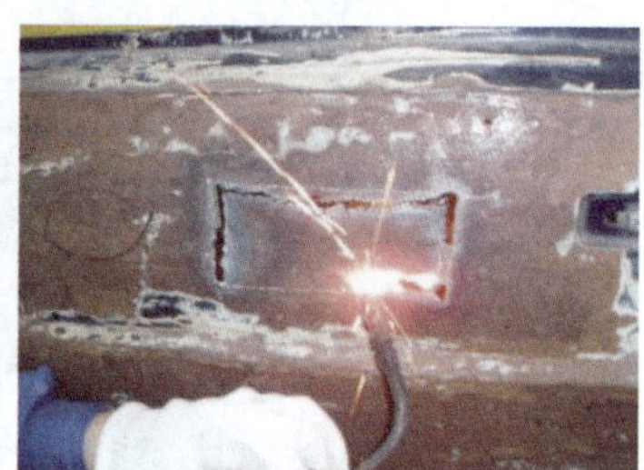

图 3–1–11　依次切割

图 3–1–12　取下损伤部分

5. 打磨、锉削

将挖补部位四周的粗糙部分进行打磨和锉削，保证较好的直线度和平整度，便于镶补件的焊接操作，如图 3–1–13 所示。

图 3–1–13　打磨、锉削

6. 比对、打磨和整平

将镶补件覆盖于待修复的部位上进行对比，画出剪切线后，按剪切线将损坏部分切除到位，并打磨和整平切口，如图 3–1–14 所示。

图 3–1–14　比对、打磨和整平

二、门板的焊接

1. 定位焊接

将镶补件接口与门板切口对齐，并保证焊缝两侧板平齐。切口间隙不应大于 1 mm，然后按 30 ~ 50 mm 的间距确定定位焊点，在四个角及定位焊点位置首先进行定位焊接，如图 3–1–15 所示。用样板检测镶补件是否与整体形状吻合，若基本吻合则可继续施焊，否则应校正后再施焊。

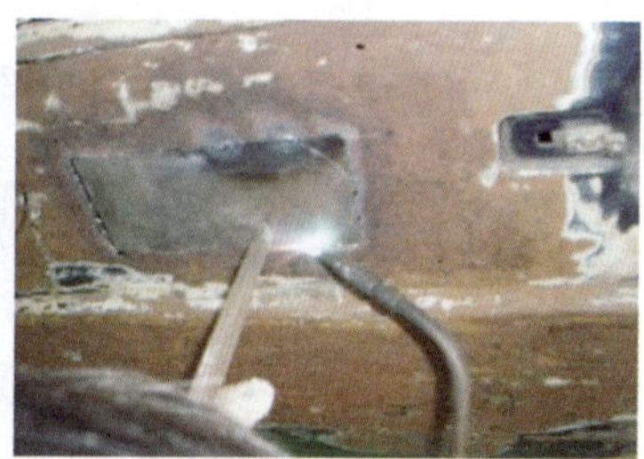

图 3–1–15　定位焊接

2. 整平操作

对焊缝进行锤击，消除焊接应力造成的变形，以便进一步分段施焊。

3. 分段施焊

在定位点之间进行分段施焊，如图 3–1–16 所示。

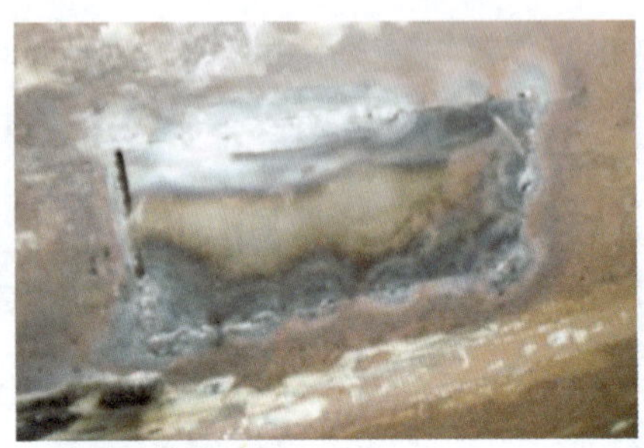

图3-1-16 分段施焊

4. 整平、检查、打磨

再次对焊缝进行锤击，消除焊接应力造成的变形。用样板校对并做整体修整，最后修磨焊缝，使之平整、均匀。

三、安全注意事项

1. 氧—乙炔焊接设备的使用和操作安全技术应按照《焊接与切割安全》（GB 9448—1999）中的有关规定及安全操作规程执行。

2. 焊接操作位置附近不得放置易燃、易爆物品。

3. 焊接前需穿戴防护服、焊接手套、面罩等，防止飞溅物伤人。

4. 施工现场应设置消防设备。

5. 工作完毕后，应对全部焊接设备、器具进行维护和保管。

思考与练习

1. 简述气焊法点火操作时的注意事项。
2. 焊接过程中，氧气阀门和乙炔阀门的调节顺序是怎样的？
3. 简述门板焊接的操作步骤。

任务 2 门槛的修复

学习目标

- 掌握惰性气体保护焊的特点、工作原理、焊接设备及其操作方法。
- 能够熟练进行门槛的修复。

任务引入

一辆汽车在直行过程中侧面受到撞击，右侧门槛严重损伤，如图 3-2-1 所示。根据汽车侧面的损伤情况，需对右侧门板进行拆装、修复，同时对损伤严重的门槛部分进行修复或更换。

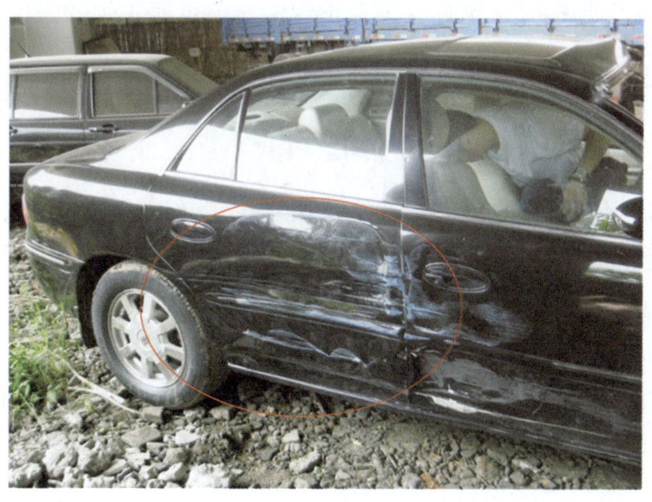

图 3-2-1　门槛损伤的汽车

任务分析

由于门槛损坏范围较大，且门槛是密闭环形连接的，因此需对损伤段进行挖补。

要做好门槛的修复，首先要熟练掌握惰性气体保护焊的特点、工作原理、相关设备及其操作方法等，再对损伤段的门槛进行切割、焊接等操作。

相关知识

事故车损伤的门槛需制作和焊接修复，不论是在高强度钢车身构件及整体式车身的修理中，还是在车身覆盖件的修理过程中，惰性气体保护焊的应用最为广泛。

一、惰性气体保护焊的特点

1. 操作方法容易掌握，操作者可以在较短的时间内学会并熟练掌握惰性气体保护焊设备的使用方法。

2. 惰性气体保护焊的焊接质量高、速度快、性能稳定。

3. 惰性气体保护焊可使焊接工件100%熔化，即使修平或研磨也不会降低其强度。

4. 在薄的金属上焊接时，惰性气体保护焊能避免可能发生的强度降低和变形。

5. 惰性气体保护焊的电弧平稳、熔池小，便于控制。

二、惰性气体保护焊的工作原理

惰性气体保护焊的工作原理如图3-2-2所示，焊丝以一定的速度自动进给，在焊接工件和焊丝之间产生电弧，电弧产生的热量能使焊丝和焊接工件熔化，将焊接工件熔合后连接在一起。在焊接过程中，惰性气体可以对焊接部位进行保护，避免熔融的金属被空气氧化。惰性气体的种类由需要焊接的工件决定，钢材应使用二氧化碳（CO_2）或二氧化碳和氩气（Ar）的混合气体（其中含75%的氩气和25%的二氧化碳，这种混合气体通常被称为C-25气体）作为保护气体。

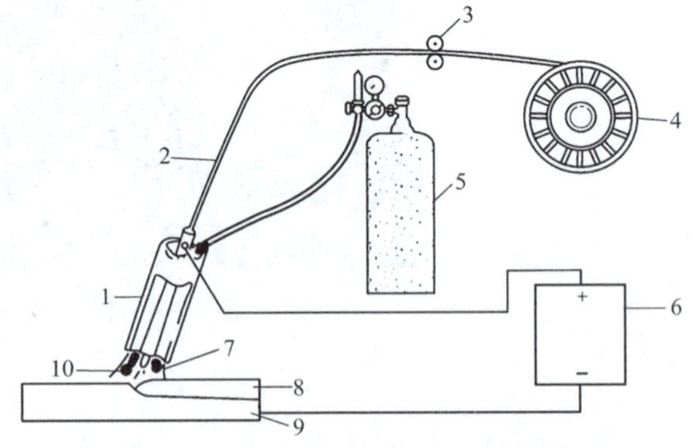

图3-2-2 惰性气体保护焊的工作原理

1—焊炬 2—焊丝 3—送丝机构 4—成卷的焊丝 5—保护气瓶 6—蓄电池 7—保护气 8、9—焊接工件 10—电弧

三、惰性气体保护焊的焊接设备

惰性气体保护焊设备主要由焊机主机、送丝装置、保护气瓶、气压调节器、焊丝、焊炬、导电嘴等部分组成，如图 3-2-3 所示。

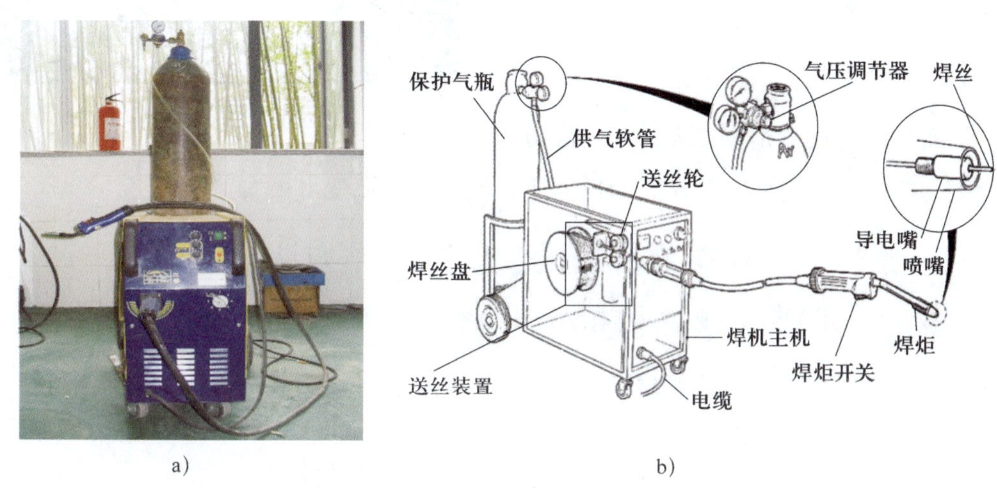

a） b）

图 3-2-3 惰性气体保护焊焊接设备及其结构

a）惰性气体保护焊焊接设备 b）惰性气体保护焊焊接设备的结构

1. 送丝装置

送丝装置如图 3-2-4 所示，作用是对送丝的速度进行控制。

2. 焊丝

焊丝如图 3-2-5 所示，车身修理中使用的焊丝型号是 AWS-ER70S-6，所用焊丝的直径为 0.6 ~ 0.8 mm。

图 3-2-4 送丝装置

图 3-2-5 焊丝

3. 焊炬

焊炬如图 3-2-6 所示，作用是将焊丝引导至焊接部位。焊炬上有启动开关，焊炬前部为喷嘴和导电嘴。

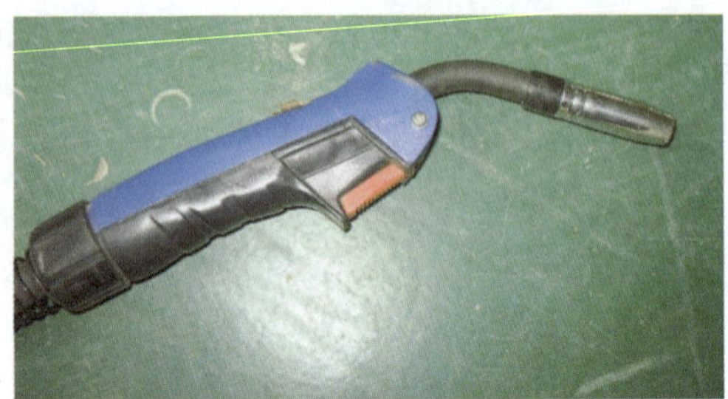
图 3-2-6　焊炬

4. 焊机电源

焊机电源的核心是变压器，它把 220 V 或 380 V 的电压转变成 10 V 左右的低电压，同时将电流变得很大。

四、惰性气体保护焊焊机的安装及调整方法

1. 按照使用说明书的规定，将惰性气体保护焊焊机的电缆与电网相连接。

2. 在搬动气瓶时注意不要碰撞气瓶。最好用链条或绑带将气瓶固定在底座上，使气瓶和惰性气体保护焊焊机连接在一起。

3. 按照使用说明书的规定，安装并调整送丝装置中的各部件。通常按下列步骤进行：

（1）用手将焊丝送进约 300 mm，保证焊丝能够顺利通过送丝管和焊炬，如图 3-2-7 所示。

图 3-2-7　焊丝的安装

（2）适当调整送丝轮的压力，使焊丝得到足够的推力，能够离开焊丝盘并穿过送丝管到达焊炬。如果送丝轮的压力过小，焊丝会在送丝轮上打滑；如果压力过大，焊丝会发生变形，导致送丝不稳定。

五、惰性气体保护焊焊接参数的调整

1. 焊接电流

焊接电流的大小会影响工件的焊接熔深、焊丝的熔化速度、电弧的稳定性以及焊接飞溅物的数量。随着电流的增大，焊接熔深、剩余金属高度和焊缝宽度也会增大。焊接参数如图 3–2–8 所示。

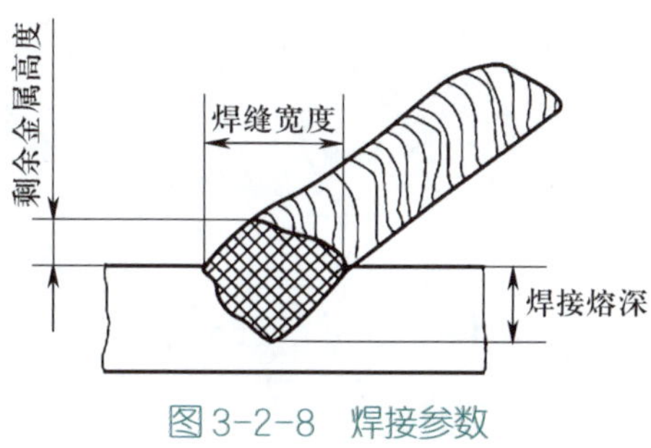

图 3–2–8 焊接参数

2. 电弧电压

高质量的焊接依赖于适当的电弧长度，而电弧长度是由电弧电压决定的。电弧电压过高时，电弧长度较大，焊接熔深较小，焊缝呈扁平状；电弧电压过低时，电弧长度较小，焊接熔深较大，焊缝呈狭窄的圆拱状。不同电弧电压的焊接效果如图 3–2–9 所示。

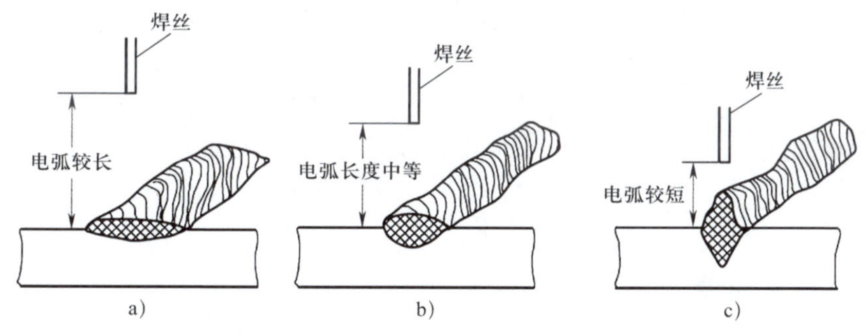

图 3–2–9 不同电弧电压的焊接效果

a）电弧电压过高 b）电弧电压适宜 c）电弧电压过低

3. 导电嘴到工件的距离

导电嘴到工件的标准距离为 7 ~ 15 mm，如图 3–2–10 所示。如果距离过大，从焊炬端部伸出的焊丝长度会增加，从而产生预热，加快焊丝熔化的速度，保护气体所起的作用也会减小；如果距离过小，焊接将难以进行，并且可能烧毁导电嘴。

4. 焊接角度

焊接方向有正向和逆向两种。正向焊接的焊接熔深较小且焊缝较平；逆向焊接的焊接熔深较大，并且会产生大量的熔敷金属。正确的焊接角度应为 10° ~ 15°，焊接方向和焊接角度如图 3–2–11 所示。

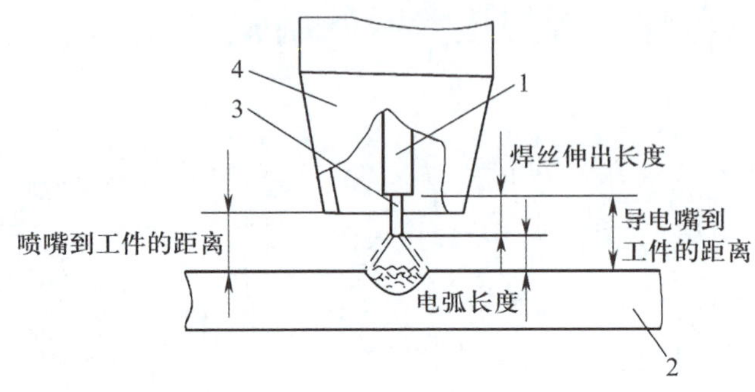

图 3-2-10　导电嘴到工件的距离

1—导电嘴　2—工件　3—焊丝　4—喷嘴

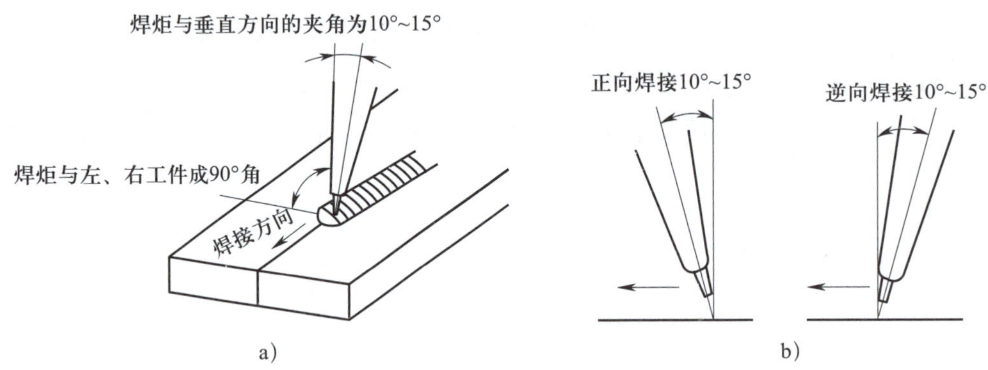

图 3-2-11　焊接方向和焊接角度

a）焊接方向　b）焊接角度

5. 保护气的流量

焊接时，如果保护气的流量过大，焊痕处将会形成涡流而降低保护层的效果；如果保护气的流量太小，保护层的效果也会降低。

6. 焊接速度

焊接时，如果焊炬的移动速度较快，焊接熔深和焊缝宽度都会较小，焊缝呈圆拱形。当焊炬的移动速度进一步加快时，则会产生咬边。若焊接速度过慢，会形成许多烧穿孔。一般而言，焊接的推荐速度由工件厚度和电弧电压两者共同决定。

7. 送丝速度

当送丝速度适宜时，形成的焊接接头较平坦。如果送丝速度过慢，焊丝会在熔池内熔化并熔敷在焊接部位，将产生“嘶嘶”声或“啪哒”声；如果送丝速度过快，容易导致虚焊。

任务实施

一、修理前的准备工作

1. 防护用品的穿戴

进行焊接操作前，应规范穿戴安全鞋、焊接服、护腿、焊接手套等安全防护用品，施焊时应戴上焊接面罩，如图 3-2-12 所示。

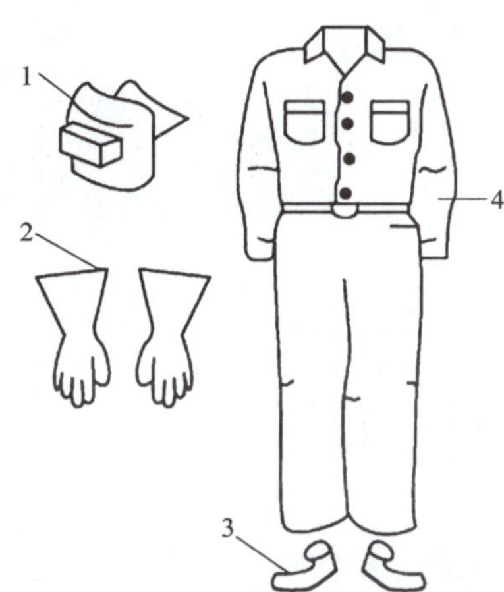

图 3-2-12 防护用品的穿戴

1—焊接面罩 2—焊接手套

3—安全鞋 4—焊接服

2. 焊接前的准备

（1）保证焊接场地通风良好，操作人员应戴好焊接面罩，防止有害气体对人身产生伤害。

（2）保证焊接场地附近配有灭火器，禁止在焊接场地附近存放易燃、易爆物品。

（3）打开保护气阀门，旋转减压器流量开关，调节气体流量。

（4）安装焊丝。

（5）安装并清洁焊炬。

二、门槛的切割、打磨

1. 根据门槛的损伤程度进行切割划线，如图 3-2-13 所示。

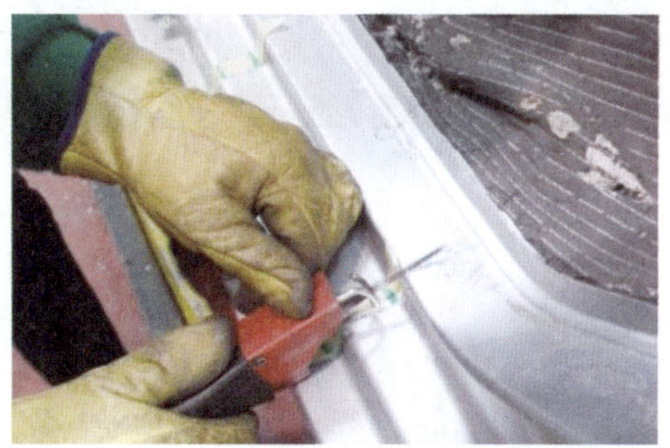

图 3-2-13 切割划线

2. 根据划线痕迹，对损伤部分进行切割打磨，如图 3–2–14 所示，门槛底部切割如图 3–2–15 所示。

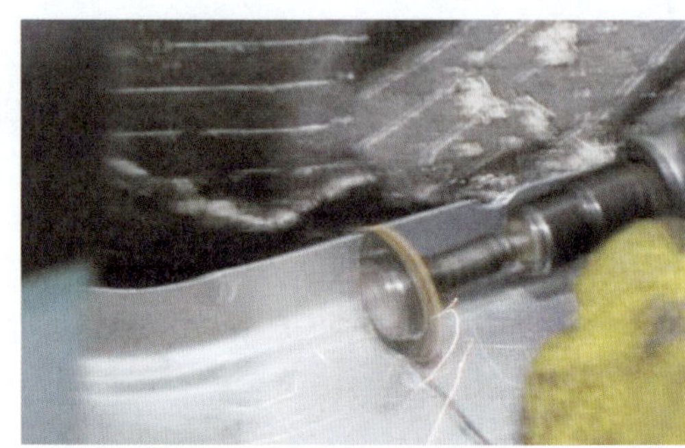

图 3–2–14　切割打磨

图 3–2–15　门槛底部切割

3. 将门槛的损伤部分切割好并取下，如图 3–2–16 所示。

图 3–2–16　切割损伤部分并取下

三、门槛的制作、定位

1. 根据损伤部分切割的形状和尺寸，完成门槛的手工制作，并在门槛的损伤部位喷涂防锈漆，防止表面氧化腐蚀，如图 3–2–17 所示。

2. 将手工制作的焊件进行定位，如图 3–2–18 所示。

图 3-2-17　制作门槛并喷涂防锈漆

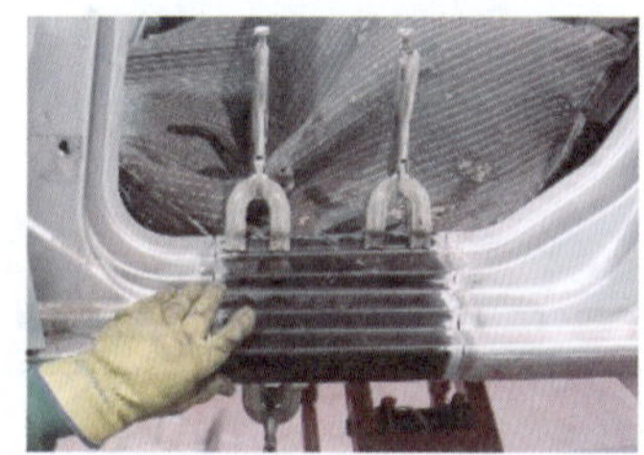

图 3-2-18　焊件定位

3. 打开惰性气体保护焊设备的电源开关，调整送丝的速度和保护气的流量，进行焊接操作，如图 3-2-19 所示。注意先进行定位焊接，再进行连续焊接，最后打磨表面至平整，如图 3-2-20 所示。

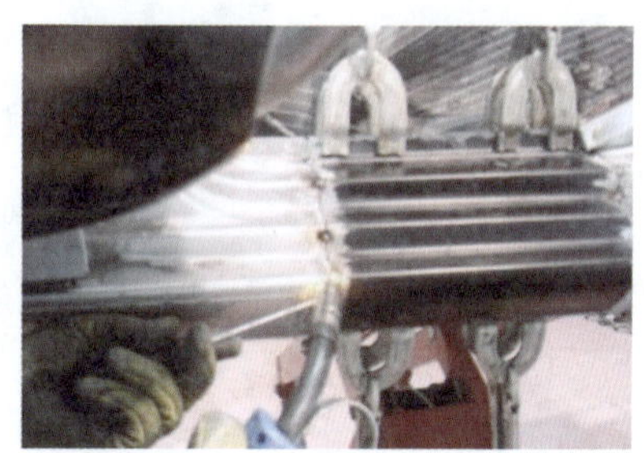

图 3-2-19　施焊

图 3-2-20　焊接打磨

思考与练习

1. 简述惰性气体保护焊的优点。
2. 进行惰性气体保护焊时需调整哪些参数？
3. 简述门槛的修理步骤。

任务 3　后翼子板的切割与焊修

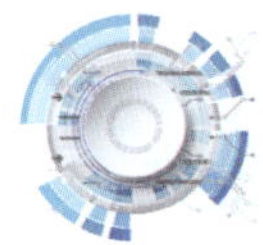

学习目标

- ◆ 了解电阻点焊的优点、焊接原理和主要参数。
- ◆ 了解电阻点焊机的组成和调整方法。
- ◆ 了解影响电阻点焊焊接质量的因素。
- ◆ 了解电阻点焊焊接质量的检验方法。
- ◆ 能够熟练进行后翼子板的切割与焊修。

任务引入

某汽车在行驶过程中车速较快，遇到紧急情况时立即制动，但后方货车已来不及制动，两车追尾，汽车尾部损伤严重，如图 3–3–1 所示，需要对车身后翼子板进行切割和焊修。

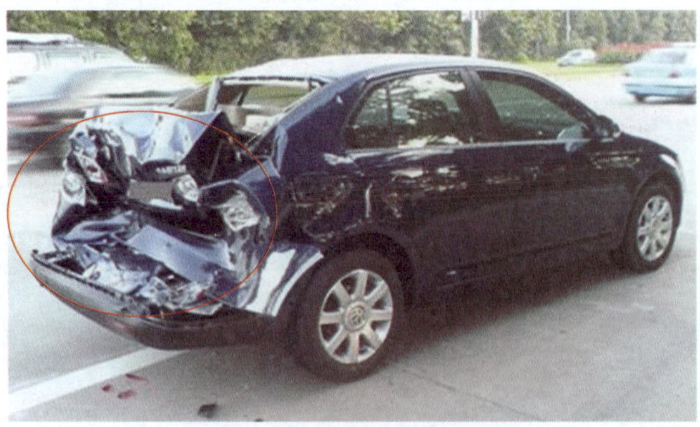

图 3–3–1　尾部受损的汽车

任务分析

汽车车身尾部损伤范围较大，后翼子板是环形连接的整体，首先要熟练掌握后翼子板的整形修复方法以及电阻点焊工艺的特点、设备操作方法和在车身上的应用，再焊修、调整好损伤的后翼子板。

相关知识

汽车车身构件往往尺寸较小且形状复杂，电阻点焊（俗称“点焊”）由于其焊接时间短、变形小等优点，在车身生产中得到了广泛的应用。在汽车制造厂整体式车身上进行的焊接生产中，90% ~ 95% 都采用电阻点焊。

一、电阻点焊的优点

电阻点焊主要有以下优点：

1. 焊接成本比惰性气体保护焊等其他焊接方法更低。

2. 没有焊丝、焊条或气体等易耗品消耗。

3. 焊接过程中不会产生烟和蒸汽。

4. 焊接时无须除去工件上的镀锌层。

5. 不需要对焊缝进行研磨。

6. 焊接速度快，短时间内便可完成高强度钢、高强度低合金钢或低碳钢的焊接。

7. 焊接强度高，受热范围小，金属不易发生变形。

二、电阻点焊的焊接原理及主要参数

电阻点焊是利用低电压、高强度的电流通过紧夹在一起的两块金属板时产生的大量电阻热，用焊炬电极产生的压力把它们熔合在一起的，原理如图 3-3-2 所示。

电阻点焊的三个主要参数为：

1. 焊接压力

两个金属件之间的焊接强度与焊炬电极施加在金属件上的压力大小有直接的关系。如图 3–3–3 所示，焊接压力过小会产生焊接飞溅物，导致焊点（熔核）过大，焊接接头强度降低；焊接压力过大会使焊点（熔核）过小，并降低焊接部位的强度。焊炬电极施加的压力过大时，电极头压入被焊金属软化部位过深，导致焊接质量降低，焊点被电极头压入的深度不应超过板厚的一半。

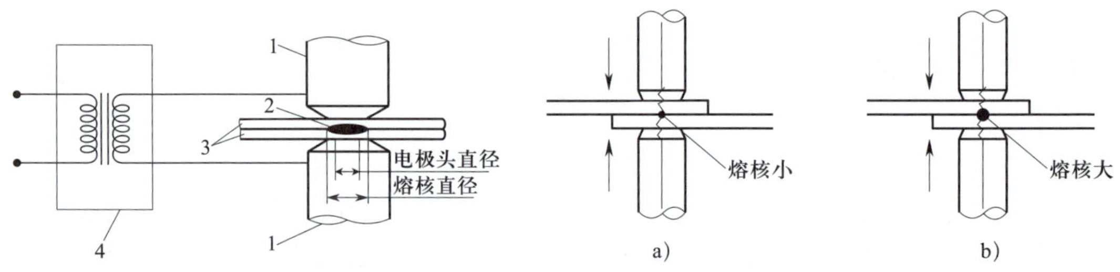

图 3–3–2　电阻点焊的工作原理

1—电极　2—熔核　3—焊接金属板　4—变压器

图 3–3–3　焊接压力对焊点的影响

a）焊接压力大　b）焊接压力小

2. 焊接电流

对金属件加压后，会有很强的电流流过焊炬电极，然后流入两个金属件。如果电流不断流过，金属便熔化并熔合在一起。焊接电流的大小对焊接质量有直接的影响，焊接电流过大会产生焊接飞溅物，焊接电流过小会影响焊接强度。

3. 加压时间

停止对金属件施焊后，焊接部位熔化的金属开始冷却，凝固的金属形成圆而平的焊点。加压时间是影响焊接质量的重要因素之一，加压时间太短会导致金属熔合不够充分。焊接操作的加压时间一般不可以少于焊机说明书上的规定值。

三、电阻点焊机的组成

电阻点焊机由变压器、焊机控制器和带有可更换电极臂的焊炬组成，如图 3–3–4 所示。

1. 变压器

变压器的作用是将 218 V 或 380 V 的车间线路电流转换为低电压（2 ~ 5 V）、大电流的焊接电流。

a)

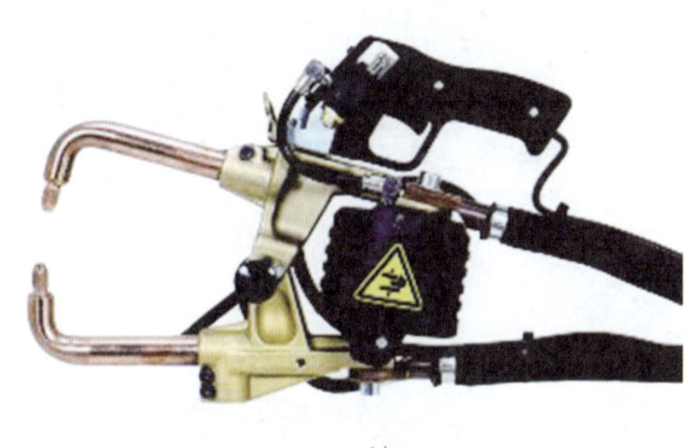
b)

图 3-3-4　电阻点焊机和焊炬

a）电阻点焊机　b）焊炬

2. 焊机控制器

焊机控制器可以调节变压器输出的焊接电流的大小，并且可以控制焊接电流通过金属件的时间。车身修理时，每个焊点的焊接时间最好控制在 1 ~ 6 s。

3. 焊炬

焊炬通过电极臂向被焊金属施加压力，并通入焊接电流。大多数电阻点焊机都带有一个加力机构，可以产生很大的焊接压力来稳定焊接质量。

四、电阻点焊机的调整

1. 选择电极臂

维修人员在修理车身时，应查阅修理手册，确定合适的专用电极臂，如图 3-3-5 所示。如果多个电极臂都可以用来焊接某一部位，则应尽量选择最短的电极臂。

2. 调整电极臂

为了获得最大的焊接压力，焊炬的电极臂应尽量缩短。要将焊炬电极臂和电极头完全固定，使它们在工作过程中不能松开。电极臂的调节如图 3-3-6 所示。

3. 选择电极头

电极头直径增大，焊点的直径将减小；电极头直径减小，焊点的直径将增大，但电极头直径减小到一定值以后，焊点的直径将不再增大。

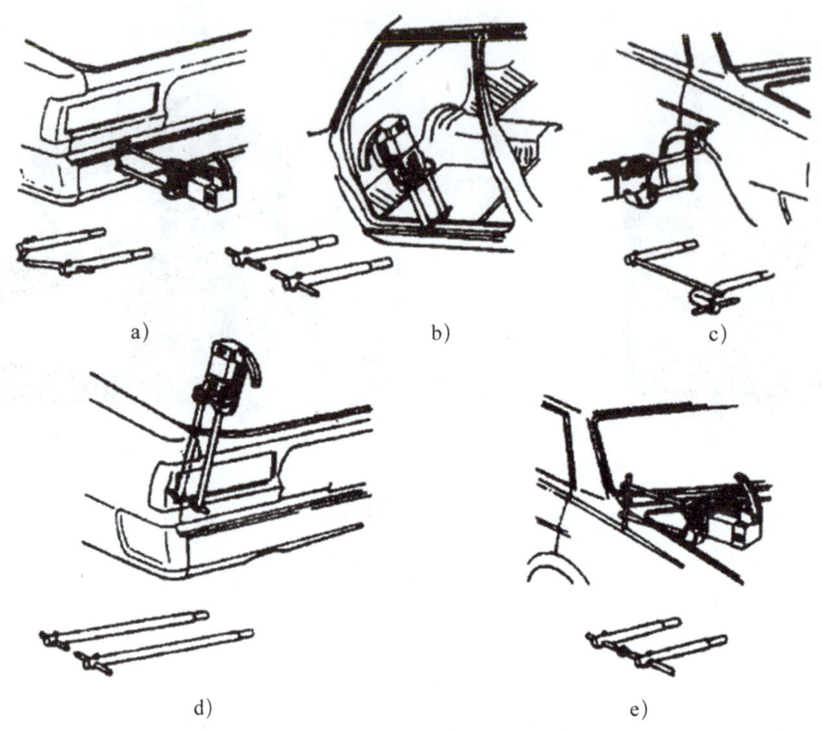

图 3-3-5　根据焊接部位选择电极臂

a）45° 电极臂　b）标准电极臂　c）用于轮罩的电极臂　d）长电极臂　e）旋转电极臂

在进行焊接操作前，应注意电极头的直径是否合适，确定合适后用锉刀将其锉光，清除电极头表面的燃烧生成物和杂质。在使用不具备强制冷却功能的电极头时，可在焊接 5～6 次后，让电极头端部冷却，之后再进行焊接。

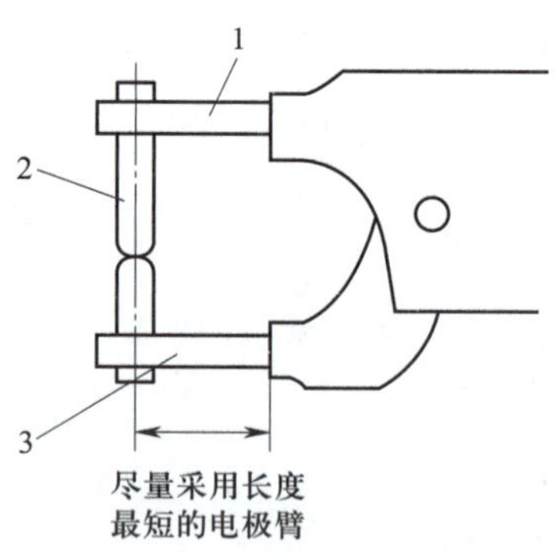

图 3-3-6　调节焊炬电极臂

1—固定端电极臂　2—电极头　3—活动端电极臂

4. 调整电极头

将上、下两个电极头对准在同一条轴线上，否则会导致加压不充分，焊接电流过小，焊接部位的强度降低。电极头的正确和错误调整如图 3-3-7 所示。

5. 调整电流流过的时间

电流流过的时间对焊点的质量有很大影响。当电流流过的时间延长时，产生的热量增加，焊点直径和焊接熔深随之增大。设定恰当的电流流过时间，是保证焊点质量的重要前提。

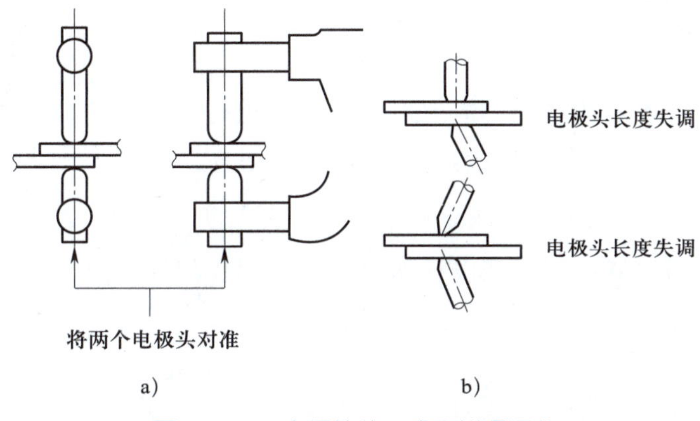

图 3-3-7　电极头的正确和错误调整

a）正确调整　b）错误调整

五、影响电阻点焊焊接质量的因素

在使用电阻点焊机进行焊接时，除了焊接电流、压力、时间等参数因素外，还有下列因素会影响焊接的质量。

1. 工件焊接表面的间隙

工件焊接表面的间隙如图 3-3-8 所示，两个焊接表面之间的任何间隙都会影响电流的通过，降低焊接的强度。因此，焊接前要将两个金属表面整平，以消除间隙，还要用夹紧装置将两者夹紧。

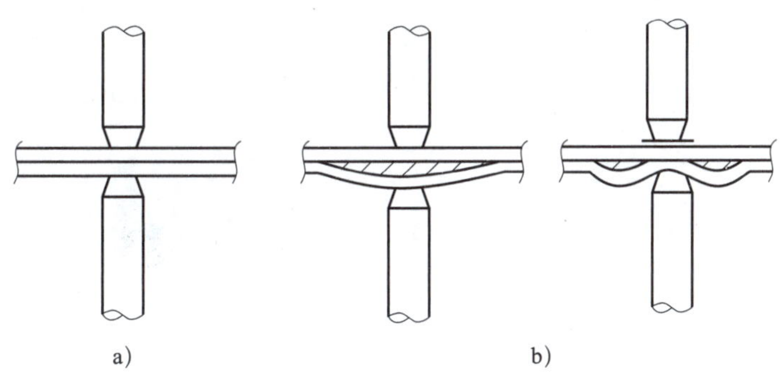

图 3-3-8　工件焊接表面的间隙

a）正确　b）错误

2. 工件焊接表面的清洁

金属工件表面上的涂层、锈斑、灰尘或其他污染物会减小焊接电流，从而使焊接质量降低，所以在焊接前一定要将这些物质从工件表面清除，以确保焊接表面干净、无缝隙，如图 3–3–9 所示。

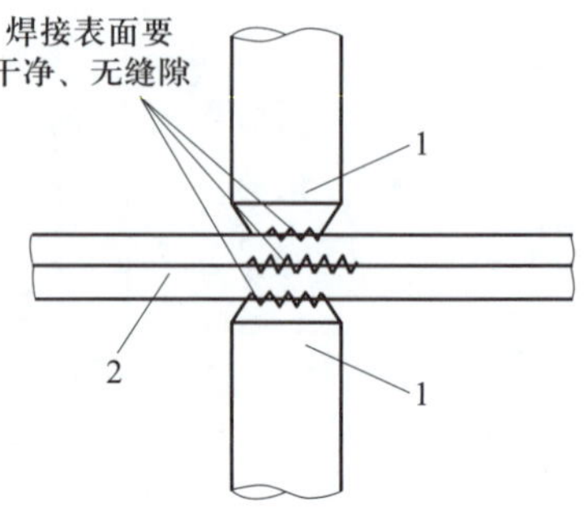

图 3–3–9　工件焊接表面的清洁

1—电极头　2—工件

为了保证工件表面的清洁，需要对焊接表面进行防锈处理。工件焊接表面的防锈处理如图 3–3–10 所示，应在需要焊接的金属工件表面涂一层导电系数高的防锈底漆，并将防锈底漆均匀地涂在所有裸露金属板（包括金属板的端面）上。

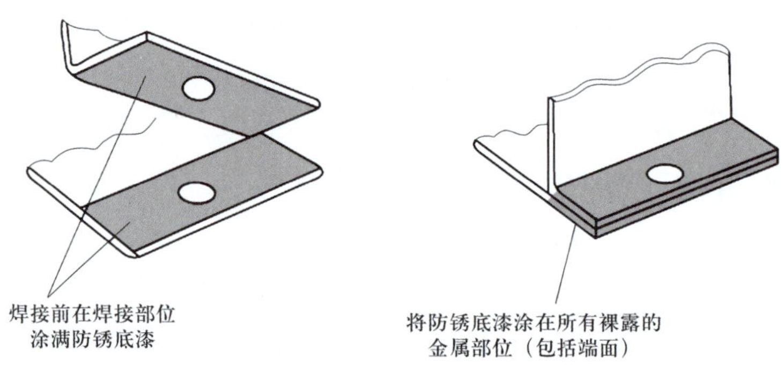

图 3–3–10　工件焊接表面的防锈处理

3. 点焊操作

在进行点焊操作时，应注意以下事项：

（1）采用双面点焊的方法。

（2）电极和金属工件之间的夹角应成 90°，如图 3–3–11 所示。

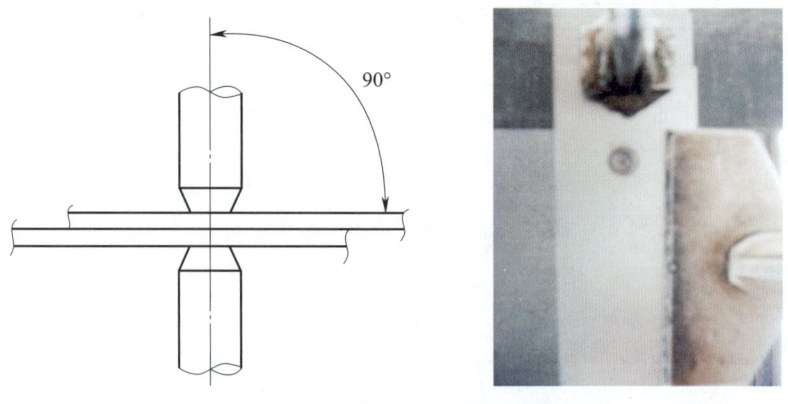

图 3–3–11　电极和金属工件之间的夹角

（3）如图 3-3-12 所示，当三层或更多层的金属重叠在一起进行点焊时，应加大焊接电流或进行两次点焊。

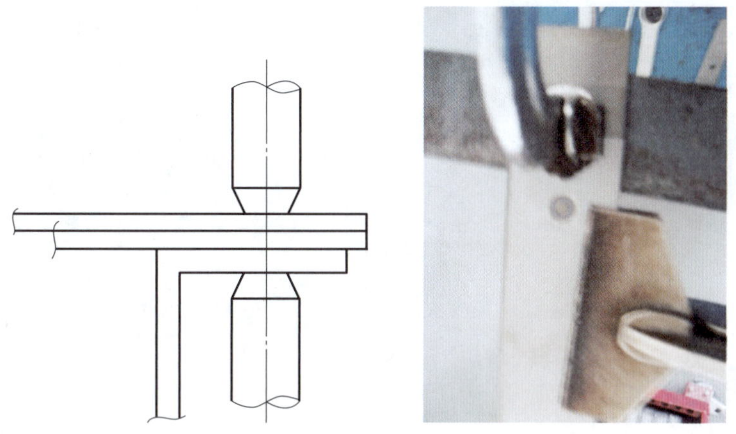

图 3-3-12　三层板的点焊

4. 焊点数量

修理使用的电阻点焊机的功率一般小于制造厂的点焊机功率，因此，在修理时应将焊点数量增加 30% 左右，如图 3-3-13 所示。

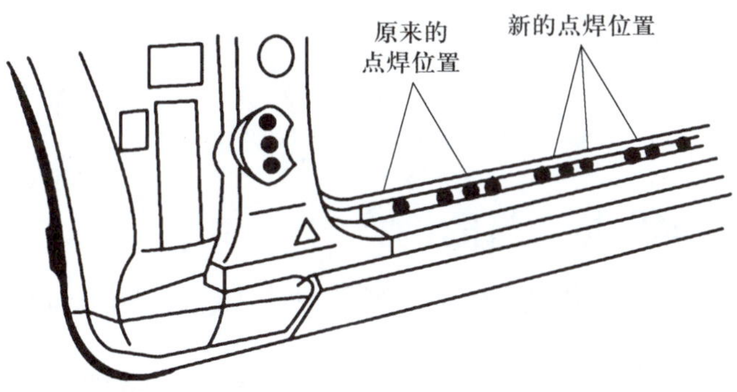

图 3-3-13　修理时增加焊点数量

5. 最小焊接间距

点焊的强度受焊点间距（即两个焊点之间的距离）和边缘距离（即焊点到金属工件边缘的距离）的影响。两层金属工件之间的结合力会随着焊接间距的缩小而增大，但如果间距过小，会导致焊接电流流向已被焊接过的焊点，使焊接部位的电流变小，焊接强度下降。电阻点焊时的焊接间距一般可按照表 3-3-1 来选取。

表 3-3-1 电阻点焊的焊接间距 mm

工件厚度	焊点间距 S	边缘距离 P
0.4	≥ 11	≥ 5
0.8	≥ 14	≥ 5
1.0	≥ 17	≥ 6
1.2	≥ 22	≥ 7
1.6	≥ 30	≥ 8

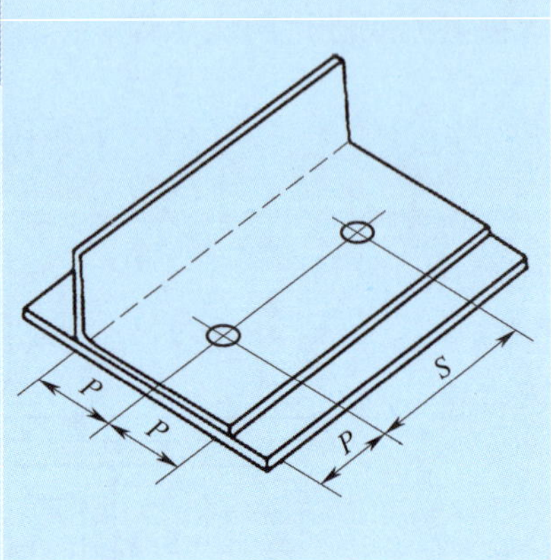

6. 点焊的顺序

点焊时不能只沿着一个方向连续地进行焊接，这样会使电流产生分流而降低焊接质量，正确和错误的焊接顺序如图 3-3-14 所示。当电极头发热并改变颜色时，应停止焊接进行冷却。

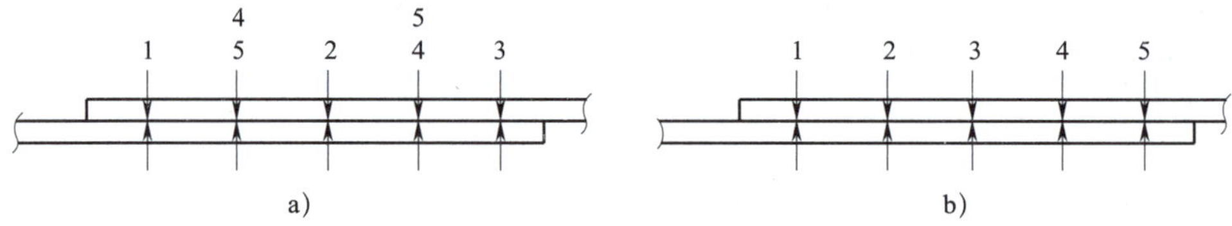

图 3-3-14 焊接顺序

a）正确的焊接顺序 b）错误的焊接顺序

六、电阻点焊焊接质量的检验

电阻点焊的焊点质量可以通过外观检验（目测）或破坏性试验进行检验。破坏性试验用于检验焊接强度，而外观检验则是通过外观判断焊接质量。

1. 外观检验

电阻点焊焊接质量的外观检验如图 3-3-15 所示，具体包括以下内容：

（1）焊接位置。焊点的位置应在工件边缘的中心，还要避免在焊接过的焊点位置再

图 3-3-15 电阻点焊焊接质量的外观检验

次进行焊接。

（2）焊点数量。焊点的数量应比汽车制造厂焊接焊点的数量增加 30% 左右。

（3）焊点间距。修理时的焊点间距应略小于汽车制造厂的焊点间距，且焊点分布要均匀。焊点间距的最小值以不产生分流电流为原则。

（4）压痕（电极头压痕）。焊接表面的压痕深度不能超过金属工件厚度的一半，同时电极头不能焊偏，以免产生电极头孔。

（5）气孔。不能有肉眼可见的气孔。

（6）溅出物。焊接表面应光滑、无阻滞现象。

2. 破坏性检验

取一块与需要焊接的金属工件同样材料、同样厚度的试验工件，按图 3–3–16 所示的位置进行焊接，然后按图中箭头所指方向施力，使焊接位置分开。根据焊接位置是否整齐地断开，可以判断焊接质量的好坏，主要有以下两种方法：

（1）扭曲试验。扭曲试验如图 3–3–16a 所示，扭曲后其中一个焊片上应留下一个与焊点直径相同的孔。如果孔的直径过小或没有孔，说明焊点的焊接强度太低，需要重新调整焊接参数。

（2）撕裂试验。撕裂试验如图 3–3–16b 所示，撕裂后其中一个焊片上应留有一个大于焊点直径的孔。如果孔的直径过小或没有孔，说明焊点的焊接强度太低，需要重新调整焊接参数。

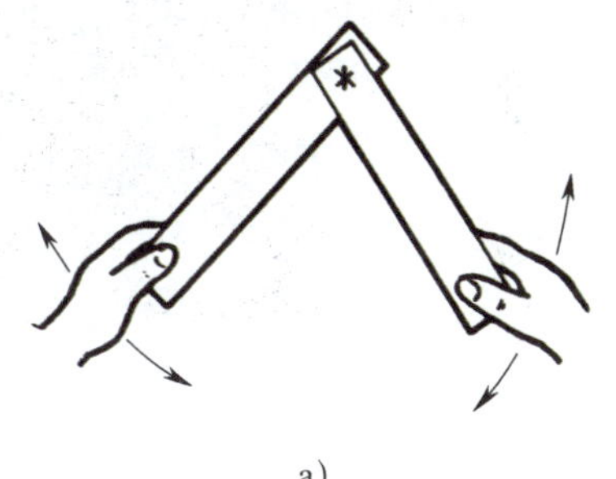
a）

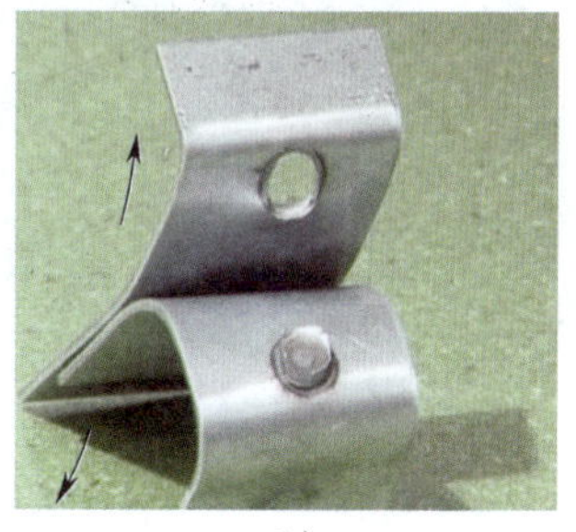
b）

图 3–3–16 破坏性检验

a）扭曲试验 b）撕裂试验

任务实施

一、后翼子板的切割

1. 准备好车身切割工具，根据车身损伤部位确定切割路线。

2. 连接电源线，根据切割路线，采用气割法进行切割。

3. 切割完成后，对割缝进行打磨。

二、后翼子板的修复或更换

将切割下来的后翼子板进行整形修复，如损伤严重，则需进行更换。

三、后翼子板的焊接

1. 将整修或更换后的后翼子板放置到车身的原始位置，准备进行电阻点焊，如图 3–3–17 所示。

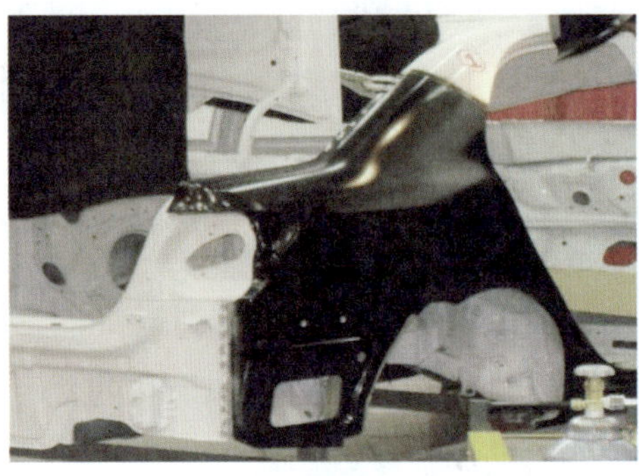

图 3–3–17　放置后翼子板

2. 调节好电阻点焊机的焊接电流、压力等参数，开始进行电阻点焊，如图 3–3–18 所示。

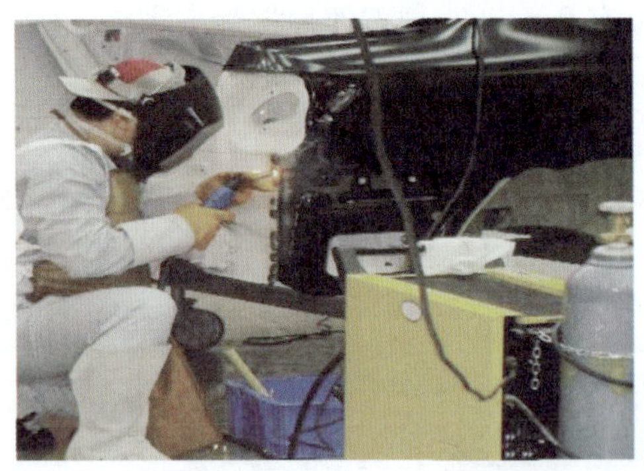

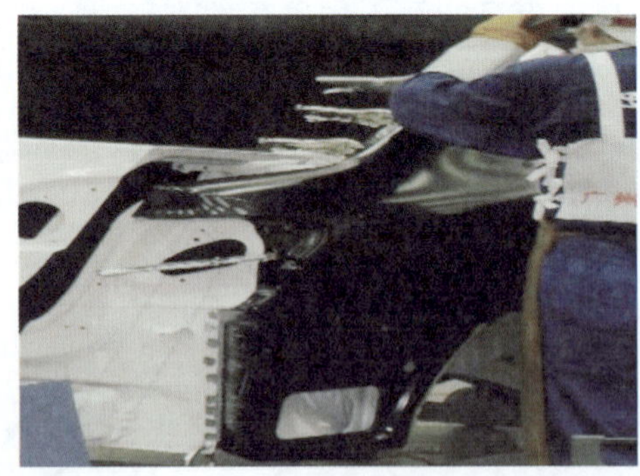

图 3–3–18　电阻点焊

3. 根据电阻点焊的焊接顺序，依次对后翼子板进行定位固定，如图 3–3–19 所示。

4. 对后翼子板进行焊接和调整，如图 3–3–20 所示。

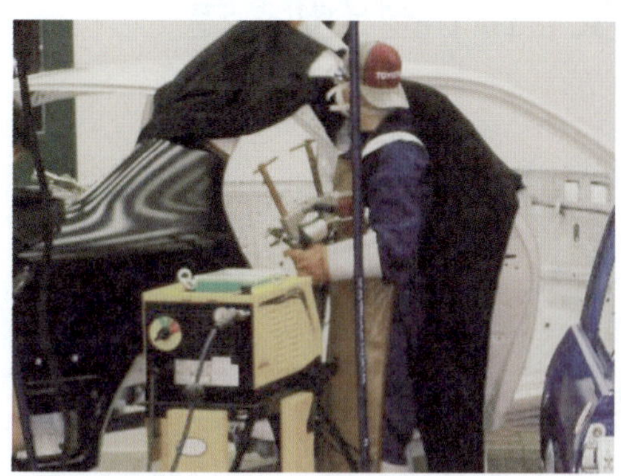
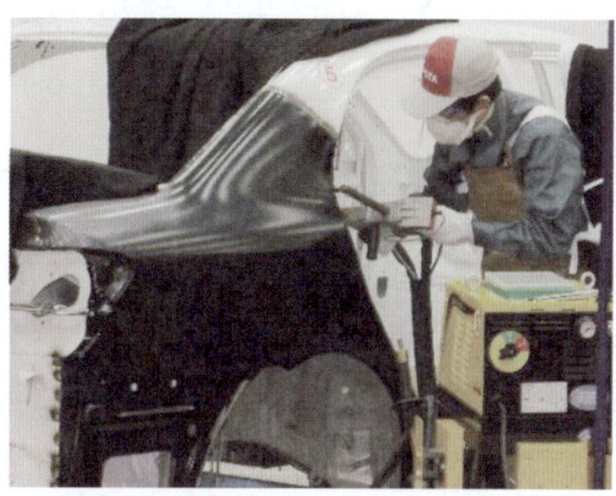

图3-3-19　定位固定

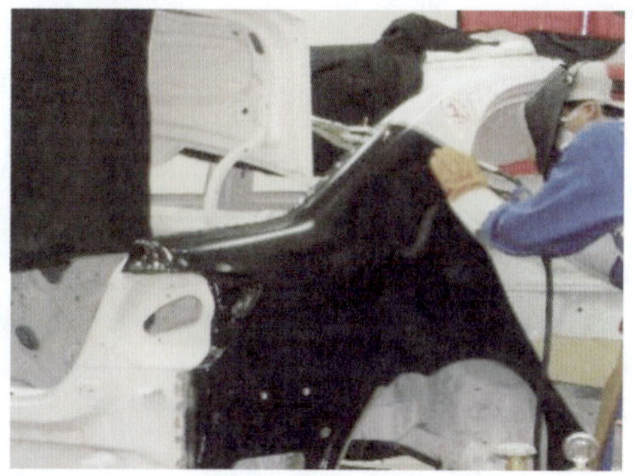

图3-3-20　焊接调整

5. 后翼子板的焊接、调整完成后，通过外观检验的方式对焊接质量进行检查，必要时可进行破坏性试验。

思考与练习

1. 简述电阻点焊的优点。
2. 影响电阻点焊焊接质量的因素有哪些？
3. 简述后翼子板电阻点焊的焊接流程。

任务 4　散热器及百叶窗的修复

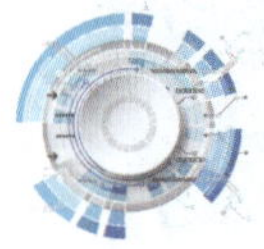

学习目标

- 了解散热器和百叶窗的结构及功用。
- 掌握散热器的清洗方法。
- 能够对散热器及百叶窗进行修复。

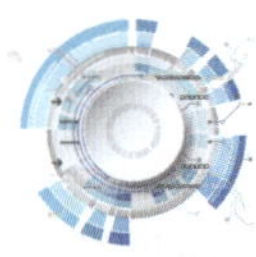

任务引入

某汽车发生事故，车身前部严重受损，导致保险杠脱落，散热器和百叶窗受到严重撞击，如图 3-4-1 所示，需进一步拆检和修复。

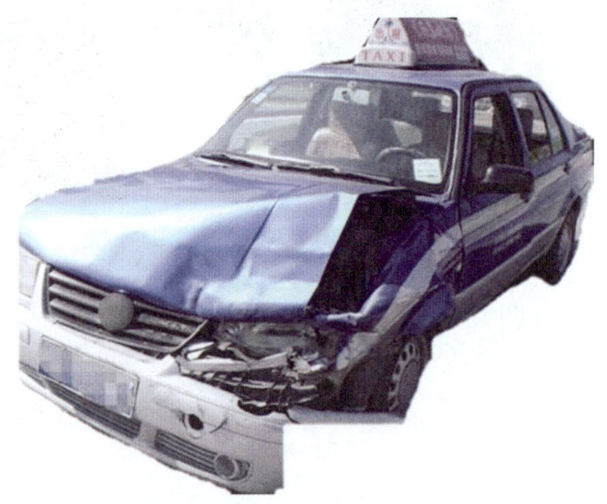

图 3-4-1　前部受损的事故车

任务分析

散热器和百叶窗受到严重撞击后，首先需拆除车身前部其他部件，再对散热器和百叶窗进行修复和调整，如果损伤严重，需对散热器进行接管或换管。

相关知识

散热器和百叶窗是汽车冷却系统的重要部件。散热器又称水箱，需定期对其进行检查和清洗，对碰伤、裂纹等漏水部位及时进行焊补，清除水垢，恢复管道畅通。

一、散热器和百叶窗的结构及功用

1. 散热器的结构及功用

（1）散热器的结构

汽车散热器如图 3–4–2 所示，主要由散热器芯、水管、散热片、上水室及下水室等组合而成。水管将上水室与下水室连通，由于散热器芯内冷却液的作用，热水由上而下流到下水箱时变为温水。散热片则构成孔道，利用风扇的抽吸及汽车行驶时的相对风速，使大量的冷空气通过空气孔道，将冷却液的热量吸收，再发散到大气中。

图 3–4–2　汽车散热器

（2）散热器的功用

散热器的功用是将发动机中多余的热量发散出去，保证发动机在各种行驶状况下均能处于正常的工作温度范围内。

2. 百叶窗的结构及功用

（1）百叶窗的结构

百叶窗安装在散热器前，用螺栓固定在散热器框架上，其结构为栅板式，主要由叶片、叶片转轴、调节板和框架构成，如图 3–4–3 所示。

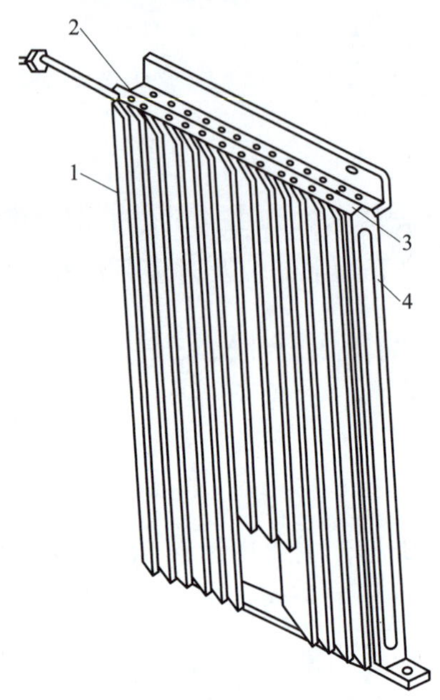

图 3-4-3　百叶窗的结构

1—叶片　2—叶片转轴　3—调节板　4—框架

（2）百叶窗的功用

百叶窗能够通过改变散热器内的空气流量来调节散热器的冷却强度，保障发动机在适当的温度范围内工作。此外，百叶窗还具有一定的防尘作用，可以将树叶、树枝、纸片等杂物挡在外面。

二、散热器的清洗方法

散热器外部可用高压水流喷洗或用水蒸气清洗，如图 3-4-4 所示。外部清洗的目的是清除外表面的污物，提高对损坏部位检查的准确性，并确保外表面的散热效能。

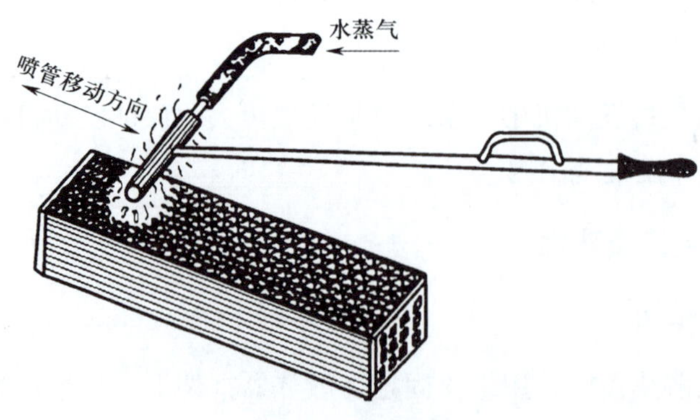

图 3-4-4　用水蒸气清洗散热器外表面

清洗散热器内部空腔的主要目的是清除水垢。水垢产生的原因是发动机使用的冷却液中含有矿物盐，当水受热蒸发后，矿物盐在散热器内壁表面析出为沉积物。水垢的导热性很差，会降低散热器的散热效能，影响发动机的正常工作，因此必须定期对散热器进行清洗。

水垢可用化学方法清除。水垢的主要成分是硫酸钙和碳酸钙，可用碳酸钠溶液先行处理，然后用草酸溶液（5%～10%）或盐酸溶液（3%～5%）清除，最后再用碳酸钠溶液进行中和处理。

具体操作时，应将散热器置于80～90 ℃的碳酸钠溶液（3%～5%）中浸泡5～8 h；用清水冲洗后，注入草酸溶液（5%～10%）或盐酸溶液（3%～5%）浸泡1～2 h，浸泡时间不能太长（使用草酸溶液时，浸泡时间应略长于盐酸溶液）；然后再次用清水进行冲洗，并用碳酸钠溶液中和清洗一遍，最后用清水彻底冲洗干净，并用压缩空气吹干。

另外，也可拆卸上水室（或下水室），将厚1mm、宽10 mm的薄铁条的端部制成半圆形，插入散热器芯管中轻轻捅洗。

任务实施

一、散热器的漏水检查和拆卸

将散热器注满水后，在49～79 kPa的水压下做漏水试验，凡渗漏部位均应做好标记待修。

当用压缩空气检查散热器的漏水情况时，进、出水管口应用塞子塞紧（可用膨胀式橡胶塞），散热器的加水口应用特制的散热器盖密封。完成上述准备工作后，将散热器置于清水槽中，压缩空气由橡胶塞中央通入散热器。检查气压为78～98 kPa，气压不可过高，否则渗漏处会被散热器中的铁锈或沉淀物堵塞。为了提高检查质量，可将散热器置于专门的工作台上进行检查。

若渗漏处是芯管的轻微刮伤或接缝松脱，可直接用锡钎焊修补。若损坏严重，则应视情况进行拆卸或更换。散热器进行接管、换管等修理时，均需将水室拆下，以便操作。拆卸水室必须遵守下列操作规则：

1. 在拆卸、修理散热器时，应尽可能使用可靠、方便的散热器夹固工具。

2. 水室与主片钎焊而又压边的连接处，必须分两个步骤进行拆卸：首先使焊缝置于垂直位置，用小号焊嘴喷出的火焰或大号烙铁加热焊缝，并反复轻敲该水室，使其轻微振动，以便熔化的焊锡能自由、迅速地流下，水室便可与主片分离。然后，用钢条小心地撬开压边，待冷却后拆下水室。水室一般只能拆卸一次，多次拆卸极易使黄铜主片损坏。

3. 将水室拆下后，应对脱开的焊缝进行镀锡（挂锡）处理，为日后散热器的总装工作提供便利。

4. 将水室拆下后，可用木锤轻敲凹陷处，使其恢复原状。若水室有少量腐蚀穿孔，可用贴补的方法进行修补。具体方法是：选一块面积略大于腐蚀范围的薄铜板，厚度为 0.5 ~ 0.8 mm，并用烙铁分别在两个贴合面上镀锡。涂上氯化锌溶液或焊锡膏后，再将补片镀锡的一面贴于待补处，用烙铁加热使两贴合面的焊锡熔合在一起，同时从边缘适量填充焊料，最后再沿补片的边缘加焊料填充焊缝，使焊缝均匀、光洁、牢固、美观。

水室若被刮碰产生裂痕，则敲平后可用铜焊焊修，或先在裂痕两端钻深 3.0 ~ 3.5 mm 的小孔（止裂孔），然后选一块面积略大于裂痕的薄铜板，用锡钎焊贴补，方法与前述相同。

二、散热器的接管和换管

1. 散热器接管

当散热器外层少数芯管损坏，且长度不大时，可用接管法修理，即剪下芯管的破损部分，换上可使用的芯管。具体操作方法如下：

（1）用尖嘴钳拆去破损芯管两边的散热片，剪下芯管的破损部分。为了便于操作，切口应剪成 15° ~ 30° 的斜口，如图 3–4–5a 所示。

（2）选择一段比待接部分长 5 ~ 10 mm 的接管（可从废散热器上拆下可用部分），使接管两端的斜口角度与芯管相吻合，并将其两端管口稍加扩张，使之套住待接的芯管口，如图 3–4–5a 所示。同时分别在各接口处进行镀锡处理。

（3）从散热器芯子端部插入探条，穿过接合部分的上、下口，将各接口整理平直，使衔接部位贴合良好。

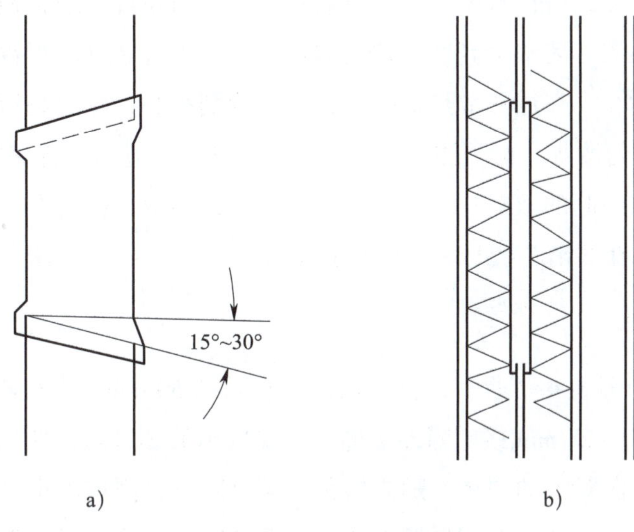

图 3-4-5 散热器接管

a）芯管接法 b）“w”形卡条

（4）在接口处涂上焊剂，用烙铁焊接。

（5）芯管接好后，用厚 0.3 ~ 0.6 mm 的铜板制成“w”形状的卡条，卡在接管两侧，尽可能恢复散热器芯管的散热效能，如图 3-4-5b 所示。

2. 散热器换管

若散热器芯管破损较长，或内层芯管破损而无法焊补时，应采用换管方式修理。大修散热器时更换的芯管数不应超过该散热器芯管总数的 25%，若芯管损坏过多，则应将散热器芯报废。

（1）芯管的拆除

换管法就是把损坏的芯管从散热器上拆除，然后换装新管的修理方法。从散热器芯中抽除损坏的芯管可用喷灯加热法或用电阻加热法。

1）喷灯加热法

图 3-4-6 喷灯加热法

喷灯加热法如图 3-4-6 所示，先将散热器芯固定在工作台架上，然后向损坏的芯管中插入铁探条。铁探条应具有能插入芯管且无须特别用力的截面尺寸，它的顶端和边缘应当倒成圆角，避免其碰伤管壁。铁探条插入后，再用喷灯在芯管损坏处加热散热器芯，加热要沿散热器芯的整个高度均匀地进行，直至焊合芯管的焊锡全部熔化，芯管能用平嘴钳拔出为止。在加热散热器芯时，必须特别小心，以免烧坏散热片，还应注意不要使邻近的芯管脱焊。必须注意散热片上的芯管孔，应当顺着翻边方向拔出芯管。若弄乱与芯管搭在一起的散热片，会增加拔出芯管的难度，可将专用的带齿梳子插在散热片中间，避免在拔出芯管时散热片发生移动。

2）电阻加热法

电阻加热法如图 3-4-7 所示，将一根比芯管长约 50 mm、直径不小于 2 mm 的电阻丝（两端各留 20 ~ 25 mm 接电阻器）插入需要拔出的芯管内，两端接 24 V 交流电，电阻丝立即变红，芯管上的焊锡也随之熔化。与此同时，用焊炬小号焊嘴的火焰使芯管与上、下主片脱焊，随即切断电源，及时用平嘴钳将芯管连同电阻丝一起拔出。与喷灯加热法相同，应注意顺着芯管孔的翻边方向将芯管拔出。

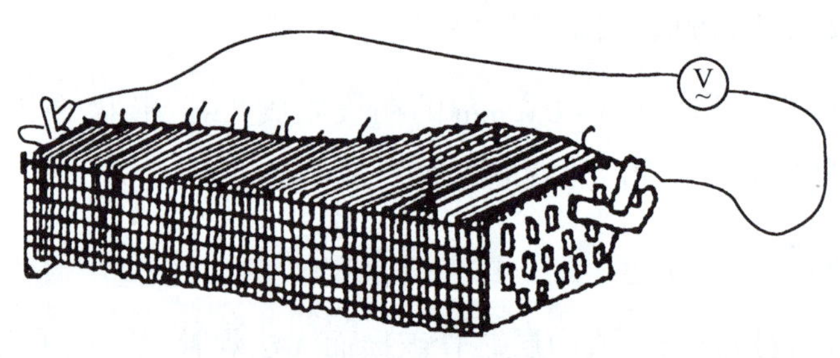

图 3-4-7　电阻加热法

（2）芯管的安装

新芯管的安装要借助于推杆和导向套管将其插入散热器芯中。新芯管在插入散热器芯前，应先浸镀一层焊锡，并将散热片上的孔用推杆清理干净，但不允许将孔胀大。

芯管应分两步插入散热器芯中。首先用手将芯管的一半长度推入孔中，然后将芯管的露出部分套上导向套管，并用推杆将芯管完全推入孔中。芯管应从与拔出方向相反的一面插入。芯管插入后，将散热器芯竖直放置，用扩孔的钎子将芯管的顶端胀开，以保证芯管与主片孔完全配合。最后插入电阻丝，重复拆卸时的加热工序，使芯管与散热片焊接在一起，装复的散热器芯管应完全贴紧散热片。

三、散热器的装配和检查

以非压边方式连接的水室和主片应在架子上进行装配；对于水室和主片以压边方式连接的，应将水室套进主片的翻边内，用锤子敲边使之完全贴紧，然后将焊剂涂在连接处并将其外周钎焊牢固；若水室和主片是插入式连接，应先钎焊两侧的连接处，然后钎焊水室的前、后沿，防止加热变形。钎焊时要注意使水室完全紧贴在主片上。

焊装好水室后，将侧板及有关附件钎焊于散热器的水室上。侧板与水室接触面应紧密贴合，散热器芯的前、后两面侧板应保持在平面内，配合尺寸应符合原厂规定要求。

所有钎焊处都应用毛刷在流水中洗涤，然后用压缩空气吹干，并作试漏检验，不得有任何渗漏现象。检查完毕后的散热器总成外表面还应喷一层薄漆，不宜太厚的原因是避免影响散热器的散热能力。

四、百叶窗的装配和调整

装配好散热器后，还应对百叶窗进行维修。百叶窗的叶片转轴两端较易磨损，可焊接修复，并加注少许润滑脂，使百叶窗关闭紧密，且全开时开度能达到 90°。

思考与练习

1. 简述百叶窗的功用。
2. 简述散热器的接管流程。

任务 5　不锈钢保险杠的修复

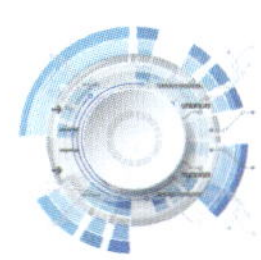

学习目标

- 了解氩弧焊的原理、分类、特点和应用。
- 了解氩弧焊的有害因素及安全防护措施。
- 能够熟练进行不锈钢保险杠的修复。

任务引入

某汽车的不锈钢保险杠发生碰撞，表面已形成塑性变形区，如图 3–5–1 所示，需采用氩弧焊工艺对不锈钢保险杠进行修复。

图 3–5–1　损伤的保险杠

任务分析

采用氩弧焊工艺对汽车的不锈钢保险杠进行修复，首先需要熟练掌握氩弧焊的原理、分类、特点、安全防护措施等基本知识，然后完成对损伤部位的评估、维修方案的制定、保险杠的修复等工作，使保险杠恢复使用性能。

相关知识

一、氩弧焊的原理、分类、特点和应用

1. 氩弧焊的原理

氩弧焊是使用氩气作为保护气体的一种惰性气体保护焊。焊接时，氩气流从焊炬喷嘴中连续喷出，在电弧区形成严密的保护气层，将电极和金属熔池与空气隔离。同时，利用电极与焊件之间产生的电弧热量，熔化附加的填充焊丝或自动送给的焊丝及

基本金属以形成熔池，液态熔池金属凝固后形成焊缝。

2. 氩弧焊的分类

根据所用电极材料的不同，氩弧焊可分为钨极（非熔化极）氩弧焊和熔化极氩弧焊，如图 3–5–2 所示。

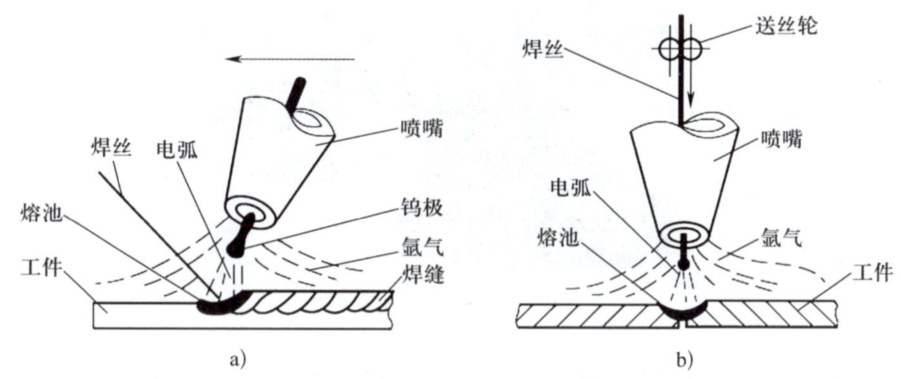

图 3–5–2　氩弧焊的分类

a）钨极氩弧焊　b）熔化极氩弧焊

（1）钨极氩弧焊

钨极氩弧焊简称“TIG”焊，是使用纯钨或活化钨（钍钨、铈钨）为电极的氩弧焊，它利用钨极与工件间产生的电弧热熔化母材和焊丝，利用从焊炬喷嘴连续喷出的氩气在电弧周围形成气体保护层，以隔绝空气，避免对钨极、熔池和热影响区产生有害影响，从而形成致密、力学性能良好的焊接接头。钨极氩弧焊的焊接过程及姿势如图 3–5–3 所示。

钨极氩弧焊设备主要由焊接电源、焊炬等部分组成，如图 3–5–4 所示。

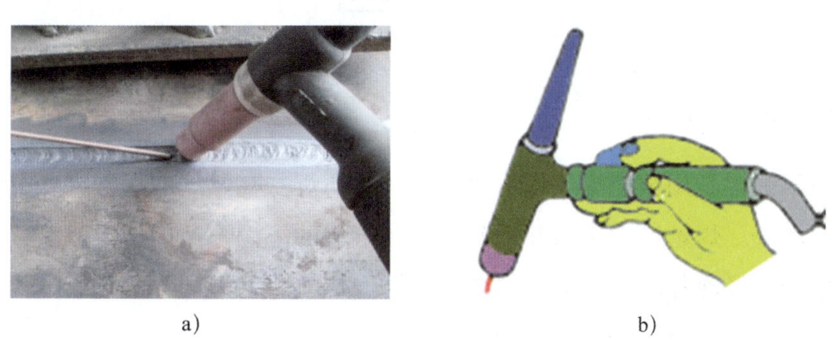

图 3–5–3　钨极氩弧焊的焊接过程和焊接姿势

a）焊接过程　b）焊接姿势

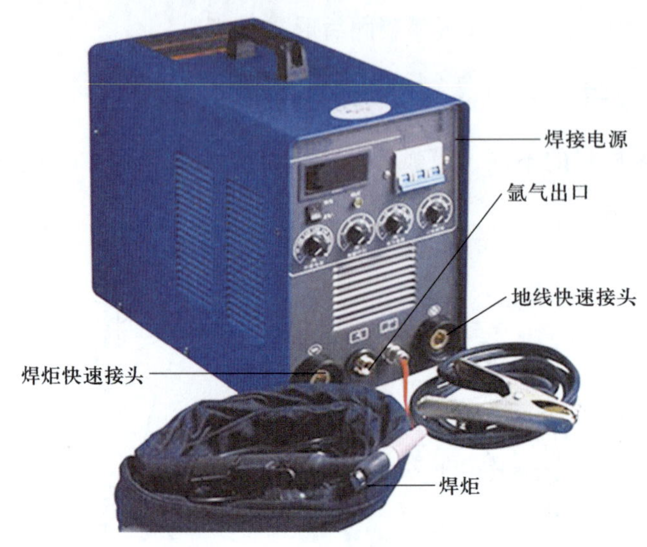

图 3-5-4　钨极氩弧焊设备

钨极氩弧焊设备的焊接控制程序如图 3-5-5 所示。钨极氩弧焊的主要焊接参数有：钨极直径、焊接电流、电弧电压、焊接速度、氩气流量、喷嘴直径、喷嘴与焊件间的距离、钨极伸出长度等。

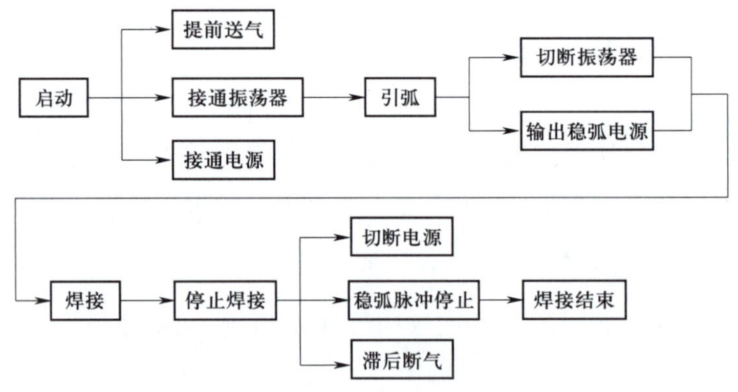

图 3-5-5　钨极氩弧焊焊接控制程序

（2）熔化极氩弧焊

熔化极氩弧焊是用填充焊丝作熔化电极的氩弧焊。在氩气的保护下，电弧在焊丝与焊件之间燃烧。焊丝连续送给并不断熔化，熔化的溶滴不断向熔池过渡，与液态的焊件金属熔合，经冷却凝固后形成焊缝。根据操作方式的不同，熔化极氩弧焊可分为半自动熔化极氩弧焊和自动熔化极氩弧焊。

目前，熔化极氩弧焊的保护气体已由单一的氩气发展为多种以氩气为主的混合气体，如以氩气—氦气混合气体为保护气的熔化极惰性气体保护电弧焊（国际上简称为MIG焊），以氩气—氧气混合气体、氩气—二氧化碳混合气体或氩气—氧气—二氧化碳混合气体为保护气体的熔化极活性气体保护电弧焊（国际上简称为MAG焊）。

3. 氩弧焊的特点

氩弧焊除了具有惰性气体保护焊共有的特点外，还具有以下优缺点：

（1）氩弧焊的优点

1）氩气保护可隔绝空气中的氧气、氮气、氢气等，避免对电弧和熔池产生不良影响，减少合金元素的烧损，以得到致密、无飞溅、高质量的焊接接头。

2）氩弧焊的电弧燃烧稳定、热量集中、弧柱温度高，使焊接生产效率高，焊件变形和裂纹倾向小。

3）氩弧焊为明弧施焊，操作、观察方便。

4）氩弧焊的电极损耗小，弧长容易保持，焊接时无熔剂和涂药层，容易实现机械化和自动化。

5）氩弧焊几乎能焊接所有金属，特别是一些难熔金属及易氧化金属，如镁、钛、钼、锆、铝等及其合金。

6）氩弧焊不受焊件位置限制，可进行全位置焊接。

（2）氩弧焊的缺点

1）由于氩弧焊的热影响区域大，工件在修补后常常会产生变形、硬度降低、砂眼、局部退火、开裂、针孔、磨损、咬边、结合力不够等问题，在精密铸造件细小缺陷的修补过程中尤为突出。

2）氩弧焊与焊条电弧焊相比，对人身体的伤害程度更高。氩弧焊的电流密度大，弧光比较强烈，电弧产生的紫外线辐射约为焊条电弧焊的5～30倍，红外线辐射约为焊条电弧焊的1～1.5倍，且焊接过程中产生的臭氧较多。因此，应尽量选择空气流通较好的场所进行氩弧焊，否则易对身体产生伤害。

3）用电弧焊焊接低熔点和易蒸发的金属（如铅、锡、锌）存在较大困难。

4. 氩弧焊的应用

氩弧焊适用于易氧化的有色金属和合金钢的焊接，主要用于铝、镁、钛及其合金和不锈钢的焊接；适用于单面焊双面成形，如打底焊和管子的焊接；钨极氩弧焊还适用于薄板焊接。

氩　　气

氩气是一种无色无味的气体，在空气中的含量为0.935%（按体积计算），氩气的沸点为−186 ℃，介于氧气和氮气的沸点之间。氩气是氧气厂分馏液态空气制取氧气时的副产品。

氩气是一种比较理想的保护气体，比空气密度大25%，在平焊时有利于对焊接电弧进行保护，降低了保护气体的消耗量。氩气是一种化学性质非常不活泼的气体，即使在高温下也不和金属发生化学反应，因此不存在合金元素氧化烧损以及由此带来的一系列问题。氩气也不溶于液态的金属，因而不会产生气孔。氩气的比热容小、热传导能力弱，电弧中的热量不易散失，使焊接电弧燃烧稳定，热量集中，有利于焊接的进行。

氩气的缺点是电离势较高。当电弧空间充满氩气时，电弧的引燃较为困难，但电弧一旦引燃就非常稳定。

二、氩弧焊的有害因素及安全防护措施

1. 氩弧焊的有害因素

氩弧焊影响人体的有害因素有以下三方面：

（1）放射性

钍钨电极中的钍是放射性元素，但进行钨极氩弧焊时钍钨电极的放射剂量很小，在允许范围之内。如果放射性气体或微粒进入人体作为内放射源，则会严重影响身体健康。

（2）电场强度高

采用高频电压引弧时，产生的电场强度为60 ~ 110 V/m，超过参考卫生标准（20 V/m）

数倍。但由于高强度电均存在的时间很短，因此对人体影响不大。如果频繁起弧，或把高频振荡器作为稳弧装置在焊接过程中持续使用，则高强度电场可能成为有害因素之一。

（3）有害气体

氩弧焊的电流密度大、弧柱温度高，紫外线辐射强度远大于一般电弧焊，因此在焊接过程中会产生大量的臭氧和氧氮化物，尤其是臭氧的浓度远远超出参考卫生标准。如不采取有效的通风措施，这些气体会对人体健康产生很大的影响，是氩弧焊过程中最主要的有害因素。

2. 氩弧焊的安全防护措施

（1）通风措施

氩弧焊工作现场要有良好的通风装置，以排出有害气体及烟尘。除厂房通风外，可在焊接工作量大、焊机集中的地方安装几台轴流风机向外排风。此外，还可采用局部通风措施将电弧周围的有害气体抽走，例如采用明弧排烟罩、排烟焊炬、轻便小风机等。

（2）射线防护措施

氩弧焊应尽可能采用放射剂量极低的铈钨极。加工钍钨极和铈钨极时，应采用密封式或抽风式砂轮磨削，操作者应佩戴口罩、手套等个人防护用品，加工后要洗净手部和脸部。钍钨极和铈钨极应放在铅盒内保存。

（3）高强度电场防护措施

为了避免或减小高强度电场的影响，应采取以下措施：

1）工件良好接地，焊炬电缆和地线要用金属编织线屏蔽。

2）适当降低电压频率。

3）尽量不要使用高频振荡器作为稳弧装置，缩短高频电压持续的时间。

（4）其他个人防护措施

在进行氩弧焊时，由于臭氧和紫外线作用强烈，宜穿戴非棉布工作服。在容器内焊接且无法局部通风的情况下，可以穿戴送风式头盔、送风口罩、防毒口罩等个人安全防护用品。

任务实施

一、不锈钢保险杠的拆卸和整形

1. 拆卸损坏的不锈钢保险杠。

2. 恢复不锈钢保险杠的形状，先恢复扭曲变形，再恢复弯曲变形。

二、不锈钢保险杠的挖补和修复

1. 穿戴好个人安全防护用品，包括头盔、焊接手套、焊接服、安全鞋等。

2. 调节氩弧焊机相关参数，如图 3–5–6 所示。

3. 对不锈钢保险杠进行挖补、修复，如图 3–5–7 所示。

图 3–5–6　调节氩弧焊机参数

图 3–5–7　进行挖补、修复

三、不锈钢保险杠的装复和调整

将修复好的不锈钢保险杠装复，安装顺序与拆卸顺序相反，并将其调整至正确的位置。

四、不锈钢保险杠的焊修注意事项

在对不锈钢保险杠进行焊修的过程中应注意以下事项：

1. 氩弧焊机必须由专人操作开关。

2. 工作前应检查设备、工具是否良好。

3. 工作前应检查焊接电源、控制系统是否有接地线、接地是否可靠；传动部分应加润滑油，保证设备转动正常；氩气、水源必须畅通，如有漏水现象，应立即修理。

4. 工作前应检查高频引弧系统、焊接系统是否正常，导线、电缆接头是否可靠，对于具有自动送丝机的氩弧焊机，还要检查其调整机构、送丝机构是否完好。

5. 应根据工件的材质选择极性并接好焊接回路，大部分材质的工件应采用直流正接，对铝及铝的合金应用反接法或接交流电源。

6. 施焊前应检查焊接坡口是否合格，坡口表面及焊缝两侧 200 mm 内不得有油污、铁锈等。

7. 若操作过程中要使用胎具，应检查胎具的可靠性；若需要对焊件进行预热，应检查预热设备、测温仪器是否良好。

8. 氩弧焊机的操纵按钮不得远离电弧，以便随时关闭设备。

9. 若采用高频引弧，必须经常检查是否漏电。

10. 若设备发生故障应停电检修，操作工人不得自行修理。

11. 不准在电弧附近赤身和裸露身体其他部位，不准在电弧附近吸烟、进食，以免将臭氧、烟尘吸入体内。

12. 加工钍钨极或铈钨极时必须戴口罩、手套，并遵守砂轮机操作规程，同时砂轮机必须安装抽风装置。最好选用放射性较小的铈钨极。

13. 操作工人应随时佩戴静电防尘口罩，应尽量缩短高频电持续时间，且连续工作时长不得超过 6 h。

14. 氩弧焊工作场地必须通风良好，工作中应启动通风设备。当通风装置失效时，应停止工作。

15. 禁止撞、砸氩气瓶，氩气瓶立放时必须有支架，并远离明火 3 m 以上。

16. 在容器内部进行氩弧焊时，应戴专用面罩，以减少有害烟尘、气体的吸入，容器外应有工作人员监护和配合。

17. 钍钨棒、铈钨棒应存放于铅盒内，避免大量钍钨棒、铈钨棒集中存放导致放射性剂量超出安全规定。

思考与练习

1. 简述氩弧焊的优缺点。
2. 氩弧焊的安全防护措施有哪些？
3. 简述氩弧焊的应用范围。

项目四

钣金件的制作

任务1　钣金件的划线与下料

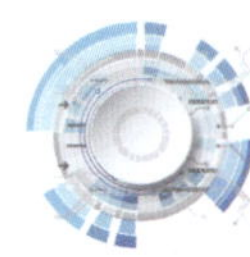

学习目标

- 了解钣金件的划线工具和裁剪工具。
- 了解裁剪下料的方法。
- 能够熟练进行钣金件的划线与下料。

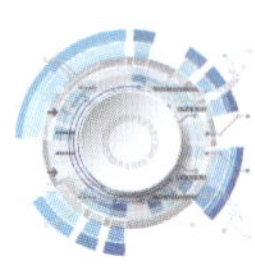

任务引入

制作钣金件时，直线的划线与裁剪都很方便，但如果遇到圆形或扇形工件（见图4-1-1）时，内圆和外圆是如何划线与裁剪的呢？

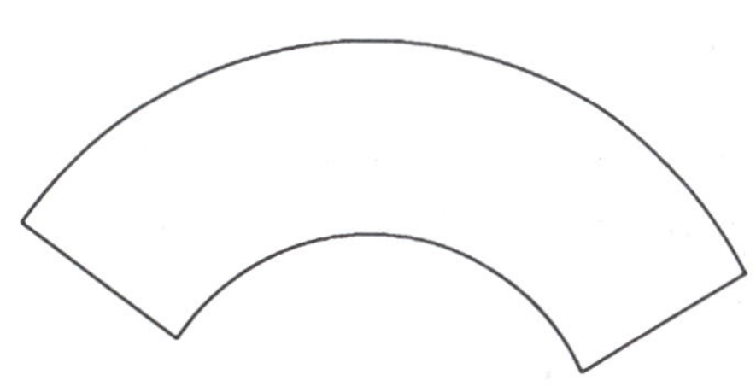

图4-1-1　扇形工件

任务分析

制作圆形或扇形工件时，首先需要进行划线、放样，然后根据板料进行分割、剪切、制作，剪切时分直线、内圆和外圆分别进行。

相关知识

在汽车钣金维修过程中，有时为了降低成本或因简单结构件难以选配购买，经常要对一些简单的钣金件或钣金件的某个部分进行动手操作，包括划线、剪切、弯曲、拱曲、放边、收边、卷边、咬缝等。

一、划线工具

1. 划针

划针是用来在金属工件上划线的基本工具，一般由中碳钢或高碳钢制成，如图 4–1–2 所示。划针直径为 4 ~ 6 mm，为了能在工件上划出清晰的标记线，划针尖端非常锐利，尖端角度一般为 15° ~ 20°，且具有耐磨性。

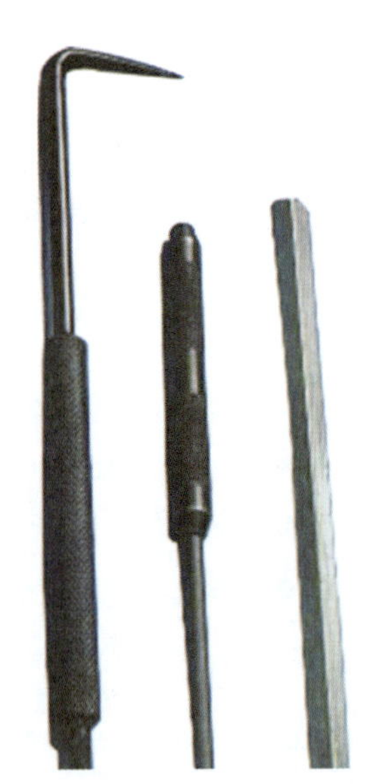

图 4–1–2　划针

2. 圆规

圆规用来在金属工件上划圆或圆弧，并可测量两点间的距离或直接将钢直尺上的尺寸移到金属工件上。圆规脚上焊有硬质合金，常用圆规如图 4–1–3 所示。其中活动划线规（见图 4–1–3a）和定位划线规（见图 4–1–3b）的刚度较高，目前应用较多。图 4–1–3c 所示为弹簧圆规，弹簧圆规的尺寸调节较为方便，但刚度较低。当划直径为 350 mm 以上的圆或圆弧时，需使用图 4–1–3d 所示的特种圆规（通常称为地规），它由一根圆管和两个装有划针的套管组成。套管可在圆管上移动，以调节圆的半径，其中一个套管还可以微量调节。

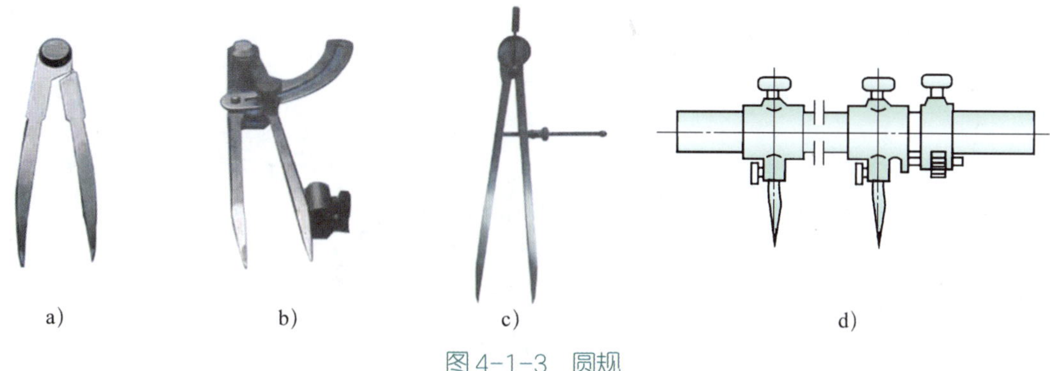

图 4-1-3 圆规

a）活动划线规 b）定位划线规 c）弹簧圆规 d）特种圆规

3. 样冲

样冲主要用来冲圆心或钻孔时冲中心孔，如图 4-1-4 所示。样冲一般由高碳钢制成，长 90～150 mm，尖端磨成 30°～40° 或 60° 角，并经淬火处理。

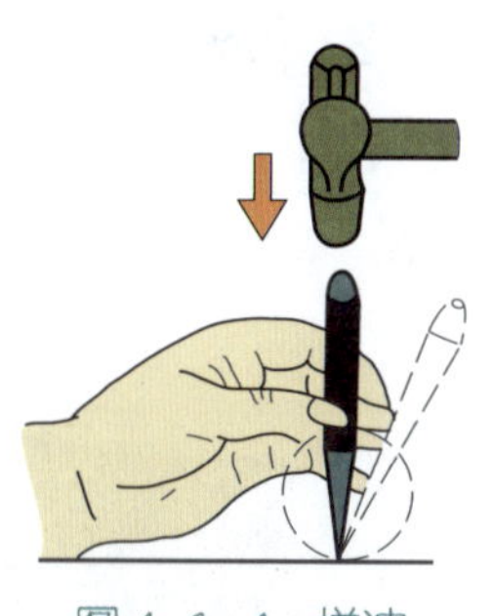

图 4-1-4 样冲

4. 钢直尺

钢直尺是最简单的长度量具，在钣金件的下料、划线和放样中应用非常广泛，有 150 mm、300 mm、500 mm、1 000 mm 等规格，如图 4-1-5 所示。由于钢直尺的刻度线间距为 1 mm，而刻度线本身的宽度为 0.1～0.2 mm，所以测量时读数误差较大，测量精度不高。且钢直尺只能读出毫米数，即它的最小读数值为 1 mm，比 1 mm 小的数值只能估读。

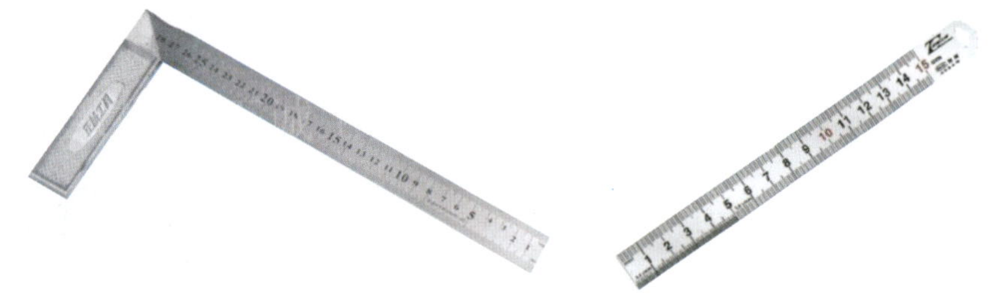

图 4-1-5 钢直尺

二、裁剪工具

1. 手动剪刀

手动剪刀分为手剪刀和台式剪刀，如图 4-1-6 所示，一般用于某种条件下单件生产或半成品的修整工作。手剪刀只能剪切厚度为 0.8 mm 以下的金属板料，而台式剪刀可以剪切厚度为 1.5 ~ 2 mm 的板料。

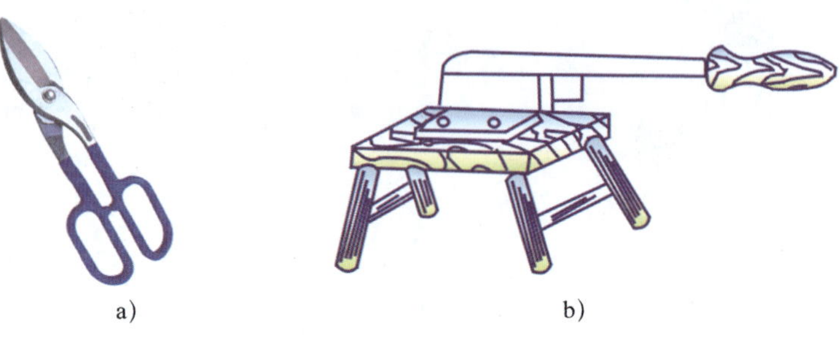

a)　　b)

图 4-1-6　手动剪刀
a）手剪刀　b）台式剪刀

2. 剪板机

剪板机分为手动剪板机和电动剪板机，一般用于批量件的规模生产，如图 4-1-7 所示。

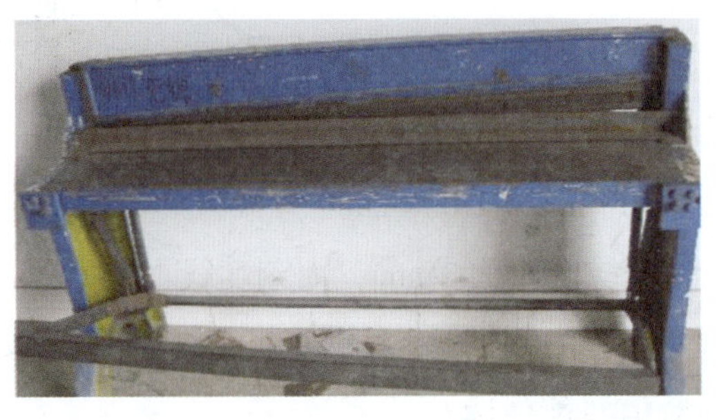

a)

b)

图 4-1-7　剪板机
a）手动剪板机　b）电动剪板机

3. 电动剪刀

电动剪刀属于振动式剪刀，由一个小型电动机带动刀杆上、下快速运动，与下刀头配合达到剪切的目的，如图 4-1-8 所示。

图 4-1-8　电动剪刀

三、裁剪下料的方法

1. 集中下料法

集中下料法如图 4-1-9 所示，由于工件的形状、大小不一，为了合理使用材料，将使用同样牌号、同样厚度的工件集中划线下料的方法称为集中下料法。

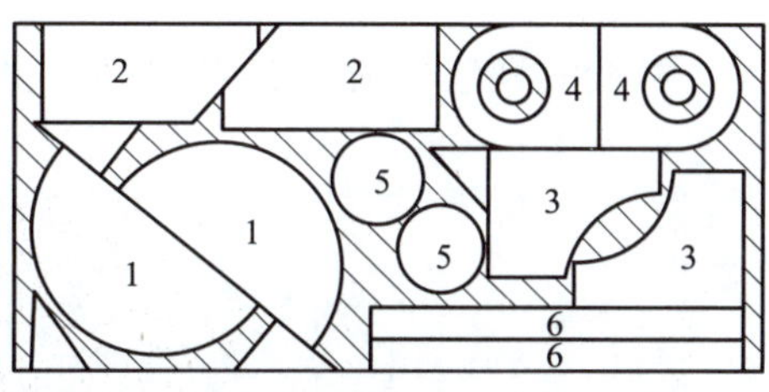

图 4-1-9 集中下料法

2. 长短搭配法

长短搭配法适用于条形工件的下料。下料时先将较长的工件排出来，然后再根据长度排短工件，这样长短搭配，使余料最小。

3. 零料拼整法

在钣金作业中，有时按整个工件划料会导致挖去的材料较多，浪费较大。零料拼整法将该工件裁成几部分，然后再拼起来使用，可以达到节省用料的目的。

4. 排板套裁法

排板套裁法如图 4-1-10 所示，当工件下料的数量较多时，为使板料得到充分利用，必须对同一形状的工件或各种不同形状的工件进行排样套裁。排样的方式通常有直排、斜排、单行排列、多行排列、对头斜排、对头直排等。

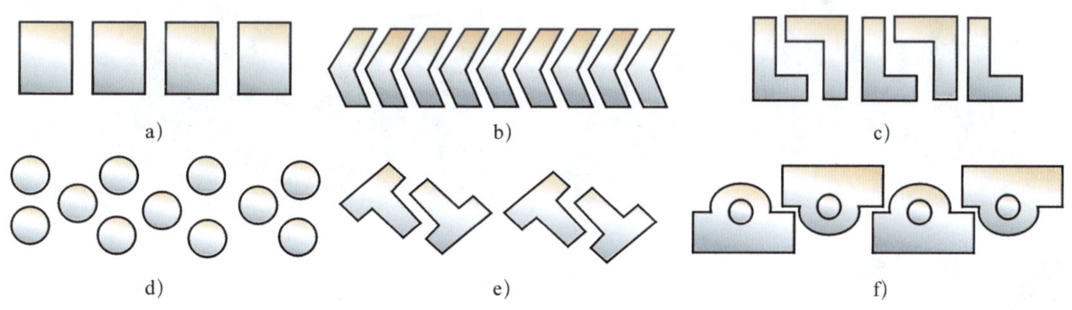

图 4-1-10 排板套裁法

a）直排 b）斜排 c）单行排列 d）多行排列 e）对头斜排 f）对头直排

任务实施

一、划线与下料前的准备

划线与下料的工具包括平台、台虎钳、锤子、拍板、弯边模、钢直尺、夹具、剪刀、划针等。

二、划线与下料的操作步骤

1. 划线

直线的划法如图 4–1–11 所示，圆和圆弧的划法如图 4–1–12 所示。

图 4–1–11　直线的划法

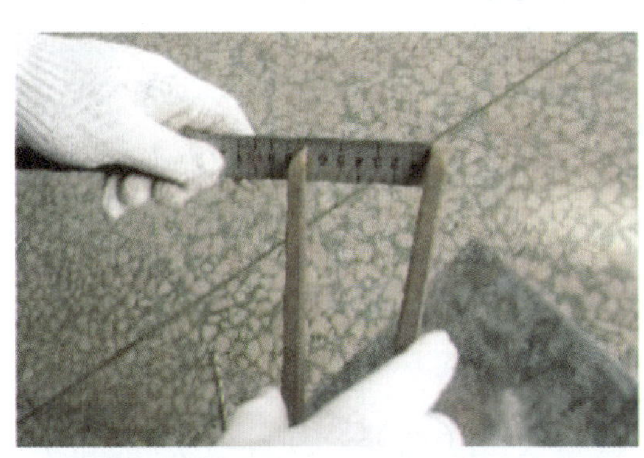
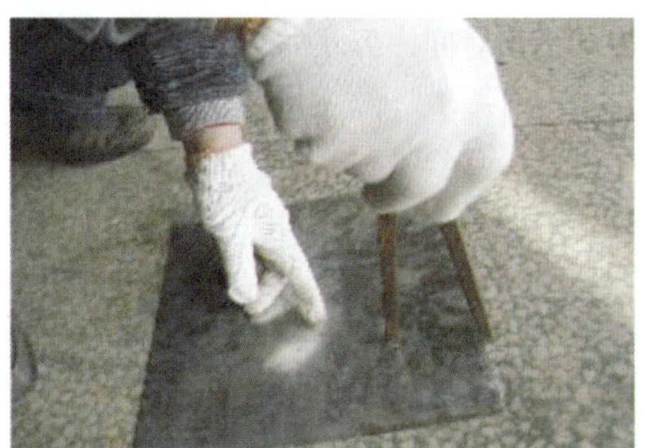

图 4–1–12　圆和圆弧的划法

2. 剪切板料

（1）直线的剪切

直线的剪切方法如图 4–1–13 所示，手工剪切短料直线时，被剪去的部分一般都放在剪刀的右侧。

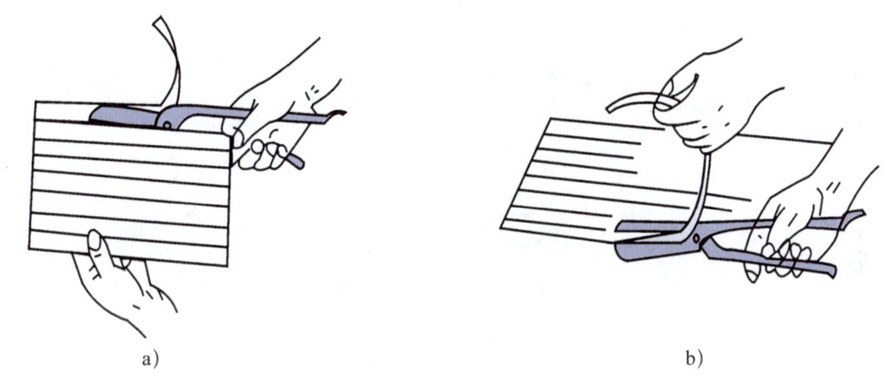

a）　　b）

图 4–1–13 直线的剪切

a）剪切短料 b）剪切长料

（2）外圆的剪切

剪切外圆时应从左边下剪，按顺时针方向剪切，边料会随着剪刀的移动而向上卷起，如图 4–1–14 所示。若边料较宽，可先用剪切直线的方法剪去一部分。

（3）内圆的剪切

剪切内圆时应从右边下剪，按逆时针方向剪切，边料会随着剪刀的移动而向上卷起，如图 4–1–15 所示。

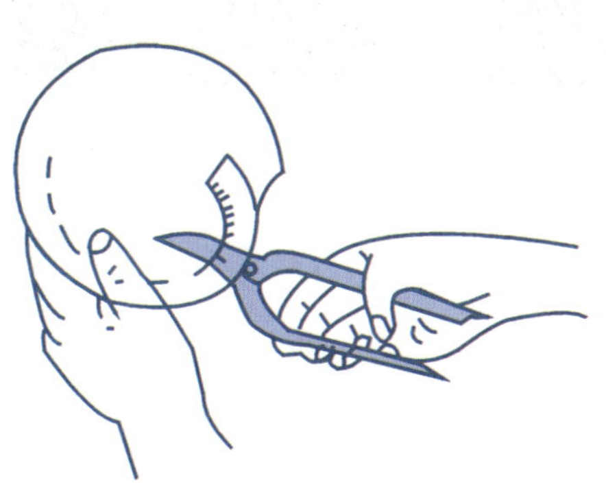

图 4–1–14 外圆的剪切方法

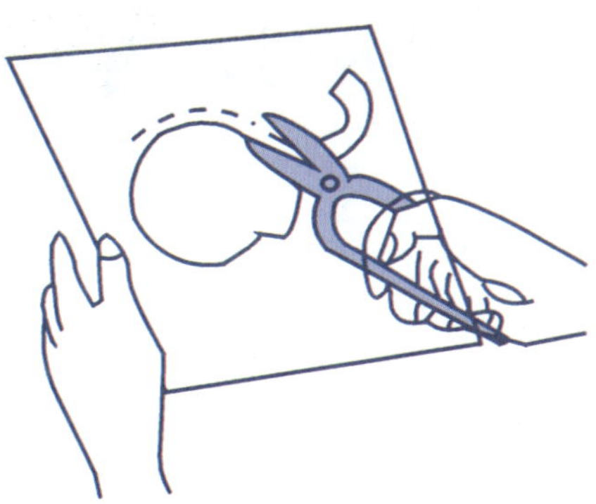

图 4–1–15 内圆的剪切方法

（4）厚料的剪切

厚料的剪切方法如图 4–1–16 所示。可将剪刀夹在台虎钳上，在柄上套一根管子，右手握住管子，左手拿住板料进行剪切。也可由两人共同操作，一人手持剪刀和板料，另一人敲击剪刀，这样也可以剪切较厚板料。

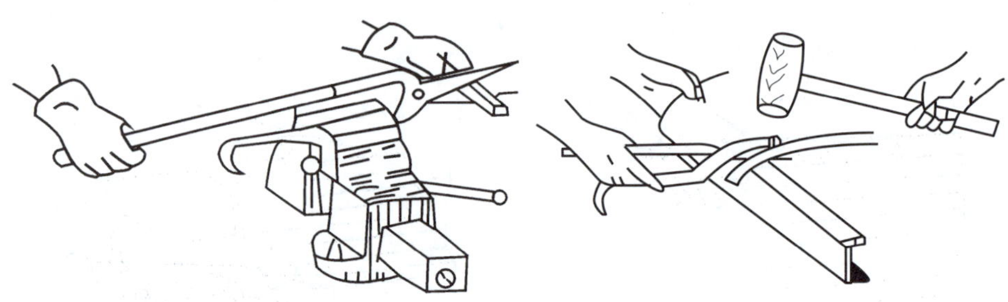

图 4–1–16　厚料的剪切方法

（5）剪板机的使用

剪板机的原理是借助于运动的上刀片和固定的下刀片，采用合理的刀片间隙，将板料按需要的尺寸剪切分离。剪板机常用来剪切直线边缘的板料毛坯，剪切工艺应能保证剪切表面的直线性和平行度要求，并尽量减小板料扭曲，以获得高质量的工件，一般用于批量生产。剪板机可分为脚踏式（人力）剪板机、机械式剪板机、液压摆式剪板机等，脚踏式剪板机的操作方法如图 4–1–17 所示。

图 4–1–17　脚踏式剪板机的操作方法

在操作脚踏式剪板机之前，一般先进行划线，然后对准上、下刀片的位置，靠人力脚踏进行剪切。脚踏式剪板机的特点如下：

1）脚踏式剪板机适用于剪切金属冷薄板。

2）使用脚踏式剪板机之前，要使机器保持平衡，并经常注油，保持油杯有油，以便润滑。

3）脚踏式剪板机不用电，依靠人力剪切。剪板机结构合理，剪切后自动复位，脚踏轻便、自如，设有剪切挡料和踏杠收折装置。剪切质量好、切口齐、边线直、无毛边，可实现精密剪切，操作方便，经济实用。

思考与练习

1. 简述厚料的剪切方法。
2. 简述外圆的剪切方法。

任务2　四棱台和斜口圆柱体的放样

学习目标

◆ 了解放样的步骤和原则。
◆ 掌握放射线展开法和平行线展开法。
◆ 能够规范地进行四棱台和斜口圆柱体的放样展开。

任务引入

钣金放样在汽车制造及维修中有着广泛的应用，车身覆盖件、车身大梁、消声器、排气管等都是由钣金材料制成的。对于四棱台和斜口圆柱体（见图4–2–1），在制作前首先需对其进行放样展开。

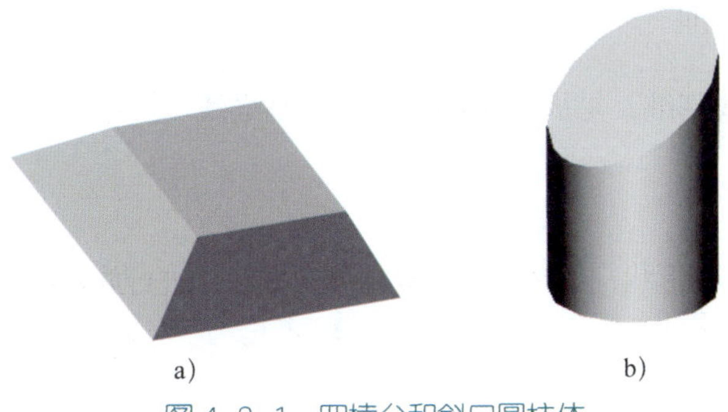

a）　　　　b）

图4–2–1　四棱台和斜口圆柱体

a）四棱台　b）斜口圆柱体

任务分析

放样是施工下料的第一道工序，对四棱台和斜口圆柱体进行放样，要分析其特点，分别采用放射线展开法和平行线展开法两种方法。

相关知识

放样即根据施工图的要求，按投影的原理，把构件的形状、尺寸按 1∶1 划到施工板料或样板材料上，这样得到的图称为放样图。目前，零部件放样在汽车钣金维修中应用极为广泛。根据形体表面特征的不同，放样的方法可分为放射线展开法和平行线展开法两种。

一、放样的步骤和原则

1. 放样的步骤

（1）读图

首先要读懂钣金零部件的施工图，并对零部件的形状和尺寸进行分析、测量，熟悉零部件的尺寸大小和形状。

（2）准备放样工具

了解零部件施工图的各项要求后，根据情况准备放样所需的工具、夹具、量具等。

（3）选择放样基准

放样基准即划线基准，是放样时的基准点、基准线、基准面。

（4）进行放样展开

根据钣金零部件的形状，选择适当的放样展开方法，进行放样展开分析和放样作图。

2. 放样的原则

（1）划垂直线时必须采用作图法，不能用量角器或 90° 角尺划线。

（2）用圆规在金属板料上划圆、划弧时，为防止圆规脚滑移，需要先用样冲冲出定位点。

（3）放样后要认真检查各部位线条有无遗漏，各部位尺寸、位置是否正确。

二、放射线展开法

放射线展开法适用于展开表面的素线（或棱线）与轴线相交于一点的各种锥体构件，如圆锥、棱锥等。

1. 放射线展开法的原理

放射线展开法的原理是由锥顶作出一系列放射线，将锥体表面分成若干个近似的小三角形，若小三角形的底边足够短，则小三角形的面积之和等于锥体的侧面积，将所有小三角形依次展开在同一平面上，即为所求的展开图。

2. 线段实长的求法

为了划出各表面的实形，就必须掌握构成表面各线段的实长。当表面线段平行于投影面时，其投影可直接反映线段的实长，但其他情况下投影无法反映实长，线段的实长需要通过作图求出。常用的求线段实长的作图法有直角三角形法、直角梯形法、旋转法等。

（1）直角三角形法

直角三角形法以空间直线段的一个投影作为一条直角边，以另一个投影两端点的空间距离（高度差）作为另一条直角边，那么其斜边长度就等于所求线段的实长。图 4-2-2 所示为用直角三角形法求线段 BC 的实长。

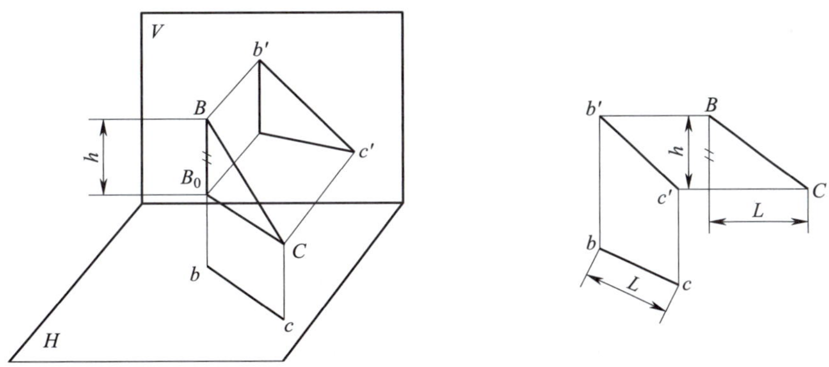

图 4-2-2　直角三角形法求线段实长

其作图步骤如下：

1）作一直角三角形，使其一条直角边的长度等于 bc（L）。

2）以另一投影 b'、c' 两点之间的高度差 h 作另一条直角边。

3）此直角三角形的斜边长度即为线段 BC 的实长。

（2）直角梯形法

直角梯形法以空间直线段在某个视图中的投影作为直角梯形的一个腰，以空间直线段在另一个视图中投影的两端点到水平轴的垂直距离分别作为直角梯形的两个底，则另一个腰的长度就是空间直线段的实长。图 4-2-3 所示为用直角梯形法求线段 AB 的实长。

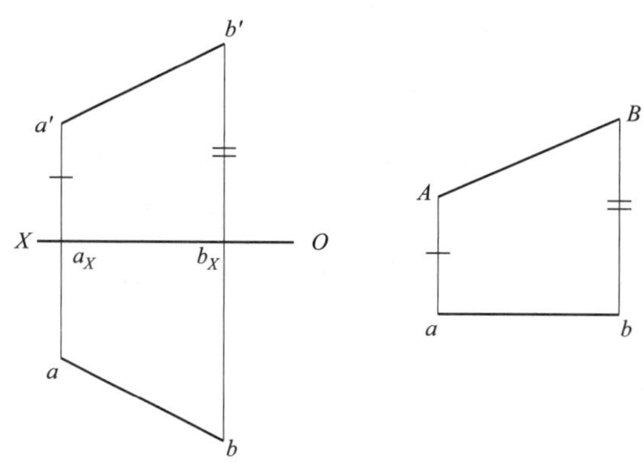

图 4-2-3　直角梯形法求线段实长

其作图步骤如下：

1）作一条直线段，使其长度等于 ab。

2）过 a、b 两点分别作线段 ab 的垂线，使其长度分别等于 $a'a_X$ 和 $b'b_X$。

3）连接梯形两端点，该腰的长度即为线段 AB 的实长。

（3）旋转法

旋转法就是保持投影面不变，使倾斜直线以垂直于某一投影面的直线为轴，旋转成与投影面相互平行的直线，则直线在与其平行的投影面上的投影就反映了它的实长。图 4-2-4 所示为已知线段 AB 的两面投影 ab 和 $a'b'$，用旋转法求 AB 的实长。

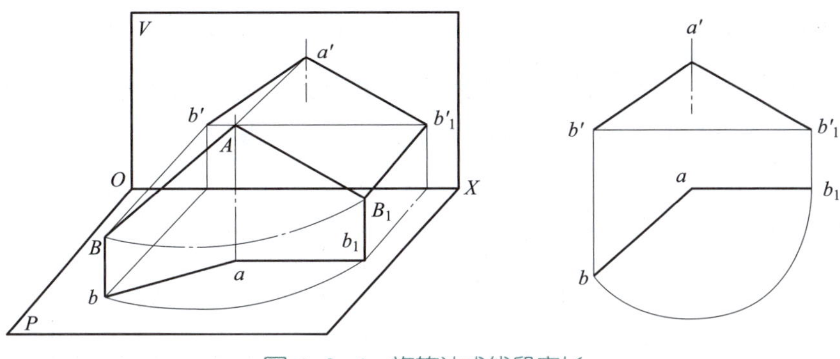

图 4-2-4 旋转法求线段实长

其作图步骤如下：

1）以 a 点为圆心，旋转线段 ab 使其与投影面 V 平行，记为 ab_1。

2）过 b' 点作 X 轴的平行线，与过 b_1 点在投影面 V 的投影点所作 X 轴的垂线交于 b_1' 点。

3）连接 a'、b' 点，线段 $a'b_1'$ 的长度即为 AB 的实长。

三、平行线展开法

平行线展开法主要适用于构件表面的素线或棱线互相平行的柱体，如各种棱柱、圆柱等。

1. 平行线展开法的原理

将柱体表面看作由无数条彼此平行的素线构成，那么相邻的两条素线及其上、下端口曲线所围成的图形就可以近似地看成梯形或长方形，当分成的梯形或长方形足够多时，各小平面面积之和就等于柱体的侧面积。若把小平面按照原来的分割顺序和位置不遗漏、不重叠地铺开，即可得到柱体的展开图。根据这一原理绘制展开图的方法称为平行线展开法。

2. 平行线展开法的应用

用平行线展开法作直立四棱柱的展开图，如图 4-2-5 所示。

从展开图中可以看出，直立四棱柱的四条棱线长度相等，上、下底面相互平行，仅四个侧面的宽度不同，所以展开图上、下边必定是一条直线。其作图步骤如下：

（1）在上、下底正面投影延长线上依次截取长度 $AB=ab$、$BC=bc$、$CD=cd$、$DA=da$，

得到线段 AB、BC、CD、DA 的长度即为四棱柱上、下棱边的实长。

（2）过 A、B、C、D 各点作延长线的垂线并分别与另一底边相交，得 AA_1、BB_1、CC_1、DD_1、AA_1，即可得到直立四棱柱的展开图。

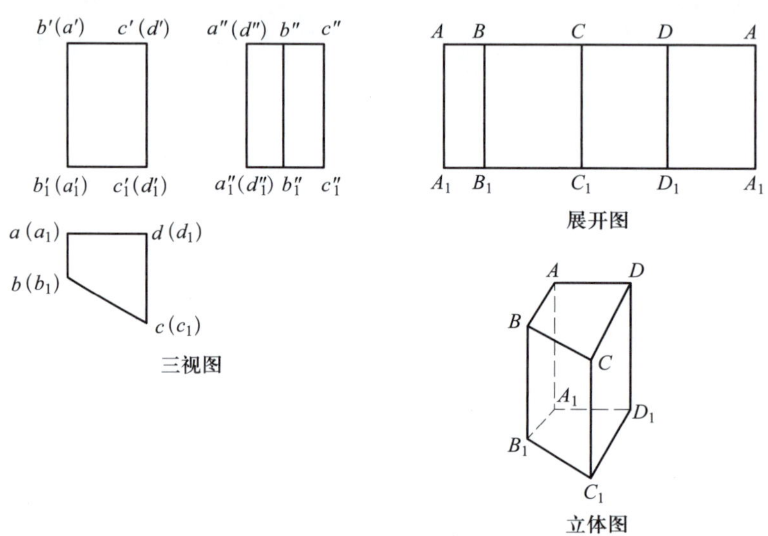

图 4-2-5　平行线展开法作直立四棱柱展开图

任务实施

一、放样工具的准备

放样工具包括平台、圆规、锤子、弯边模、钢直尺、夹具、剪刀、划针、样冲等。

二、四棱台的放样展开

1. 放样展开分析

四棱台的上、下底面均平行于水平投影面，水平投影能够反映各底边的实长，四条棱线 AⅠ、BⅡ、CⅢ、DⅣ等长，假设四条棱线的延长线相交于锥顶 O 点，棱线的实长无法在投影图中直接得到，但只需求出其中一条棱线的实长即可。四棱台的立体图、俯视图及展开图如图 4-2-6 所示。

2. 放样作图步骤

（1）用旋转法求 OⅠ的实长，并确定 A 点的位置。在俯视图中以 o 点为圆心，线

段 $o1$ 的长度为半径划弧，将 $o1$ 旋转至水平位置并记为 oe，过 e 点向上作垂线与俯视图中 4'1' 延长线交于 e'，连接 $o'e'$，则 $o'e'$ 的长度即为 OⅠ的实长。延长 $d'a'$ 交 $o'e'$ 于 f'，则 $o'f'$ 的长度就是 OA 的实长。

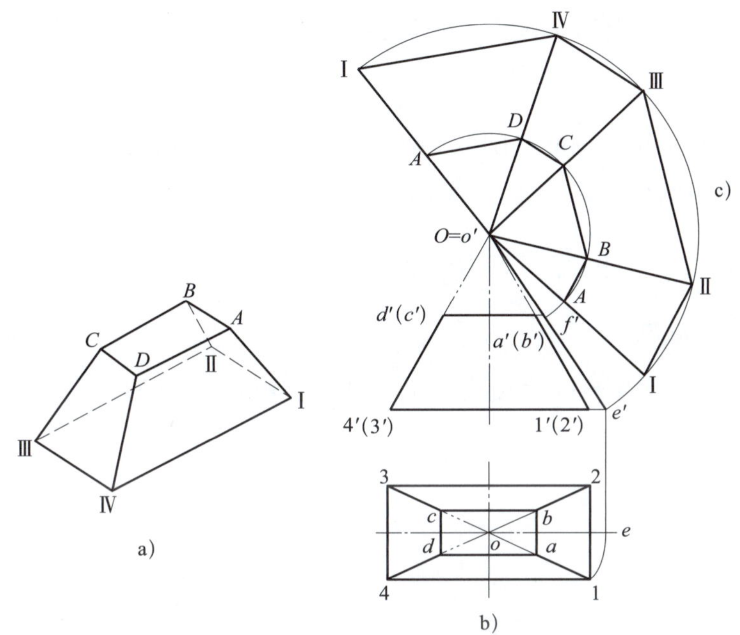

图 4-2-6 四棱台的立体图、俯视图及展开图

a）立体图 b）俯视图 c）展开图

（2）以 O 点为锥顶，在适当位置划射线作为展开图的起始点。

（3）以 o' 点为圆心，线段 $o'e'$ 的长度为半径划弧，交上步所作射线于Ⅰ点；再以Ⅰ点为圆心，以线段 12 的长度为半径划弧，与以 $o'e'$ 为半径所划的弧交于Ⅱ点；用直线连接Ⅰ、Ⅱ两点，得 OⅠⅡ面的展开图。再以Ⅱ点为圆心，用同样的方法以线段 23 的长度为半径划弧，确定Ⅲ点，得到 OⅠⅢ的展开图。同理依次作出 OⅢⅣ与 OⅣⅠ两棱面的展开图。

（4）以 o' 点为圆心，线段 $o'f'$ 的长度为半径划弧，与线段 OⅠ、OⅡ、OⅢ、OⅣ相交于 A、B、C、D 各点，依次连接相邻两点，即可得到四棱台的展开图。

3. 放射展开法小结

放射线展开法适用于所有锥体及锥截管件或构件的侧面展开，具体展开步骤如下：

（1）在两视图中（或只在某一视图中）通过延长投影边等手段补全整个锥体的放

射展开图。

（2）通过旋转法、直角三角形法等方法，把所有不能确定实长的素线和与作展开图有关的直线的实长一一求出。

（3）以实长为准，利用交轨法（正锥体可用扇形法）作出整个锥体侧面的展开图，同时作出全部放射线。

（4）在锥体侧面展开图的基础上，以放射线为骨架，以相关实长为准，再划出锥体被截切部分所在曲线的展开曲线，完成全部展开图。

三、斜口圆柱体的放样展开

1. 放样展开分析

图 4–2–7 所示为用平行线展开法作斜口直立圆柱体的展开图，圆柱体的轴线垂直于水平面，上口斜截而成。已知圆柱体的直径为 D，高度为 H，截面倾角为 β 。

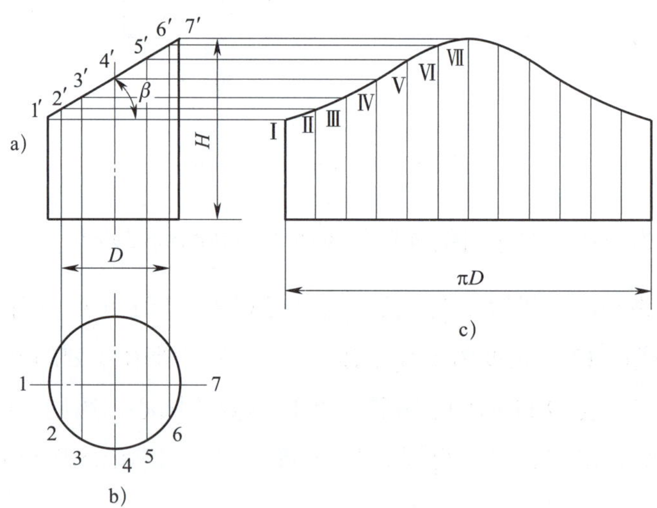

图 4–2–7　用平行线展开法作斜口直立圆柱体的展开图

a）主视图　b）俯视图　c）展开图

2. 放样作图步骤

（1）在俯视图中将下口进行 12 等分，得到 12 个点，并分别过 12 个等分点作主视图中底口投影的垂线，交斜口于 1'、2'、3'、4'、5'、6'、7' 点。

（2）作主视图中下口底边的延长线，并在延长线上截取 12 段线段，使每段线段的长度均等于每段弧长的水平投影长度，得到 12 个交点。

（3）分别过 12 个点作底边延长线的垂线。

（4）过 1'、2'、3'、4'、5'、6'、7' 点分别作底边的平行线，与 12 个点的垂线相交于 12 个交点。

（5）用光滑的曲线把 12 个交点连接起来，即可得到斜口直立圆柱体的展开图。

需要说明的是，采用这种近似展开法时，所取等分点越多，展开图越精确。

3. 平行线展开法小结

放射线展开法的具体展开步骤如下：

（1）任意等分俯视图的圆弧，由等分点向主视图引出投影线（即素线投影线），在主视图中得到一系列交点，确定相应的素线位置和素线长度。

（2）将主视图中底边延长，并在延长线上截取一系列线段，对应各素线的位置，再通过各线段端点引出垂线，与由主视图中所得交点而引出的底边平行线相交，再次得到一系列交点。

（3）将上步中得到的交点依次连接，完成展开图。

思考与练习

1. 简述放样的原则。
2. 简述平行线展开法的原理。

任务 3　窗沿（加强筋）的制作

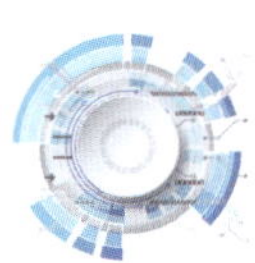

学习目标

- 了解弯曲和拱曲工艺。
- 能够熟练进行弯曲和拱曲操作。

任务引入

如图 4-3-1 所示，一辆桑塔纳汽车的车门和窗沿多处锈蚀，严重影响汽车的美观和使用性能，需对锈蚀处进行焊修，恢复其强度、形状和尺寸等。

图 4-3-1　窗沿锈蚀的桑塔纳车门

任务分析

桑塔纳汽车的车门和窗沿具有多处弯曲和拱曲工艺，需对其进行切割、手工制作和焊修，使窗沿恢复原来的性能。

相关知识

弯曲和拱曲是汽车钣金维修的基本操作方法，许多汽车零部件的制作过程都涉及弯曲和拱曲工艺。

一、弯曲

1. 定义

弯曲是指通过手工操作将金属材料沿直线或曲线弯曲成一定角度或弧度的工

艺过程。

2. 变形特点

（1）弯曲变形的区域是圆角部分，平直区域基本不变形。变形区域的内层受压缩，外层受拉伸，而中性层的长度基本不变，工件弯曲变形示意图如图 4–3–2 所示。

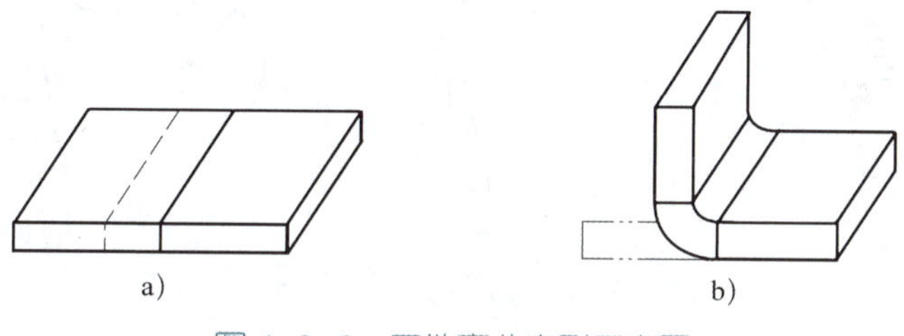

图 4–3–2 工件弯曲变形示意图

a）弯曲前 b）弯曲后

（2）最小弯曲半径是衡量弯曲变形程度的指标，指弯曲零部件的内弯曲半径所允许的最小值，与零部件的材料、热处理方式、弯曲线与纤维方向的夹角等因素有关。

二、拱曲

1. 定义

拱曲是指将较薄的金属板料加工成凸凹面形状的零件的工艺过程。

2. 分类

拱曲主要可分为冷拱曲和热拱曲。冷拱曲是通过收缩金属板料的边缘，拉伸金属板料的中部得到具有凸凹面的零件，而热拱曲是通过对板料进行局部加热并冷却，使之收缩变形得到具有凸凹面的零件。常用的冷拱曲方法有顶杆手工拱曲和胎模手工拱曲。

（1）顶杆手工拱曲

顶杆手工拱曲主要用于制作拱曲深度较大的零件，制作过程中使用顶杆和锤子进行敲击，零件材料应具有较好的塑性。顶杆手工拱曲操作示意图如图 4–3–3 所示。

顶杆手工拱曲的操作步骤如下：

1）首先将金属板料的边缘制出皱褶，然后在顶杆上将边缘的皱褶敲平，使板料的边缘因增厚而向内弯曲。

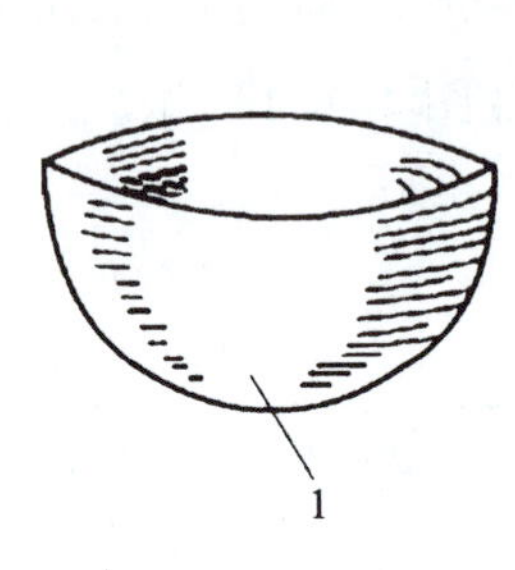

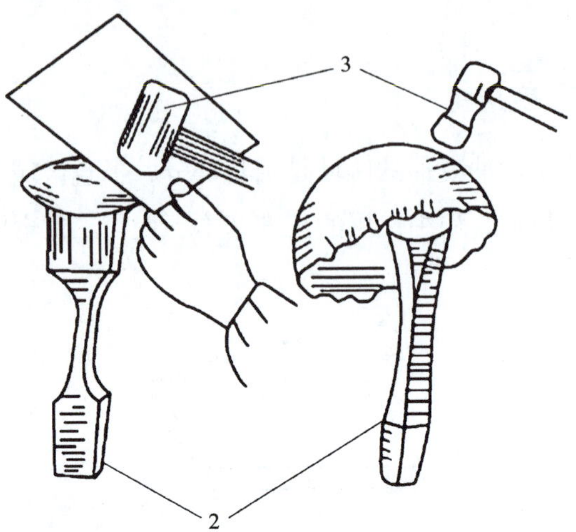

图 4-3-3　顶杆手工拱曲操作示意图

1—零件　2—顶杆　3—锤子

2）用锤子轻而均匀地锤击板料中部，并配合中间的样板检查，使拱曲达到要求。考虑到修光时产生的回弹变形，拱曲度应稍大些。

3）用平锤配合圆顶杆，对拱曲成形好的零件进行修光，然后按要求划线，切除多余材料，并锉光边缘。

锤击时，击打点要稠密、均匀，锤击力度要均匀、适当，一边锤击一边旋转板料，根据目测情况随时调整锤击位置和锤击力度，以保证表面光滑、均匀。

锤击板料的中心部位时，不能集中在一点锤击，防止板料中心因伸展过度而凸起。凸起的部位严禁再敲击，而应锤击凸起周围的部位，使板料均匀伸展，消除凸起。

（2）胎模手工拱曲

胎模手工拱曲适用于尺寸较大、拱曲深度较小的零件，操作步骤如下：

1）将板料压紧在胎模上，用锤子从边缘开始逐渐向中心部位锤击。每锤击一下即转动板料，使其周围变形均匀，由外向内逐渐进行。

2）继续向中心部位进行锤击，直至完成所需的拱曲度。

3）在厚橡皮上伸展板料，最后用平锤配合圆顶杆，去除零件的皱褶并将其修复平整。

任务实施

一、弯曲和拱曲工具的准备

弯曲和拱曲的工具包括平台、台虎钳、锤子、拍板、垫皮、钢直尺、剪刀、划针等。

二、弯曲和拱曲的操作步骤

1. 弯曲操作

（1）下料

用剪刀、划针、钢直尺按要求进行裁剪下料。

（2）制作弯曲工件

1）└ 形件的弯曲

└ 形件的弯曲方法如图 4–3–4 所示。首先根据工件要求和尺寸进行划线，同时在平板上准备弯曲操作；用锤子敲击工件两端，再锤击中间部位，以达到要求的角度和形状，如图 4–3–4 所示；最后在平板边缘的直角位置处将其定好位，依次沿直线进行锤击，如图 4–3–4 所示。

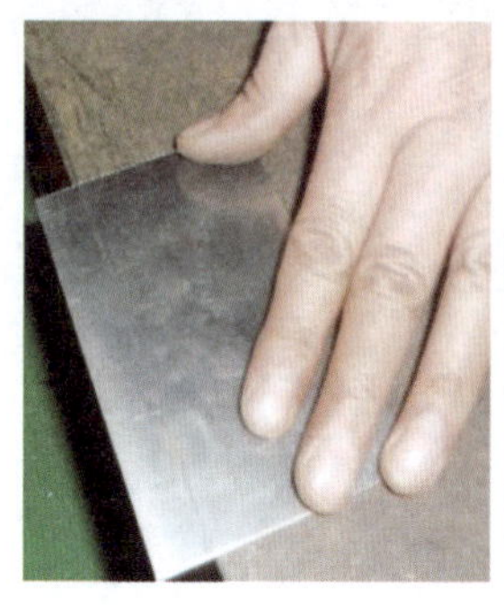
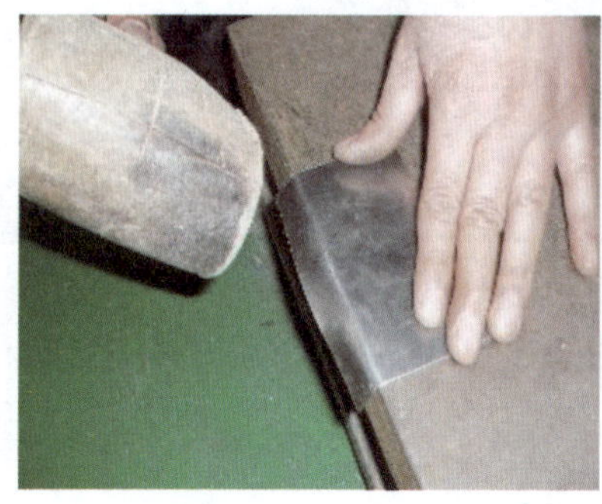

图 4–3–4 └ 形件的弯曲制作

2）⎍形件的弯曲

⎍形件的弯曲方法如图 4–3–5 所示。首先根据工件要求和尺寸进行双面划线，并在平板上先进行某一面的弯曲操作，接着再进行反面操作或锤击中间部位，以达到要求的角度和形状，保证表面过渡自然、光滑、美观。

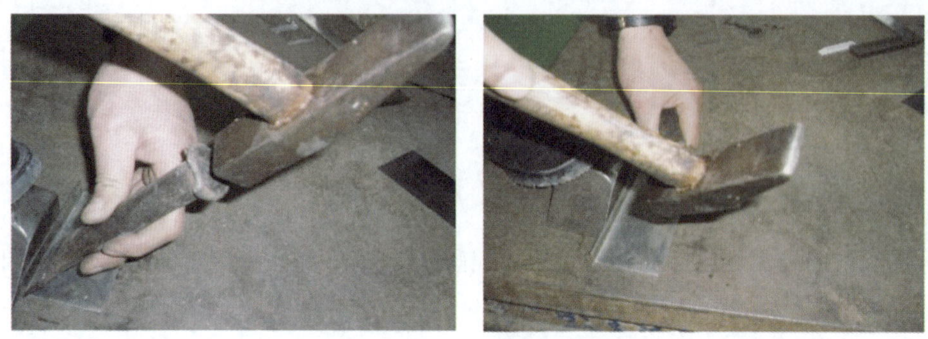

图 4-3-5 ⎍形件的弯曲制作

2. 拱曲操作

操作时需用带凹坑的座，将板料对准凹坑放置，左手持板料，右手锤击，如图 4–3–6 所示。

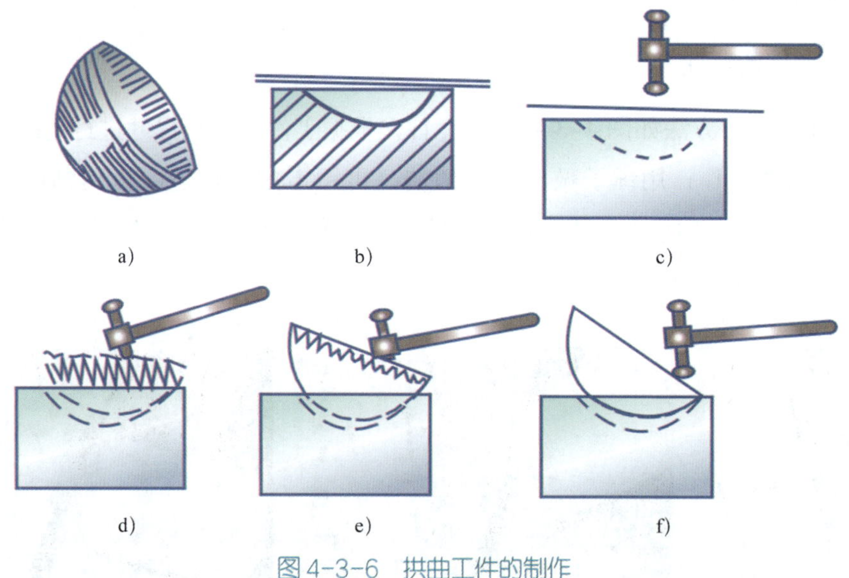

图 4-3-6 拱曲工件的制作

思考与练习

1. 简述 └ 形件的弯曲方法。
2. 简述冷拱曲的原理。

任务 4 翼眉的制作

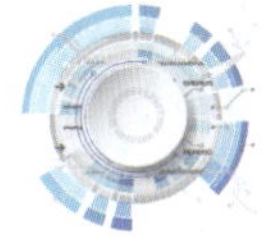

学习目标

◆ 了解放边和收边工艺。

◆ 能够熟练进行放边和收边操作。

任务引入

如图 4–4–1 所示，一辆桑塔纳汽车翼眉严重损伤。受损的眉翼既不美观，又影响汽车的使用性能，需进行拆卸整修或制作。

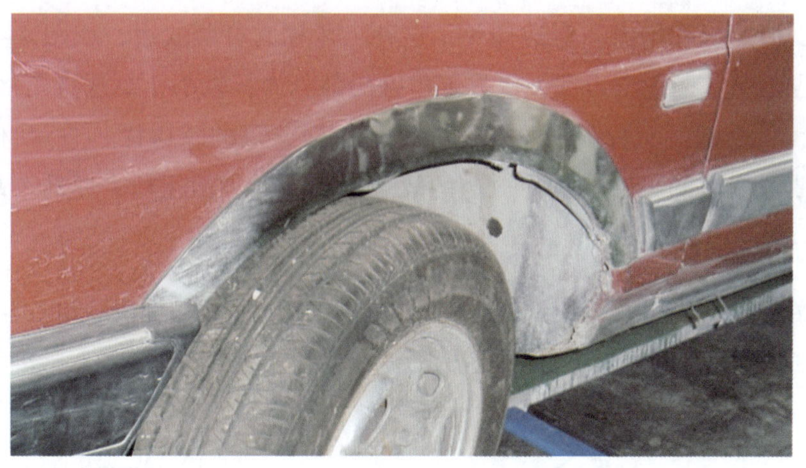

图 4–4–1 桑塔纳汽车翼眉损伤

任务分析

桑塔纳汽车的翼眉可采用收边和放边工艺进行制作，应根据车身翼眉的原始尺寸和配合尺寸进行放样，再利用收边和放边工艺进行制作。

相关知识

一、放边

通过使板料边缘延伸变薄而将其弯曲成型的方法称为放边，如图 4–4–2 所示。常见的放边方法有打薄放边和拉薄放边两种。

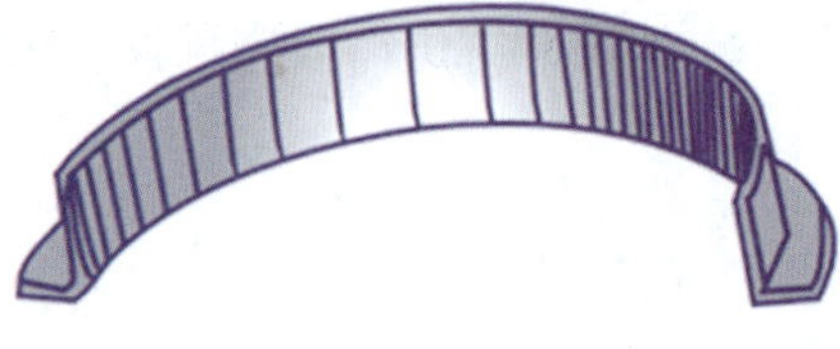

图 4–4–2 放边

1. 打薄放边

制作凹曲线弯边的零件时，可将直角材料放置在铁砧或平台上捶击其边缘，使边缘材料变薄、面积增大、弯边伸长，这种工艺称为打薄放边，如图 4–4–3 所示。捶击时，应注意掌握锤击力度，使靠近内缘的部分伸长较小，靠近直角材料边缘的部分伸长较大，锤痕呈放射状均匀分布即可达到此目的。这样，直角材料就逐渐被捶击成曲线弯边的零件。打薄放边的效果显著，但表面粗糙，厚薄不均匀。

2. 拉薄放边

拉薄放边将坯料置于木模、铁砧或平台上，用铁锤锤击放边部位，如图 4–4–4 所示。拉薄放边的表面光滑，厚度均匀，但容易拉裂，因此应用较少。

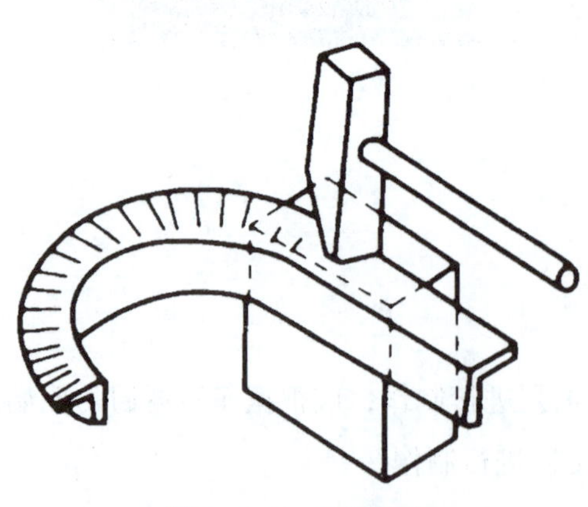

图 4–4–3 打薄放边

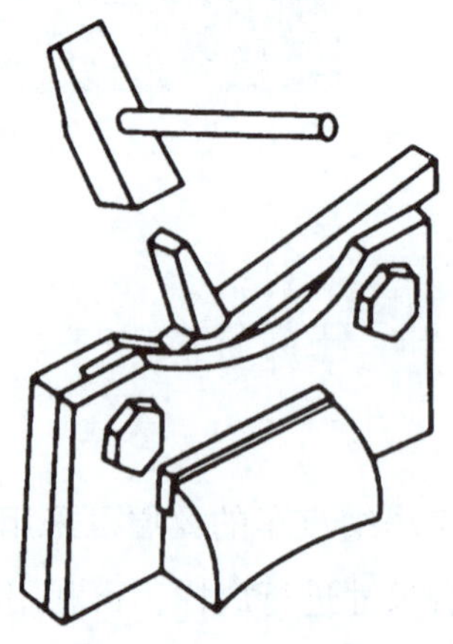

图 4–4–4 拉薄放边

二、收边

收边是指通过使工件单边起皱收缩而弯曲成型的一种方法。常见的收边方法有起皱钳收边和搂弯收边两种。

1. 起皱钳收边

起皱钳收边的方法如图 4–4–5 所示，具体步骤如下：

（1）将工件折弯，如图 4–4–5a 所示。

（2）校直工件，使其平直，如图 4–4–5b 所示。

（3）用起皱钳使收缩边起皱褶，使工件呈圆弧形，如图 4–4–5c 所示。

（4）将工件放在铁砧上，用锤子敲击，如图 4–4–5d 所示。

（5）锉削毛边，使工件表面光滑。

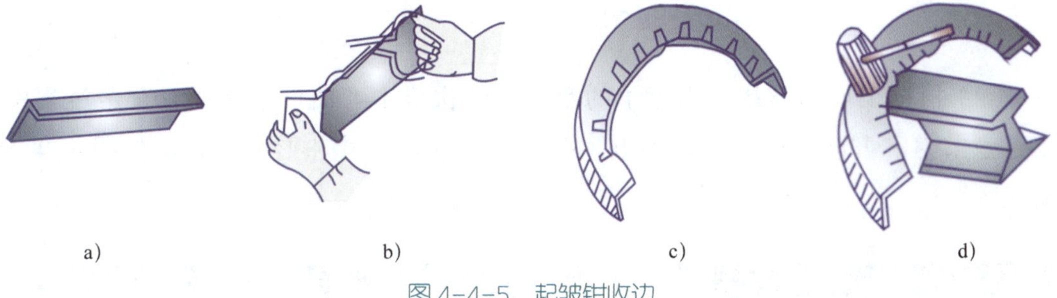

图 4–4–5　起皱钳收边
a）折弯　b）校直　c）起皱　d）敲平

2. 搂弯收边

搂弯收边将板料夹在型胎上，用铝棒顶住板料，用锤子敲打顶住的部分，使板料逐渐收缩并紧靠型胎，如图 4–4–6 所示。

图 4–4–6　搂弯收边

任务实施

一、放边和收边工具的准备

放边、收边工具包括平台、台虎钳、锤子、拍板、垫皮、钢直尺、剪刀、划针等。

二、放边和收边的操作步骤

1. 放边

（1）根据工件要求进行下料并将其弯曲 90°，如图 4–4–7a、图 4–4–7b 所示，并对照图 4–4–7c 的形状进行放边。

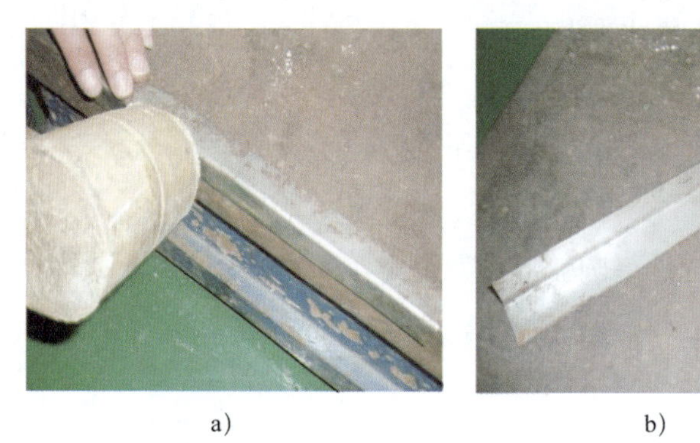
a）

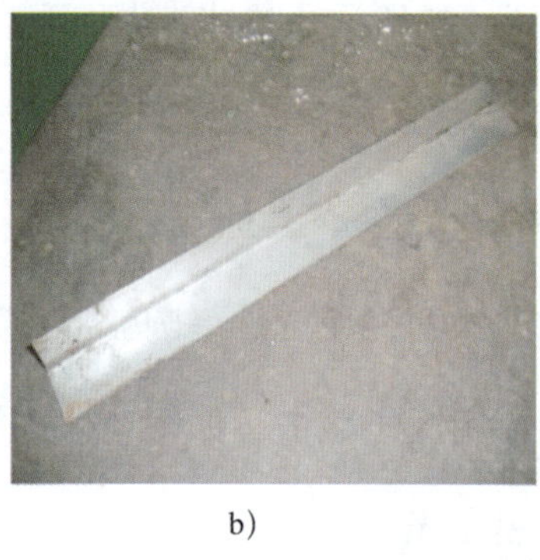
b）

c）

图 4–4–7 工件弯曲
a）弯曲 b）定型 c）画弧

（2）根据工件的形状，用锤子的錾口端依次敲击弯曲件的单面，敲击过程中要注意节奏和方向，用力内轻外重，并不断与规定尺寸和形状比较，如图 4–4–8 所示。

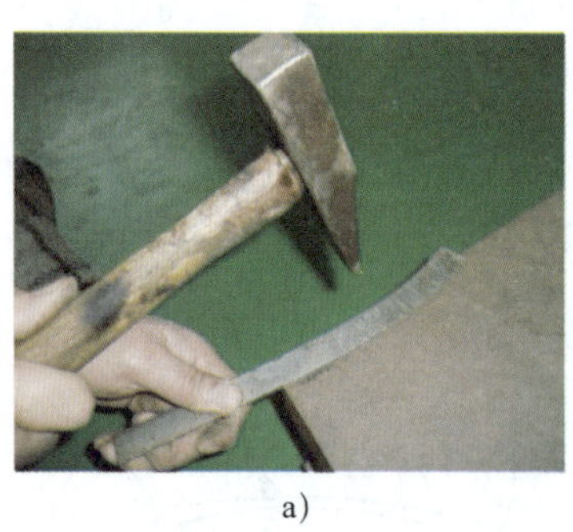
a）

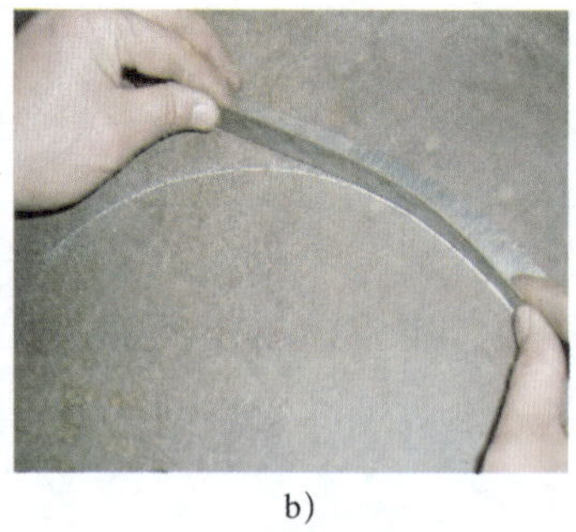
b）

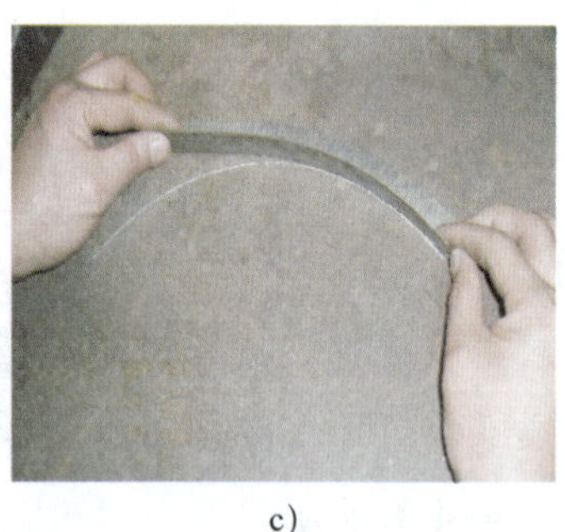
c）

图 4–4–8 敲击工件
a）敲击 b）比较 c）再次比较

（3）再次进行检查及校正，为确保工件表面光滑、平整，用锤子的錾口端将工件敲击弯成后要再次用锤子的平头进行敲击，如图 4–4–9 所示。

（4）最后再次与规定尺寸和形状进行对比、校正，如图 4–4–10 所示。

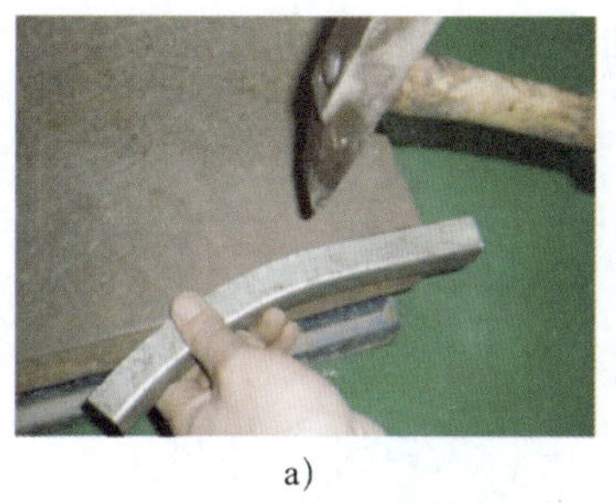
a）

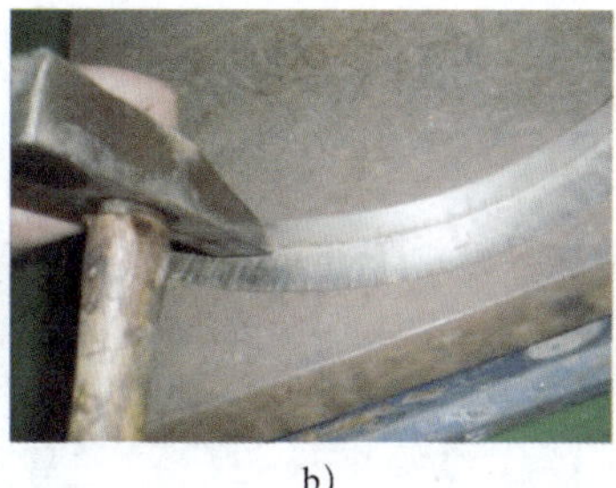
b）

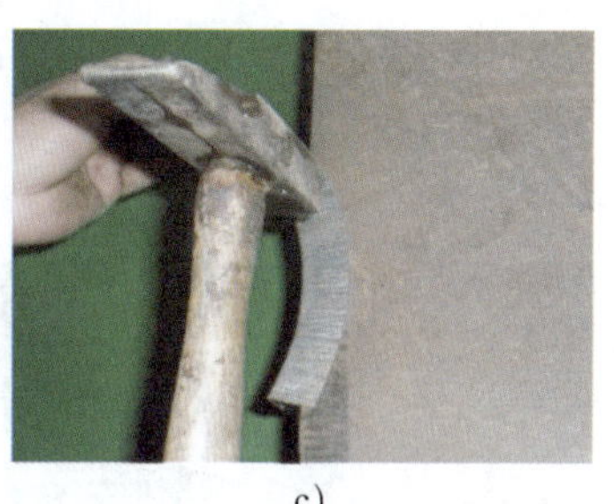
c）

图 4-4-9 再次进行校正和敲击

a）检查 b）校正 c）敲平

图 4-4-10 与规定尺寸和形状对比

2. 收边

（1）根据工件要求进行下料，并进行收边。用锤子的錾口端依次敲击工件的起皱边，敲击过程中应注意间隔（一般为 5 ~ 10 mm）、节奏和受力方向，如图 4-4-11 所示。

图 4-4-11 敲击工件的起皱边

（2）用锤子的錾口端再次敲击工件的起皱边，注意弯曲的角度和方向，如图 4–4–12 所示。

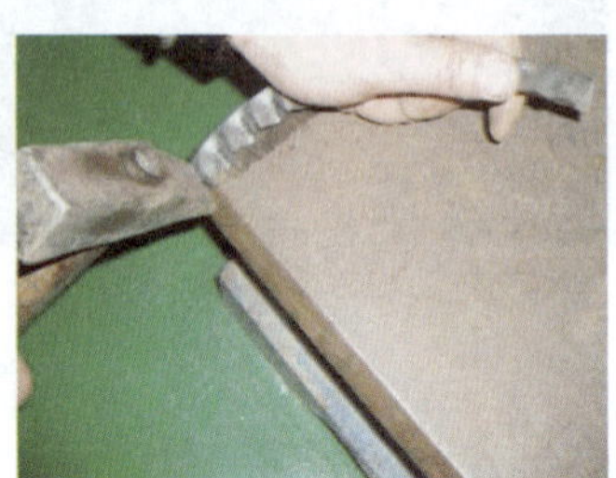

图 4–4–12　再次敲击起皱边

（3）最后再次与规定尺寸和形状进行对比、校正，如图 4–4–13 所示。

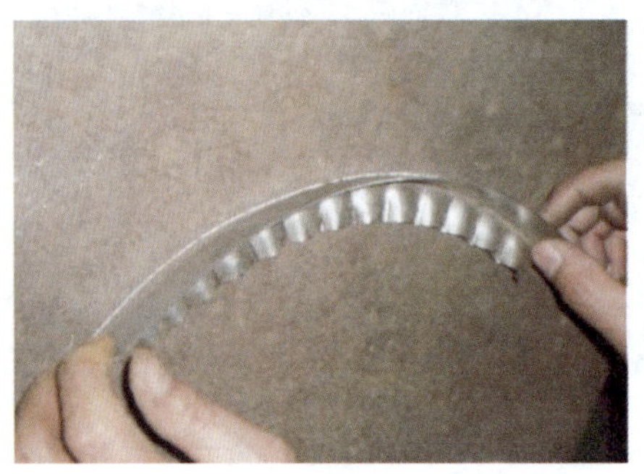

图 4–4–13　与规定尺寸和形状对比

思考与练习

1. 常见的放边方法有哪些？
2. 简述起皱钳收边的操作步骤。

任务 5 发动机罩外边的制作

学习目标

- ◆ 了解卷边和咬缝工艺。
- ◆ 能够熟练进行卷边和咬缝操作。

任务引入

一辆奇瑞汽车车头发生重大撞击，导致发动机罩右前部严重损伤，如图 4–5–1 所示。发动机罩的严重损伤会影响汽车的使用性能，需进行拆卸整修，恢复其强度、形状、尺寸等。

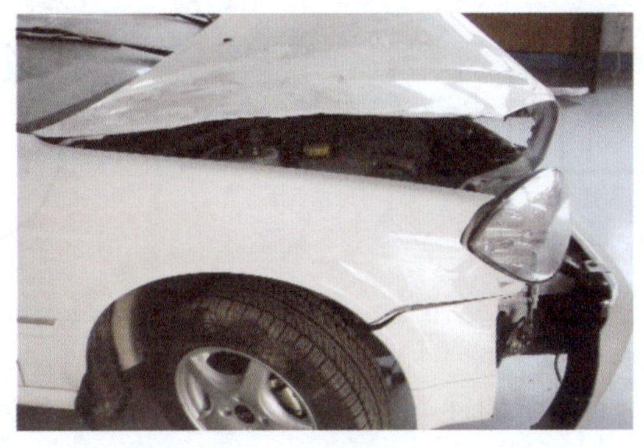

图 4–5–1 发动机罩损伤图

任务分析

修复损伤的发动机罩，首先需将其拆卸，并对发动机罩内、外板进行分离，将其卷边的外边拆卸，然后进行整平操作，最后将其咬缝焊修。

相关知识

一、卷边

卷边是指将板料的边缘卷起来，其目的是增强边缘的刚度和强度，并使其光滑、美观。卷边分为夹丝卷边和空心卷边两种，如图 4–5–2 所示。

图 4-5-2　卷边
a）夹丝卷边　b）空心卷边

二、咬缝

咬缝是指将两块板料分别制成榫形并扣在一起的工艺，也称咬接、咬口，如图 4-5-3 所示。许多车身构件都是采用咬缝并附加点焊的方式连接的。

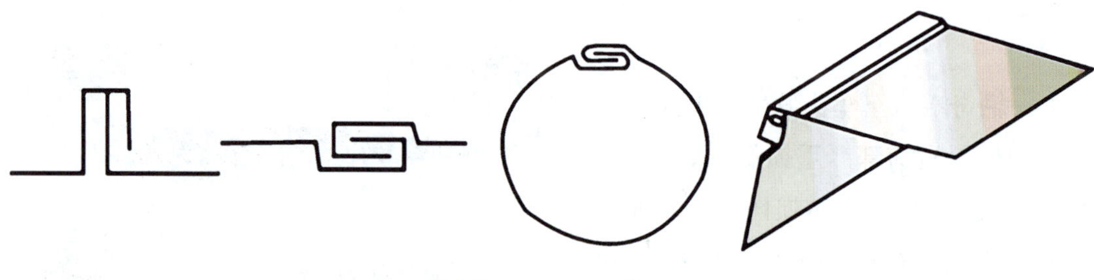

图 4-5-3　咬缝

咬缝的种类很多，根据结构不同可分为挂扣、单扣和双扣；根据形状不同可分为立扣和卧扣。常见的咬缝形式如图 4-5-4 所示。

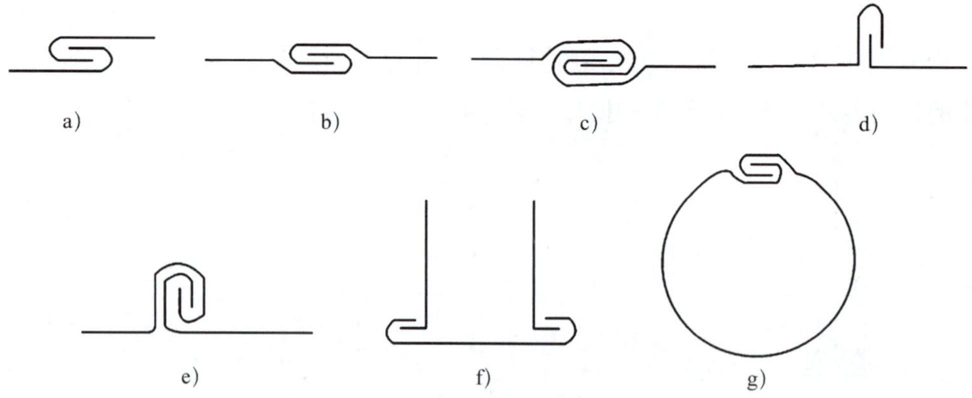

图 4-5-4　常见咬缝形式
a）卧式挂扣　b）卧式单扣　c）卧式双扣　d）立式单扣　e）立式双扣
f）立式管接单扣　g）圆管卧式单扣

任务实施

一、卷边和咬缝工具的准备

卷边和咬缝的工具包括平台、台虎钳、手钳、锤子、拍板、垫皮、钢直尺、剪刀、划针、钢丝钳等。

二、卷边和咬缝的操作步骤

1. 卷边

（1）根据计算出的加工余量，在板料上划出两条卷边线，如图 4–5–5 所示。其中 L_1 约为铁丝直径（L_2）的 2.5 倍。

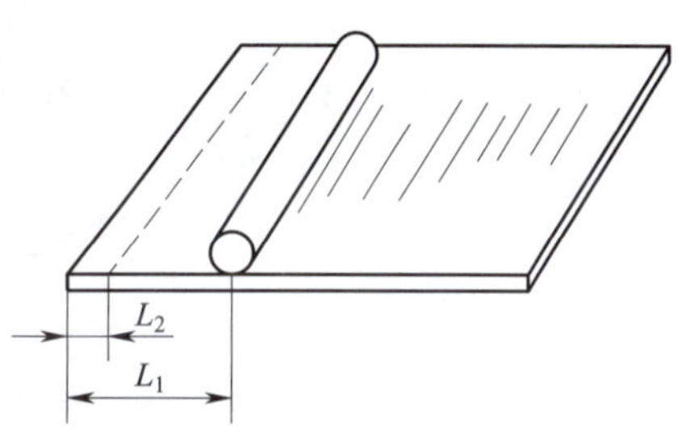

图 4-5-5 划线

（2）将板料剪切成需要的尺寸。

（3）将板料按划线弯折成直角，如图 4–5–6 所示。将板料放在平台上，使 L_2 的长度露出平台，用左手压住板料，右手用锤子敲击露出平台部分的边缘，使其向下弯曲成 85° ~ 90° 。

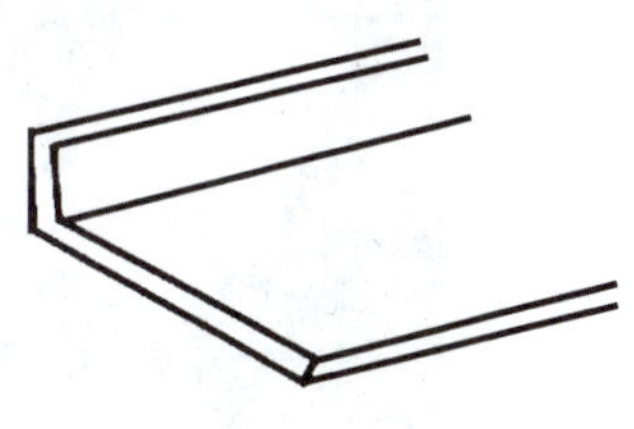

图 4-5-6 弯折成直角

（4）用钢丝钳剪一段适当长度的铁丝，用锤子在光滑平台上打直铁丝。

（5）将铁丝放入卷边内，放入时先从一端开始，以防止铁丝弹出，先将一端扣好，然后放一段扣一段，全部扣完后，轻轻敲打，使卷边紧靠铁丝，如图 4–5–7 所示。

（6）将铁丝放入已折妥的直角内，并用钢丝钳固定铁丝的位置，如图 4–5–8 所示。

（7）用木锤或铆钉锤敲击板料边缘，使板料边缘包住铁丝。

图 4-5-7　将铁丝放入卷边内

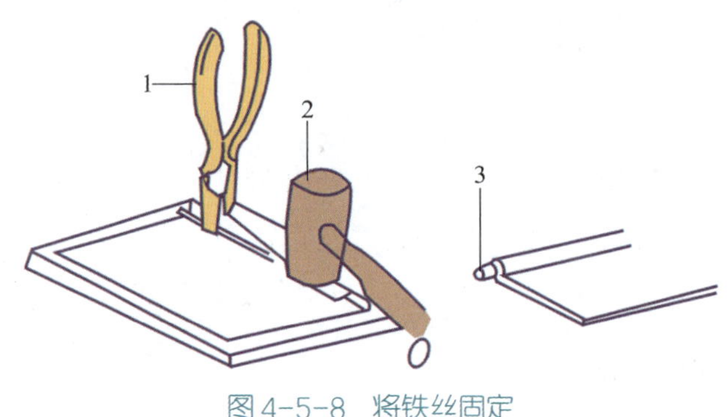

图 4-5-8　将铁丝固定
1—钢丝钳　2—锤子　3—铁丝

（8）用木锤或铆钉锤逐段扣紧成型，翻转板料，将接口靠住平台的边角并再次进行敲击，使接口咬紧，如图 4-5-9 所示。

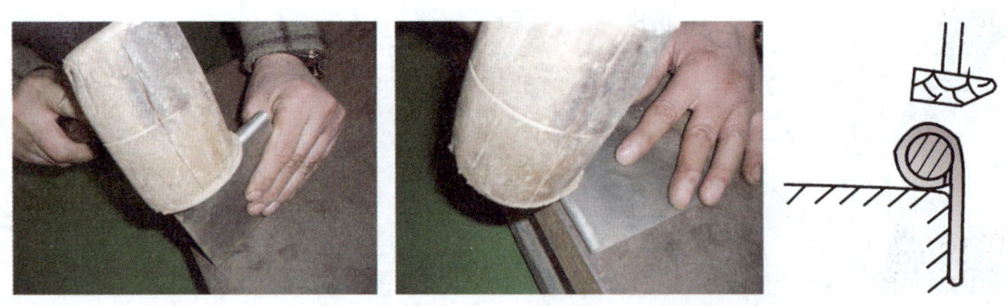
图 4-5-9　扣紧成型

2. 咬缝

（1）将板料剪切成需要的尺寸。

（2）在板料的正面和反面分别划线，如图 4-5-10 所示。

图 4-5-10　划线

（3）根据咬缝的要求，用锤子分别弯曲板料，如图 4-5-11 所示。

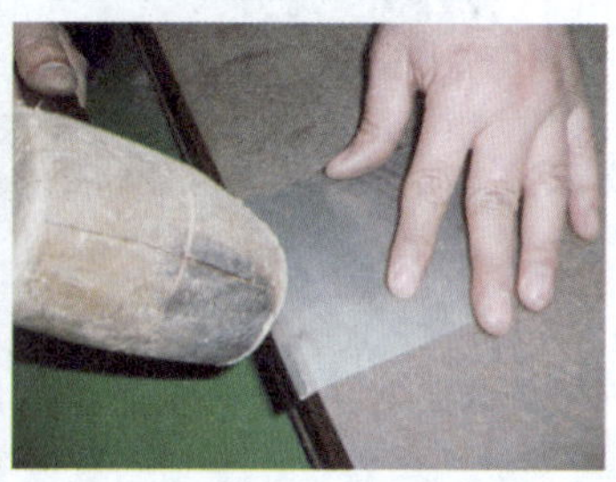

图 4-5-11 弯曲板料

（4）将两块板料分别弯曲并咬接，再用锤子敲击咬合处表面，使其咬紧，如图 4-5-12 所示。

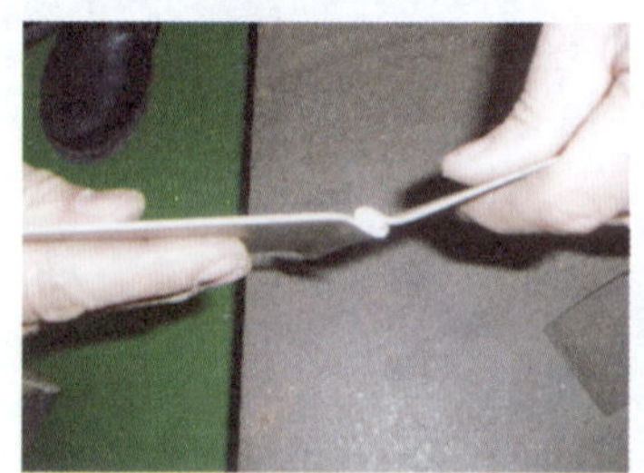

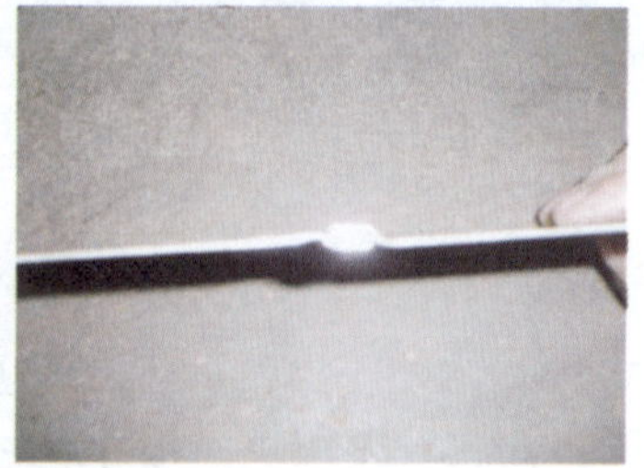

图 4-5-12 板料咬接

思考与练习

1. 简述卷边的操作步骤。
2. 简述咬缝的操作步骤。

项目五

车身玻璃件、塑料板件和铝件的修复

任务1　汽车玻璃的拆装

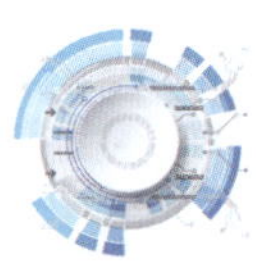

学习目标

- 熟悉汽车玻璃的结构。
- 了解汽车玻璃的维修方法和装配形式。
- 能够熟练进行汽车玻璃的拆装。

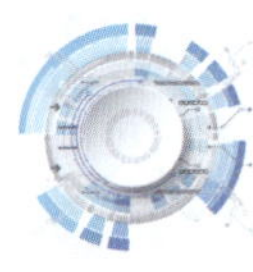

任务引入

某汽车的前风窗玻璃被重物砸碎，如图 5-1-1 所示，急需对前风窗玻璃进行拆卸和更换。

图 5-1-1　汽车玻璃损伤

任务分析

现代汽车大量使用玻璃，玻璃在汽车碰撞事故中经常会破碎，必须得到妥善的修理。要修理汽车玻璃，必须熟悉汽车玻璃的结构，理解汽车玻璃的维修方法和装配形式，掌握汽车玻璃拆装的方法。

相关知识

一、汽车玻璃的结构

根据材料的不同，汽车玻璃可分为钢化玻璃、局部钢化玻璃和层压安全玻璃。

1. 钢化玻璃和局部钢化玻璃

钢化玻璃一般不作为汽车的前风窗玻璃，原因是钢化玻璃在受撞破裂后，形成的玻璃碎片很小且呈粒状结构，玻璃表面会形成许多细密的条纹（见图 5–1–2a），严重影响驾驶员的操作。

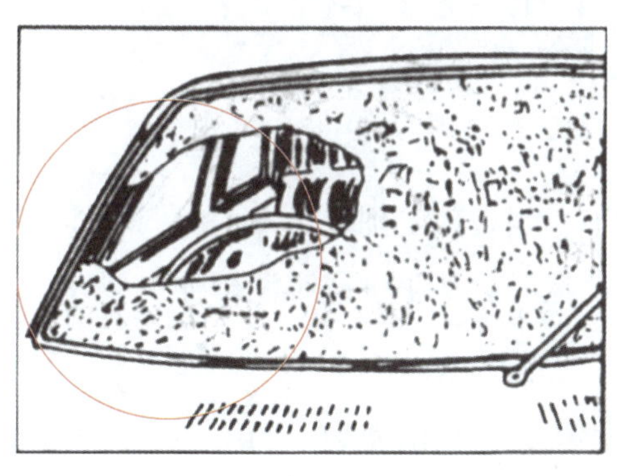

a）

b）

图 5–1–2　破裂的钢化玻璃和局部钢化玻璃

a）钢化玻璃　b）局部钢化玻璃

局部钢化玻璃是通过对部分玻璃进行淬火处理，使同一块玻璃的各个部位获得不同的冷却程度而得到的。破裂的局部钢化玻璃如图 5–1–2b 所示，局部钢化玻璃在驾驶员主视野范围内不做淬火处理，其余部分与钢化玻璃的处理方式相同，从而避免了玻璃破裂对驾驶员的影响。

2. 层压安全玻璃

层压安全玻璃适用于所有汽车车窗，它是由两块或三块薄玻璃板以及玻璃板中间夹入的一层透明塑料薄膜组合而成的，透明塑料薄膜不影响视野。当层压安全玻璃受到冲击时，破碎的玻璃能够通过塑料膜粘连在一起，防止伤人。层压安全玻璃的破碎分析如图 5-1-3 所示。

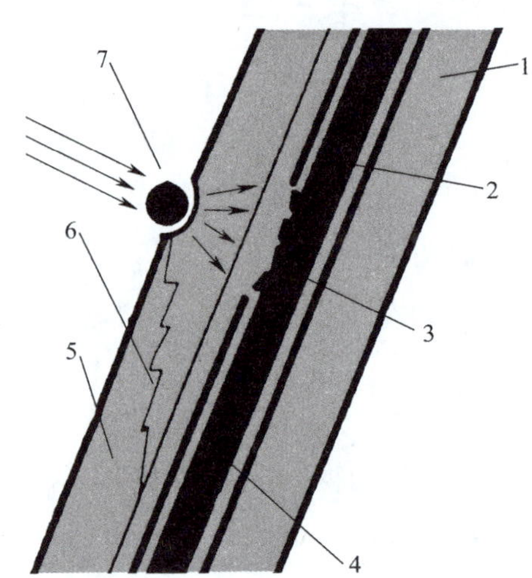

图 5-1-3　层压安全玻璃的破碎分析

1—内层玻璃　2—氧化物涂层　3—损坏涂层　4—安全层
5—外层玻璃　6—扩散裂纹　7—碰撞物

二、汽车玻璃的维修方法

汽车的前风窗玻璃大多采用层压安全玻璃，当玻璃受到轻微撞击时，可能会在外层玻璃或内层玻璃上留下一个小坑或小洞，严重时会从小坑或小洞延伸出裂纹，对于这类情况可以通过修补恢复玻璃的性能。

具体的修补方法为：先将破损处清洗并烘干，然后沿着裂痕的中心点向玻璃的内侧钻一个小孔，小孔只穿透玻璃的外层（或内层）。将小孔抽成真空，然后将一种比较稀的树脂液体挤到小孔和裂纹中，由于虹吸作用，液体会自动填满裂纹缝隙，最后用紫外线灯进行烘烤，使液体凝固在缝隙中。修补后的玻璃几乎与原玻璃没有任何区别。

三、汽车玻璃的装配形式

汽车玻璃的装配形式经历了不同的发展阶段，从钢板镶嵌安装方式、橡胶条安装方式，到目前流行的聚氨酯胶粘接方式。目前，钢板镶嵌安装方式已经被汽车行业淘汰。

1. 橡胶条安装方式

橡胶条安装方式采用丁基橡胶密封垫条将汽车玻璃的四边镶嵌在车身的窗框上，目前许多国内生产的车型使用这种安装方式，大多用于前、后风窗玻璃和某些侧窗玻璃的安装。安装时将具有一定弹性和强度的橡胶条安装在玻璃与车身之间，如图 5-1-4 所示。这样不仅能消除玻璃与车身之间的间隙，对于车身变形和环境温度的变化也具有一定的适应性。

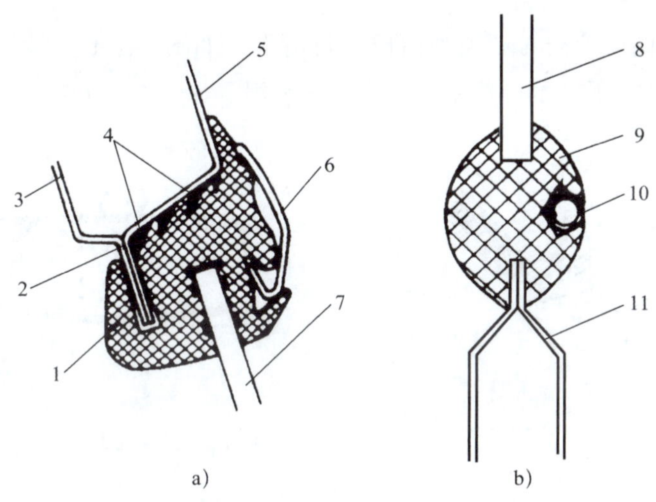

图 5-1-4　橡胶条安装方式

a）前、后风窗装配　b）侧门窗装配

1、9—橡胶条　2—框缘　3—上框　4—填充胶　5—顶盖

6—镶条　7、8—玻璃　10—嵌条　11—窗框

（1）拆卸汽车玻璃

拆卸以橡胶条安装方式安装的风窗玻璃时，应先用一字旋具将风窗玻璃上的装饰条、雨刮臂、后视镜等拆下，如果橡胶条需要重复使用，应在橡胶条的外侧用一字旋具沿橡胶条周围将其与凸缘脱开，可在车内用一字旋具沿车身窗口凸缘将橡胶条向外拨开，如图 5-1-5a 所示。为避免划伤车身和橡胶条，可在一字旋具上包一层薄布。如果拆下的橡胶条不需要重复使用，可直接用刀具沿玻璃边缘将橡胶条割断，如图 5-1-5b 所示，然后在车内将玻璃轻轻向外推出，取下风窗玻璃和橡胶条即可。

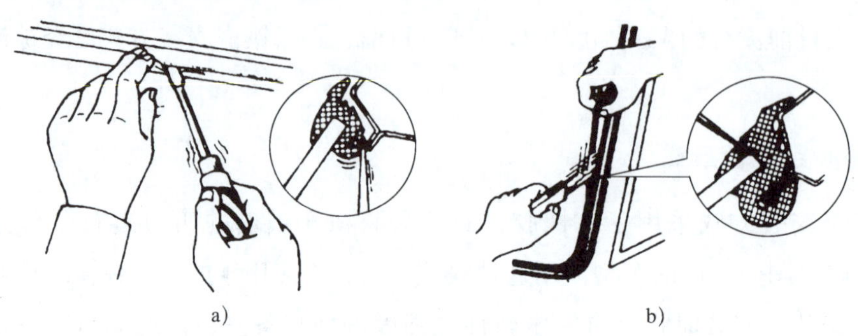

a)　　b)

图 5-1-5　橡胶条的拆卸

a）橡胶条需重复使用　b）橡胶条不需重复使用

（2）安装汽车玻璃

安装汽车玻璃前应先对玻璃和窗框进行清理，如图 5-1-6a 所示。再把橡胶条安装在玻璃上，并在橡胶条的凸缘槽内埋入尼龙软绳，如图 5-1-6b 所示。

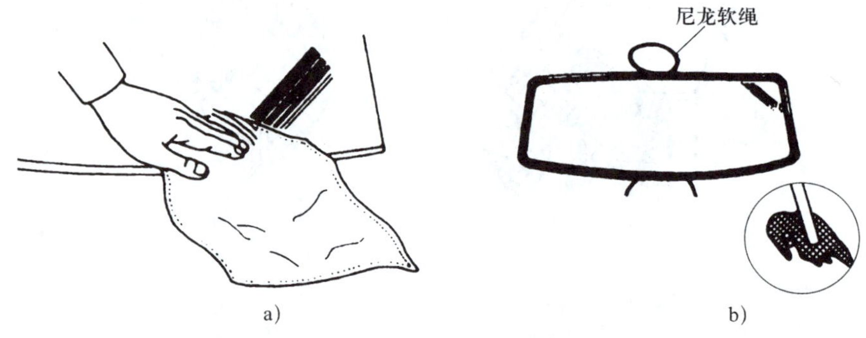

a)　　b)

图 5-1-6　安装前的准备

a）清理玻璃和窗框　b）安装橡胶条并埋入尼龙软绳

为了便于安装，可在橡胶条凸缘槽和车身窗框的边缘涂抹肥皂水，如图 5-1-7a 所示。由两人配合，一人在车外用手掌压住橡胶条，另一人在车内从玻璃下部中间部位起牵拉安装玻璃用的尼龙软绳，风窗玻璃随之被安装在车身的窗框上，如图 5-1-7b 所示。

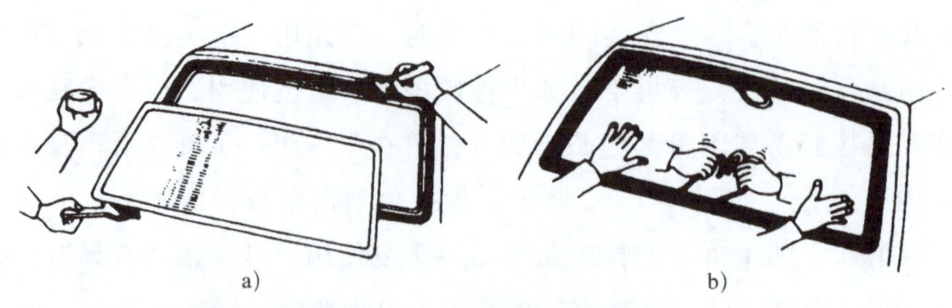

a)　　b)

图 5-1-7　玻璃的安装方法

a）在安装部位涂抹肥皂水　b）按压橡胶条的同时牵拉尼龙软绳

玻璃、橡胶条、窗框三者贴合紧密后，再在橡胶条四周贴上胶带纸，在玻璃、橡胶条、窗框之间按图 5–1–8a 所示方法加注玻璃密封剂，图 5–1–8b 所示的玻璃下边 90% 的区域除外。

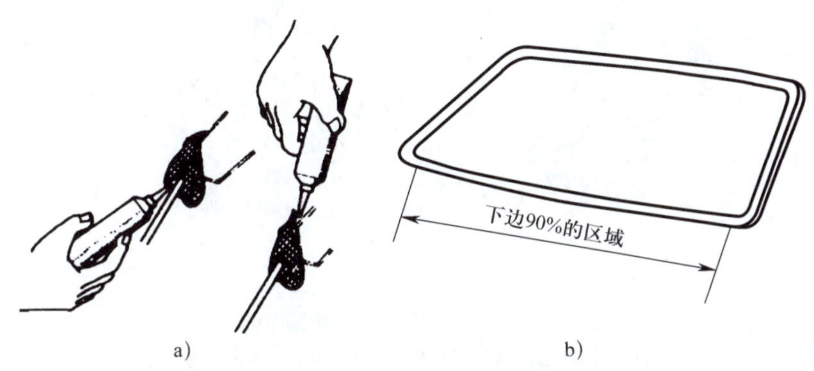

图 5-1-8 加注玻璃密封剂

a）沿胶条两侧加注密封剂 b）不加注密封剂的区域

2. 聚氨酯胶粘接安装方式

聚氨酯胶粘接安装方式是采用聚氨酯胶直接将风窗玻璃粘接在车身上，安装方法如图 5–1–9 所示。聚氨酯胶粘接的安装方式弥补了为扩大视野而使 A 柱变细导致的刚度不足的缺陷，具有增强汽车被动安全性能、降低乘客乘车风险、增强车身外形流畅性、提高车身密封性和可靠性等优点。

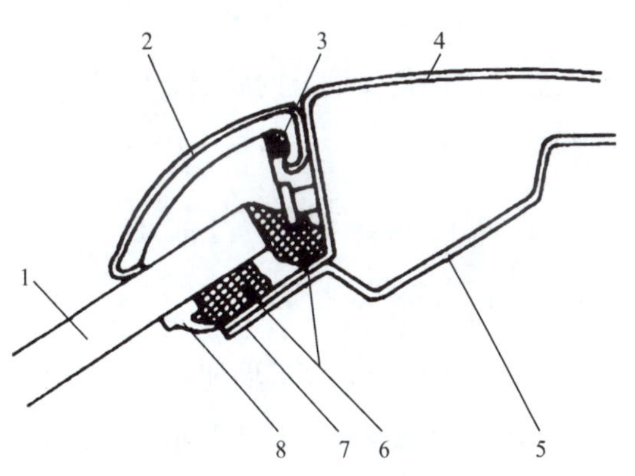

图 5-1-9 聚氨酯胶粘接的玻璃

1—玻璃 2—镶条 3—卡扣 4—顶盖 5—上框
6—聚氨酯胶 7—框缘 8—防水胶条

任务实施

被砸碎的前风窗玻璃是采用聚氨酯胶直接粘接的方式安装在车身上的，需要对其进行拆卸和安装。

一、前风窗玻璃的拆卸

先将玻璃周边的装饰条拆下，将一根细高碳钢丝（直径为 0.6 mm 左右）由内向外沿玻璃边缘穿出，如图 5–1–10a 所示；然后沿玻璃的周边左右拉动钢丝，割断胶层，使玻璃与窗框完全分离，如图 5–1–10b 所示。

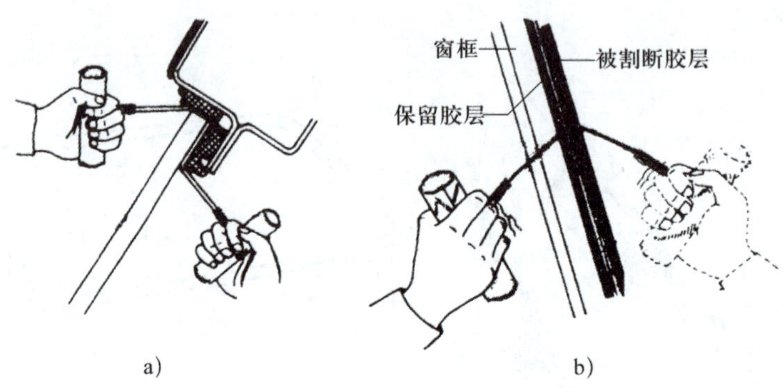

图 5–1–10　聚氨酯胶粘接玻璃的拆卸

a）将高碳钢丝沿玻璃边缘穿出　b）左右拉动钢丝割断胶层

操作过程中应注意以下两点：

1. 切割胶层时一定要用力均匀，防止损坏车身上的其他装饰部件。

2. 可以保留窗框上的胶层。因其与车身的结合十分牢靠，所以可以作为新胶粘剂的基底。

二、前风窗玻璃的安装

1. 安装前的准备工作

安装玻璃前应先将玻璃和窗框清理干净，拆除车身上影响玻璃安装的其他障碍物。检查固定卡及连接螺钉是否牢固、有效，如图 5–1–11a 所示。为了确保安装成功，涂胶前还应将风窗玻璃放到窗框上进行试装，并做出定位标记，如图 5–1–11b 所示。

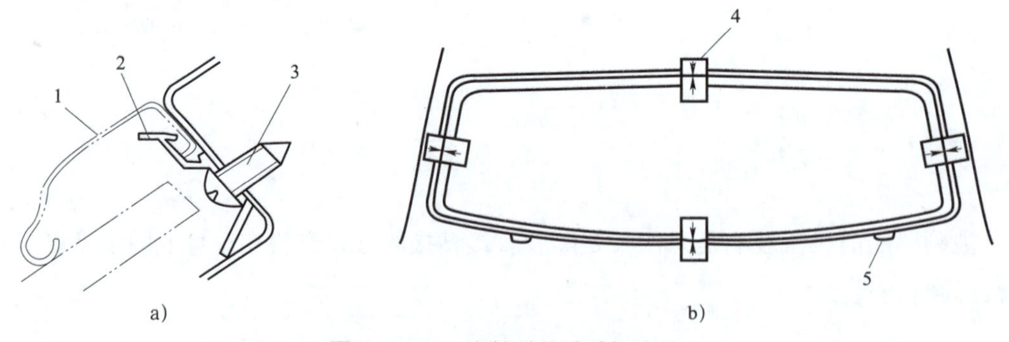

图 5–1–11　安装前的检验与定位

a）检查　b）试装并做定位标记

1—装饰条　2—固定卡　3—连接螺钉　4—定位标记　5—垫片

2. 安装和试验

用活化剂擦拭拟涂胶部位，然后按图 5–1–12 所示的方法，分别在窗框和玻璃两处用胶枪施胶。为了便于形成高 9 ~ 10 mm、宽 8 ~ 9 mm 的胶层，胶枪嘴切口的大小应为 8 mm 左右。

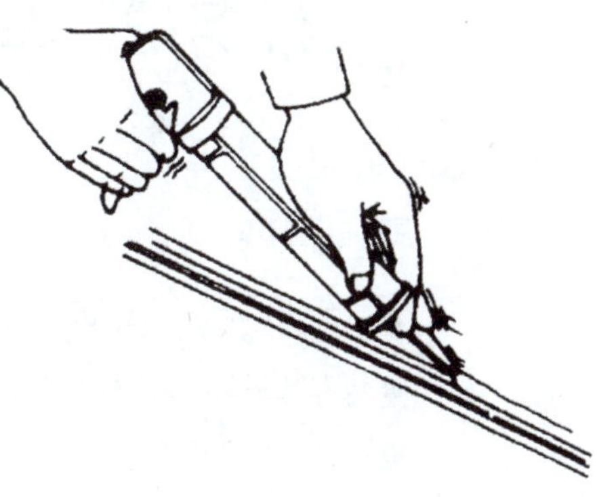

图 5–1–12 用胶枪施胶

将涂胶后的玻璃按图 5–1–13a 所示的定位标记安装到窗框上，用手掌将其压平、压紧，最后用抹刀刮去多余的胶粘剂。待胶粘剂基本硬化后，需要进行水密封性能试验。若发现渗漏，可使用上述胶粘剂或其他玻璃密封胶，按图 5–1–13b 所示的方法进一步密封。

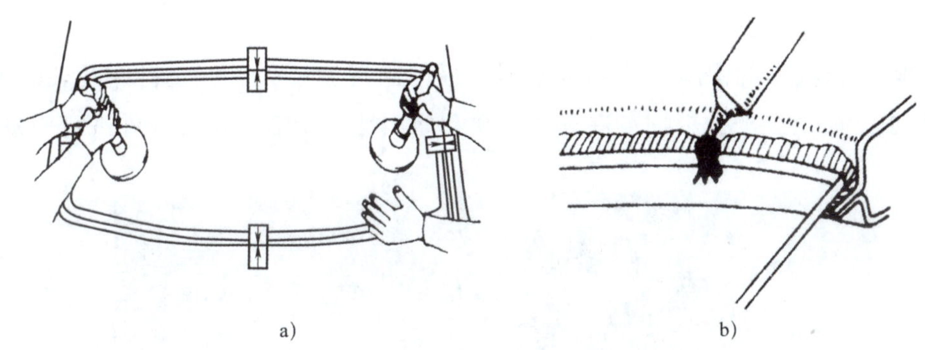

a)　　b)

图 5–1–13 安装玻璃并进一步密封

a）按试装时的标记安装玻璃　b）将风窗玻璃进一步密封

思考与练习

1. 简述汽车玻璃的维修方法。
2. 简述用聚氨酯胶直接粘接的风窗玻璃的拆卸方法及注意事项。

任务 2　车身塑料板件的修复

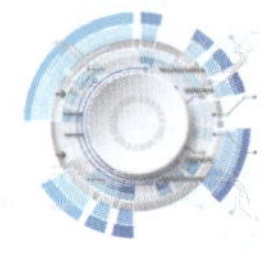

学习目标

- ◆ 了解常见的车身塑料板件。
- ◆ 熟悉车身塑料板件的类型和鉴别方法。
- ◆ 掌握车身塑料板件的拆卸和维修方法。
- ◆ 能够熟练进行车身塑料板件的修复。

任务引入

一辆本田汽车的保险杠等部位的塑料板件出现涂层脱离、塑料件开裂的现象，如图 5-2-1 所示，严重影响了汽车的美观和使用性能，需对塑料板件进行修复。

图 5-2-1　汽车塑料板件损伤

任务分析

要对汽车的塑料板件进行维修，首先需要了解塑料板件的类型和特性，掌握其鉴别方法和维修工艺，然后对各种类型的车身塑料板件进行维修。

一、车身塑料板件

在现代汽车中，许多车身零部件都是用塑料制成的。塑料汽车内饰件主要有仪表板、车门内板、副仪表板、杂物箱盖、座椅、后护板等，塑料汽车外饰件主要有保险杠、挡泥板、散热器格栅、外后视镜等，如图 5–2–2 所示。目前，汽车保险杠是塑料用量最大的车身部件之一。

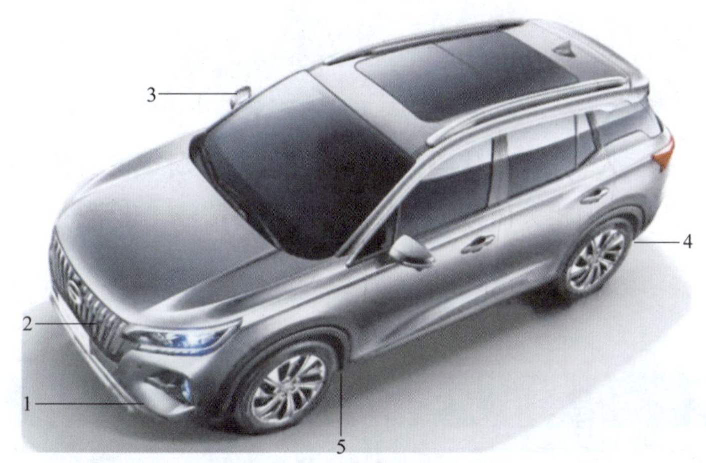

图 5-2-2　塑料汽车外饰件

1—保险杠　2—散热器格栅　3—外后视镜　4—后侧挡泥板　5—前翼子板挡泥板

二、塑料的种类

根据加热反应的不同，应用在汽车上的塑料主要分为热固性塑料和热塑性塑料两大类。

1. 热固性塑料

热固性塑料在加热、使用催化剂或紫外线照射下会发生化学反应，固化后形成永久的形变，不能通过反复加热、使用催化剂等方法进行改变。热固性塑料的耐热性好，但力学性能较差，可用粘结剂粘合，但不能焊接。

2. 热塑性塑料

热塑性塑料可以通过多次加热将其反复软化和变形，其化学成分不会发生变化。

它在加热时能软化或熔化，冷却后能硬化成型。热塑性塑料成型方便，力学性能较好，但耐热性较差，容易变形，可进行焊接。

三、塑料种类的鉴别方法

由于塑料有热固性和热塑性两类，因此，在对汽车塑料板件进行修理前，应先鉴别所修塑料板件的类型，具体有以下四种方法：

1. 查看 ISO 代码

ISO 代码一般模压在塑料板件背面的一个椭圆形区域内，目前绝大多数汽车制造厂都使用 ISO 代码。ISO 代码比较规范，但识别时相对麻烦，通常需要把零件拆卸下来才能看到。

2. 查阅车身修理手册

有的汽车制造厂不采用 ISO 代码，但在车身修理手册中说明所使用的塑料种类，从而可以确定塑料板件的相关信息。汽车常用塑料的符号、化学材料、应用及种类见表 5-2-1。

表 5-2-1　　汽车常用塑料的符号、化学材料、应用及种类

塑料符号	化学材料	应用	种类
AAS	丙烯腈－丙烯酸丁酯－苯乙烯共聚物	外后视镜	热塑性
ABS	丙烯腈－丁二烯－苯乙烯共聚物	格栅、车体板	热塑性
AES	丙烯腈－EPDM 橡胶－苯乙烯共聚物	车顶雨滴嵌条、侧饰嵌条	热塑性
PC	聚碳酸酯	前照灯、格栅、仪表板	热塑性
PE	聚乙烯	阻流板、内饰板	热塑性
PMMA	聚甲基丙烯酸甲酯	后组合灯	热塑性
PP	聚丙烯	保险杠	热塑性
PUR	热固性聚氨酯	保险杠	热固性
PVC	聚氯乙烯	内饰板、软垫板	热塑性
TSOPTPO	超级聚烯烃	保险杠	热塑性
TPU	热塑性聚氨酯	大型侧保险杠嵌条、前翼子板、挡泥板	热塑性

3. 试焊试验

对一些既没有 ISO 代码，又无法通过车身修理手册查到所用塑料类型的玻璃板件可采用试焊试验。试焊时可试用几种焊条，在待修零件的隐蔽部位或损伤处进行试焊，如图 5-2-3 所示。由于焊条均采用颜色编码，若其中一种焊条能够黏着，则可通过焊条的颜色鉴别出母材的材料类型。

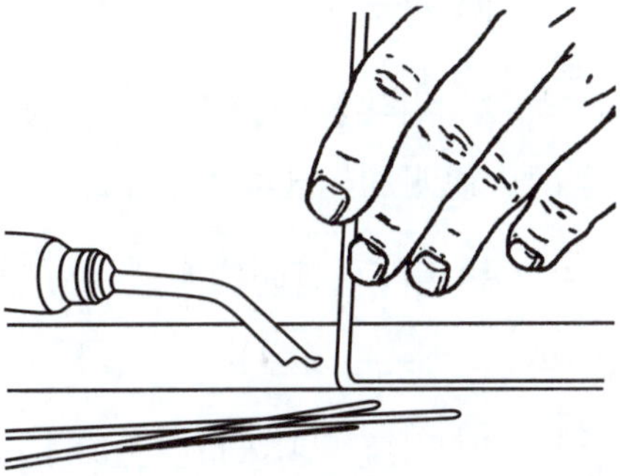

图 5-2-3　试焊试验

4. 漂浮试验

漂浮试验的方法是从塑料板件上剪切一块塑料放入水中，若塑料浮在水面，则是热塑性塑料；若塑料沉在水底，则是热固性塑料。

四、塑料板件的拆卸和维修

汽车塑料板件多采用螺钉、卡扣或胶粘剂进行紧固，可以参照汽车制造厂提供的车身维修手册进行拆卸。

当汽车塑料板件受损时，如果损伤面积较大，则无维修的必要，只能进行更换。若损伤面积较小，通常可以通过以下三种方法进行维修：

1. 胶粘修补

塑料板件的胶粘修补工艺主要是利用一种高强度胶或环氧树脂胶粘剂，先将塑料板件上的一些细小损伤清洗或打磨干净，然后再在损伤部位涂胶粘剂，随后对维修部位进行打磨和整形，完成对塑料板件的维修。具体的清洗、胶粘操作过程为：

（1）用肥皂水和塑料清洗剂清洗损伤部位，使配合表面无蜡、灰尘和油脂等污物。

（2）将环氧树脂胶粘剂充分混合。

（3）在碎块和断口处涂上胶粘剂，把碎块牢牢地压紧在断口两侧，确保碎块在胶粘剂固化之前不会移位，按使用说明书的规定，静待几分钟后即可达到胶粘效果，如图 5-2-4 所示。

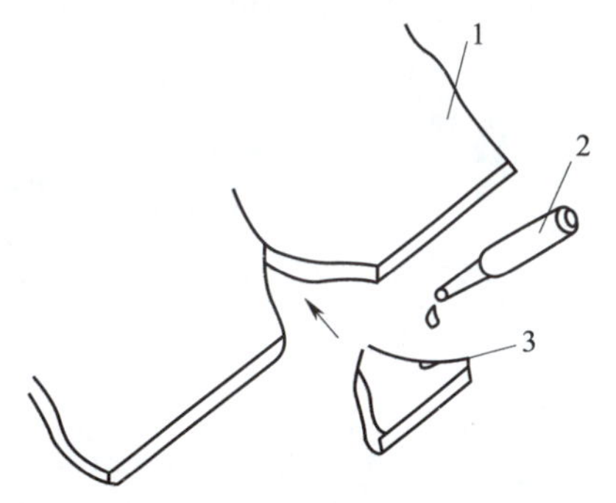

图 5-2-4　塑料板件胶粘工艺

1—塑料板件　2—胶粘剂　3—碎块

2. 加热矫正

若由热塑性塑料制成的汽车塑料板件发生轻微的弯曲或变形，可以通过加热矫正的方法进行维修，具体操作过程如下：

（1）清洗并吹干塑料板件。可用塑料清洗剂或热肥皂水彻底进行清洗。

（2）用热风枪等工具直接加热变形部位，如图 5–2–5a 所示。当塑料板件背面烫手时，说明加热已经基本完成，可停止加热。

（3）用手（戴防护手套）按压或用木块等敲打塑料板件，使塑料板件复原，如图 5–2–5b 所示。

（4）用海绵或抹布浸上冷水压在维修处，快速冷却维修区域。

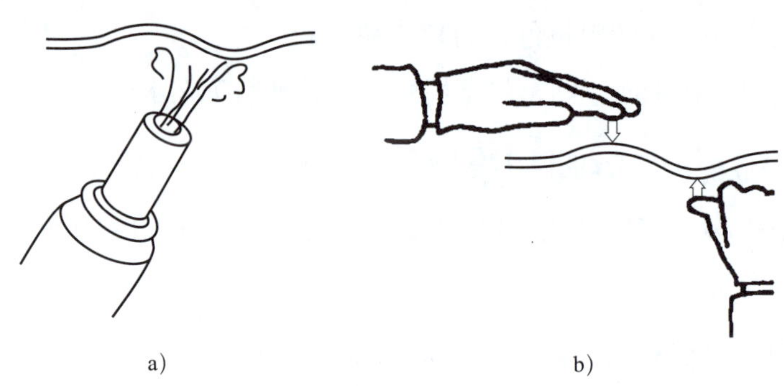

图 5–2–5　加热矫正

a）加热　b）矫正

3. 焊接矫正

焊接矫正主要是利用热源和塑料焊条来对塑料板件进行维修。热源由专用塑料焊机提供，常见的热空气塑料焊机结构如图 5–2–6 所示。它采用陶瓷或不锈钢电热元件来加热压缩空气或惰性气体，产生 230 ~ 345 ℃的热风，热风吹到焊件及焊条上，使其软化，将加热后熔化的塑料棒压入待接焊缝即可。具体的焊接操作过程如下：

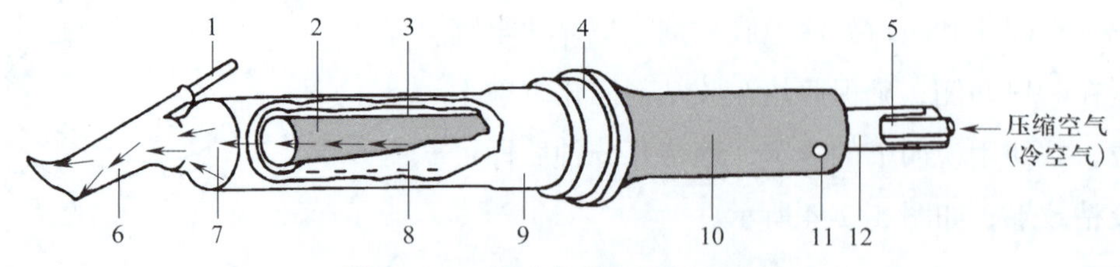

图 5–2–6　热空气塑料焊机的结构

1—喷管　2—加热元件　3—加热腔　4—固定螺母　5—120 V 交流电源线　6—焊炬尖端　7—热空气　8—内枪管　9—外枪管　10—手柄　11—螺钉　12—空气管

（1）初始焊接阶段

先将焊条头部切出约 60° 的坡口。焊接时，喷嘴应与焊件表面平行，距焊件表面 6 ~ 12 mm，焊条与焊件表面保持垂直，将切好的焊条置于焊缝起始处，如图 5-2-7a 所示。左右摆动焊机，向焊条和母材吹热风，同时将焊条压入 V 形焊缝坡口，通过调整加热量来调节焊条的熔化速度。

（2）正常焊接阶段

开始焊接后，对母材的加热要多一些，注意不要将塑料板件熔化或烧焦。为使焊条与母材更好地熔合在一起，应用一只手向焊条施加压力，同时将焊机前后摆动加热，如图 5-2-7b 所示。随着焊接的正常进行，会沿着焊缝产生一条小焊珠。

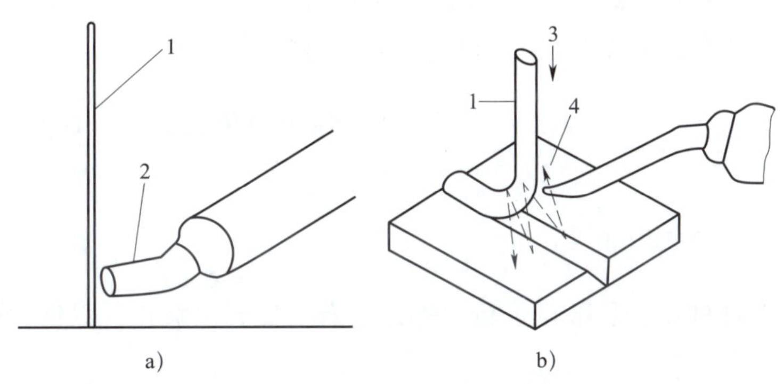

图 5-2-7 热空气塑料焊接

a）初始焊接阶段 b）正常焊接阶段

1—焊条 2—喷嘴 3—加压 4—焊机移动方式

（3）收尾阶段

在停止加热后，还需要对焊条施加几秒钟的压力，待冷却到已不能拉动焊条时，即可用小刀切下没有用完的焊条。焊接完成后，热塑性材料的冷却时间大约需要 30 min。

（4）焊缝打磨阶段

选用不同规格的砂纸对焊缝进行修磨。粗磨阶段可选用 100 目砂纸，将其打磨光滑。然后通过观察法对焊接效果进行检查，确保没有虚焊和裂纹现象。最后再用 600 目和 800 目砂纸进行精细打磨。

任务实施

对损伤的汽车保险杠进行拆卸、修复，具体操作步骤如下：

一、保险杠的拆卸

将汽车保险杠拆下，并将保险杠杠皮和骨架分离，拆卸过程中应注意不得损伤其他部件及涂层。判断保险杠杠皮和骨架的损伤情况，确定维修方案。

二、保险杠的修复

1. 修复前的准备工作

（1）准备好保险杠杠皮支架、烤灯、打磨机、热肥皂水、塑料清洗剂、环氧树脂胶粘剂、玻璃纤维布、塑料刮刀和砂纸等工具和材料。

（2）用热肥皂水和塑料清洗剂清洗整个保险杠杠皮内、外表面并将其吹干，如图 5-2-8 所示。

2. 保险杠的修复步骤

（1）对保险杠杠皮开裂部位进行打磨，沿着裂纹开出坡口，以使粘合性能良好，如图 5-2-9 所示。

（2）对保险杠杠皮的背面进行打磨并将其清洗干净。

（3）将环氧树脂胶粘剂调和均匀，涂抹于保险杠杠皮的背面，如图 5-2-10 所示。

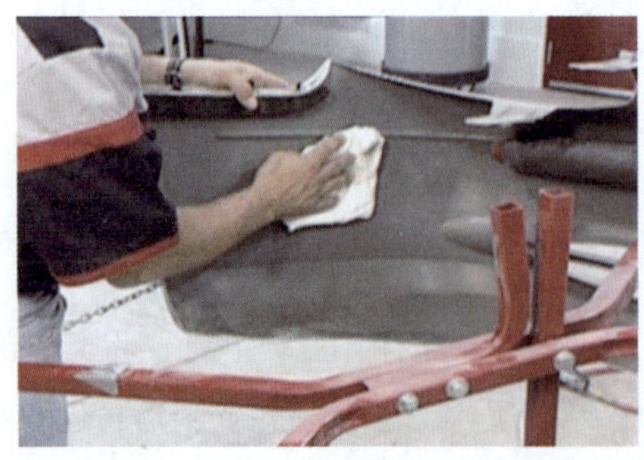

图 5-2-8　清洗保险杠杠皮内、外表面

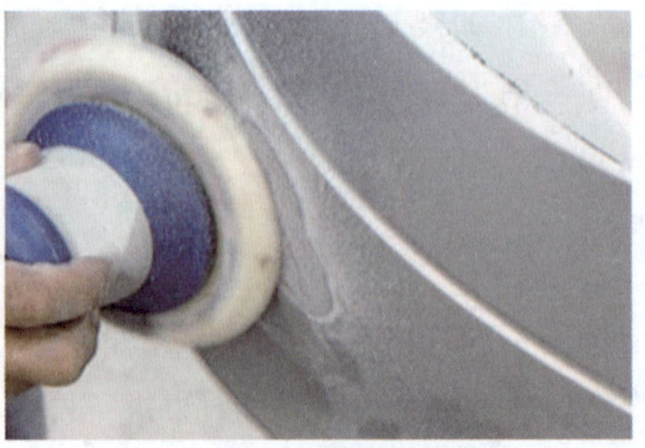

图 5-2-9　打磨开裂部位

（4）剪一块大小合适的玻璃纤维布，将其覆盖在胶粘剂上，再用胶粘剂填满布网，并用塑料刮刀涂抹均匀，如图 5–2–11 所示。

图 5-2-10 涂抹环氧树脂胶粘剂

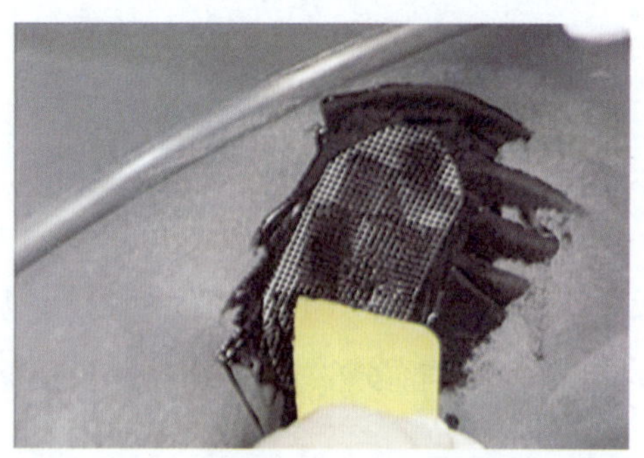

图 5-2-11 将玻璃纤维布覆盖在胶粘剂上并将胶粘剂涂抹均匀

（5）保险杠杠皮背面得到加强后，在打磨过的杠皮正面涂抹一层环氧树脂胶粘剂，用塑料刮刀修整胶粘剂的形状，以符合部件外形要求，等待胶粘剂完全硬化，如图 5–2–12 所示。

（6）分别用 36 目和 220 目砂纸对保险杠杠皮维修部位进行打磨，如图 5–2–13 所示。

（7）将保险杠杠皮移交涂装处理。

图 5-2-12 修整胶粘剂形状

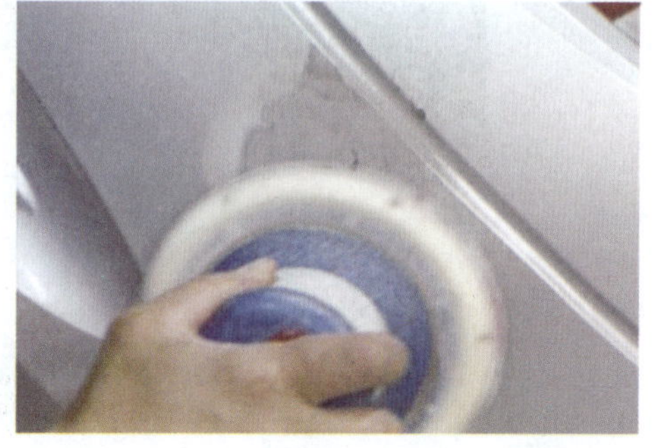

图 5-2-13 打磨保险杠杠皮维修部位

思考与练习

1. 简述塑料板件损伤较小时的三种修复方法。

2. 简述保险杠的修复流程。

任务 3　车身铝件的修复

学习目标

◆ 了解铝的特性及其合金的应用。
◆ 了解铝质车身的修复。
◆ 能够熟练进行车身铝件的修复。

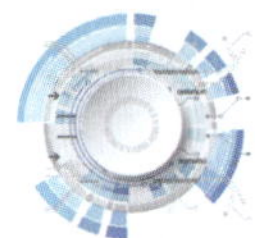

任务引入

一辆铝质车身汽车在行驶过程中发生事故，汽车头部损伤严重，如图 5–3–1 所示，需拆检并焊接修复。

图 5–3–1　铝质车身损伤

任务分析

铝质车身汽车前部损伤严重，前纵梁等部位发生严重变形，需进行焊接修复。首先需要了解铝材料的相关知识和铝质车身修复应具备的条件，掌握车身铝件的损坏形式和校正方法，才能熟练进行车身铝件的焊修。

相关知识

近年来，随着汽车工业的不断发展，人们对汽车轻量化和环保性的要求越来越高，有“轻金属”之称的铝金属，由于其具有质轻、耐磨、耐腐蚀、弹性好、比刚度和比强度高、抗冲击性能优良、加工成型性好、再生性高等优点，成为了汽车轻量化的首选材料，铝合金车身汽车也因其节能低耗、安全舒适及相对载重能力强等优点而备受关注。

一、铝的特性及其合金的应用

1. 铝的特性

铝具有质轻、耐腐蚀、比强度高、导电性好、导热性好等特性。

（1）铝是银白色轻金属，密度较小，约为 2.7 g/cm^3，具有良好的延展性。

（2）铝的导电性好，仅次于银、铜和金，虽然它的导电率只有铜的 2/3，但密度只有铜的 1/3，所以输送等量的电，铝线的质量只有铜线的一半。

（3）铝是热的良导体，它的导热能力比铁大 3 倍，工业上可用铝制造各种热交换器、散热材料和炊具等。

（4）铝具有极强的抗大气腐蚀能力，因为在空气中铝的表面会生成致密的氧化膜，但铝不耐酸、碱、盐的腐蚀。

（5）铝是非磁性、无火花材料。

（6）铝的塑性好，比强度高，可通过冷变形提高其强度和硬度。

2. 铝合金在汽车上的应用

用于汽车车身板材的铝合金主要有 Al–Cu–Mg（2000 系）、Al–Mg（5000 系）和 Al–Mg–Si（6000 系）三种，其中 6000 系合金铝由于其可塑性好、强度高而成为许多汽车生产厂商的首选新型车身材料。例如，欧洲的汽车生产厂商一般使用成型性能较好的 6016 铝合金作为主要的车身板材，而美国的汽车生产厂商则多使用具有足够强度的 6111 铝合金作为主要的车身板材。

对于车身的不同部位、不同构件，所使用铝材的合金成分、种类和热处理工艺也不相同。如车辆的保险杠骨架、加强梁、侧防撞梁等部件使用的铝材应具有足够的强度和韧性，在发生碰撞时要有良好的吸能特性（比钢板增加 50% 左右）；车辆传动系统使用的铝材，不但要具有足够的强度和韧性，同时还要具备良好的导热能力。

二、铝质车身的修复

1. 铝质车身与传统钢质车身修复的区别

由于铝的熔点较低、可修复性较差，因此铝质车身的修复与传统钢质车身的修复有很大的区别。维修人员不仅要对铝材的特性非常了解，还要对铝质车身的修复工艺、连接方式与接口形式、粘结剂与铆接工具等了如指掌，同时要熟练使用铝质车身专用的修复工具。

2. 铝质车身修复应具备的条件

（1）独立的维修空间和防爆吸尘系统

铝质板材在打磨过程中会产生很多铝粉，吸入铝粉对人体有害，而且铝粉在空气中易燃、易爆，因此在维修铝质车身时要设置独立的维修空间并配备防爆、集尘、吸尘系统，以保障车身修复操作的安全，如图 5–3–2 所示。

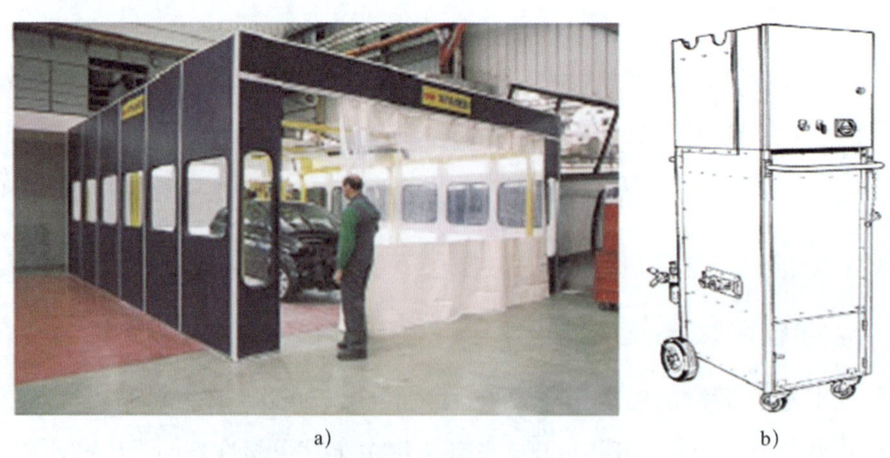

a）　　　　b）

图 5–3–2　独立的维修空间和防爆、集尘、吸尘系统

a）独立的维修车间　b）防爆、集尘、吸尘系统

（2）铝质车身修复专用设备和工具

在进行铝质车身修复时，带有定位夹具的校正仪是重要的维修设备之一，如图 5–3–3 所示。铝质部件的连接方式与钢质部件有很大区别，钢质车身的接缝处一般采用焊接方式连接，而铝质车身的连接处多采用粘接或粘接、铆接共用的连接方式，铆接用到的铆枪和铆钉如图 5–3–4 所示。粘接时，由于粘结剂固化时间长，如果不对更换的部件进行定位，修复后的车身就很难恢复原技术尺寸，因此带有定位夹具的校正仪十分重要。当校正仪没有专用定位夹具时，使用辅助夹具或通用夹具固定也是一种比较有效的方法。

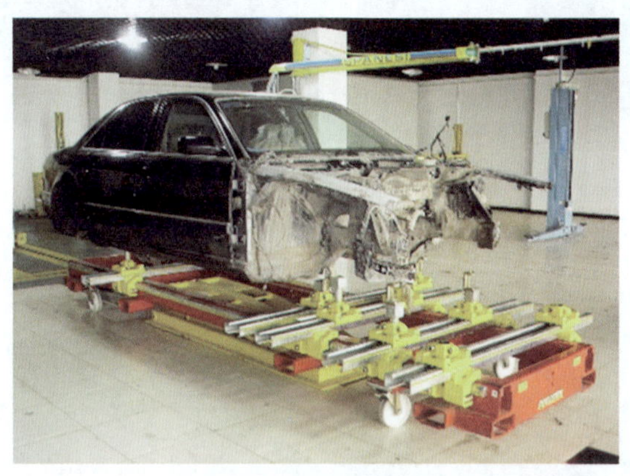

图 5–3–3　校正仪

a）

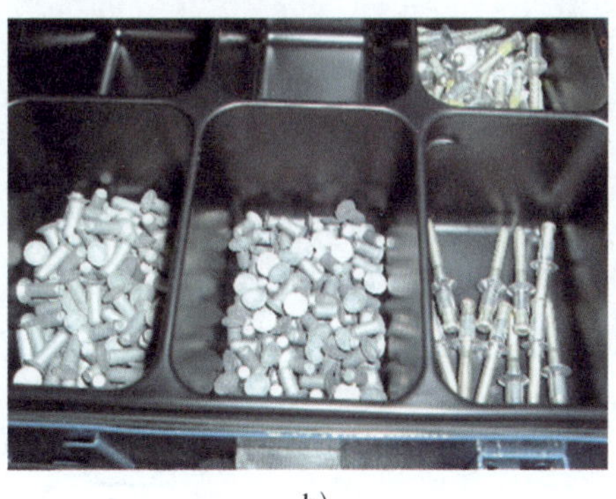

b）

图 5–3–4　铆枪和铆钉

a）铝铆枪　b）铝铆钉

除了带有定位夹具的校正仪外，铝质车身的修复还需要专用的气体保护焊机、铝整形机、强力铆钉枪、铆钉取出器等设备和工具，如图 5–3–5 所示。在修复过程中，一定要注意工具应单独摆放，不能与修复钢质车身的工具放在一起。修复钢质车身的工具上会残留有钢铁碎屑，如用其修复铝质车身，钢铁碎屑会对铝质车身造成腐蚀。

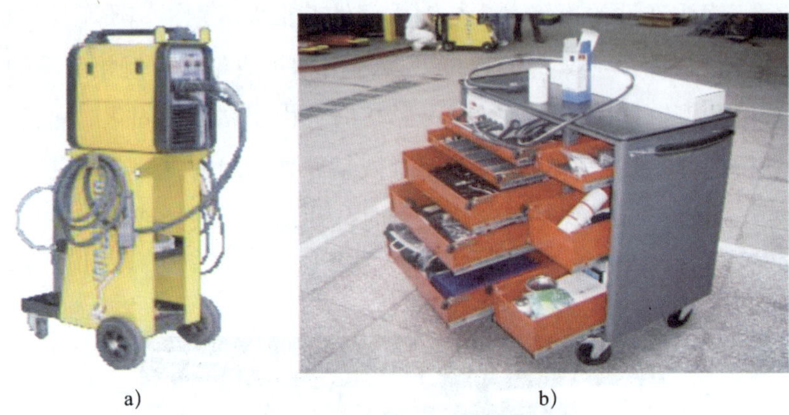

a)　　b)

图 5-3-5　专用维修设备和工具

a）气体保护焊机　b）专用维修工具

任务实施

一、铝板的校正

铝板的强度较低，不能使用常规钢板的整形工具对其进行校正。一般使用表面是橡胶或木制的锤子和垫铁来进行维修，可以防止铝板因敲击过重而过度拉伸。

建议采用锤子不在垫铁上的敲击方法来校正铝板，如图 5-3-6a 所示。为了降低隆起处的高度而将锤子在垫铁上敲击时，必须注意不要加重损坏的程度，如图 5-3-6b 所示。

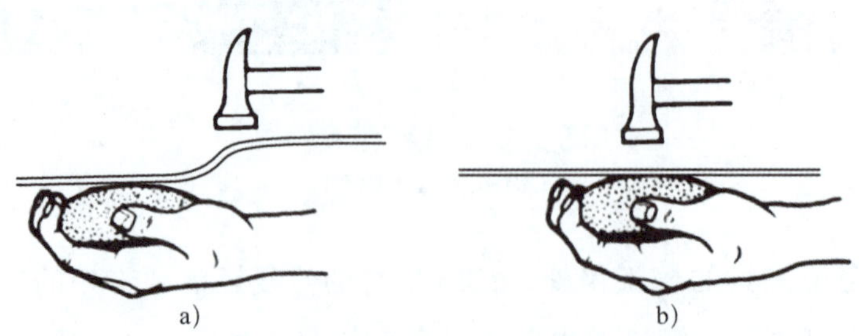

a)　　b)

图 5-3-6　敲击示意图

a）锤子不在垫铁上敲击　b）锤子在垫铁上敲击

敲击时，如果锤击太重或次数太多都会拉伸铝板，所以应该多次轻敲，而不能只是重敲 1～2 次。收缩锤不可用于铝板，以免使铝板开裂。裸露的铝板表面不可涂敷填充剂或油灰，第一次使用前应先涂环氧树脂底漆。也不能使用铅性填充剂，因为铅会降低铝的耐腐蚀性。

1. 铝板凹陷的撬起

对于铝板上出现的小范围凹陷，用尖锤或杠杆撬起的效果很好。但是不能使凹陷处升高太多，也不能拉伸柔软的铝。

2. 铝板凸起的敲击

当铝板上出现凸起时，可以使用锤子和修平刀对其进行弹性敲击，从而释放隆起处的应力。修平刀可以将敲击产生的力分散到一个较大的范围，使坚硬的折损处弯曲的可能性减小。

3. 铝板的锉平

由于铝很柔软，因此应使用圆形边缘的车身锉对其进行修整，以免擦伤金属，同时应减轻施加在车身锉上的压力。

4. 铝板的打磨

对铝板进行打磨时，要防止高速砂轮机上粗糙的砂轮烧穿柔软的铝，还要防止打磨过程中产生的热量使铝板弯曲。打磨时要特别注意只能将面涂层和底涂层去掉，不可切割到金属。打磨 2～3 次后，应用一块湿布使金属冷却。对于小范围和薄边的打磨，应使用双向砂轮机或电动抛光机，转速应低于 2 500 r/min。建议使用 800 目或 1000 目砂纸或柔软、能变形的砂轮垫块。

5. 铝板的收缩

对铝板进行拉伸或敲击时，容易因用力过大形成隆起变形，这时就需要对变形的板件进行收缩处理，恢复板件高度。铝板的强度低、熔点低，加热温度不能过高，否则会使板件产生更大的变形，导致修复失败。

二、铝件的修复

1. 用铝板外形修复机修复铝板的凹陷

铝板外形修复机与钢板外形修复机的修复原理相同，也是在板件上焊接焊钉，然后通过焊钉对铝板进行拉伸，以达到修复效果。铝板外形修复机如图 5–3–7 所示。

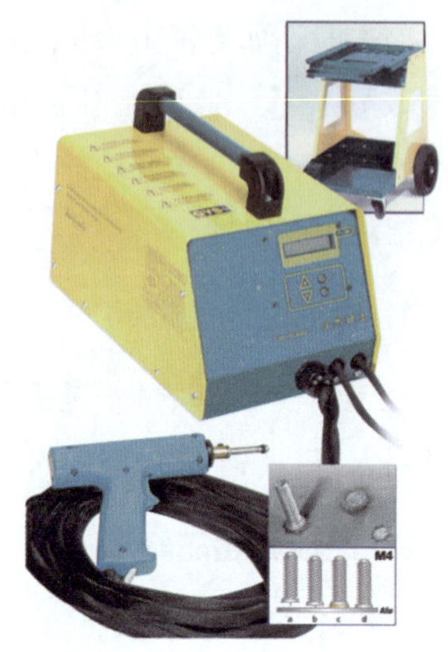
图 5–3–7　铝板外形修复机

铝板外形修复机和钢板外形修复机的结构不同，钢板外形修复机内部有线圈变压器，通过线圈变压器获得低电压、大电流，然后利用垫圈与板件接触通电产生的电阻热熔化钢板，使其焊接在一起。铝板外形修复机内部没有线圈变压器，而是有十几个大容量的电容，通过所有电容瞬间放电产生的热量完成焊接。

使用铝板外形修复机对铝件进行修复的过程中需要使用铝焊钉，铝焊钉如图 5–3–8 所示，其头部有一个小尖与板件接触，接触面积小，电阻大，产生的热量多，容易焊接。如果铝焊钉没有尖头就不能使用，所以铝焊钉是一次性用品，不能重复使用。

2. 使用铝板外形修复机的修复步骤

（1）将铝件表面的氧化层清除干净，如图 5–3–9 所示，否则会导致焊接不牢固。

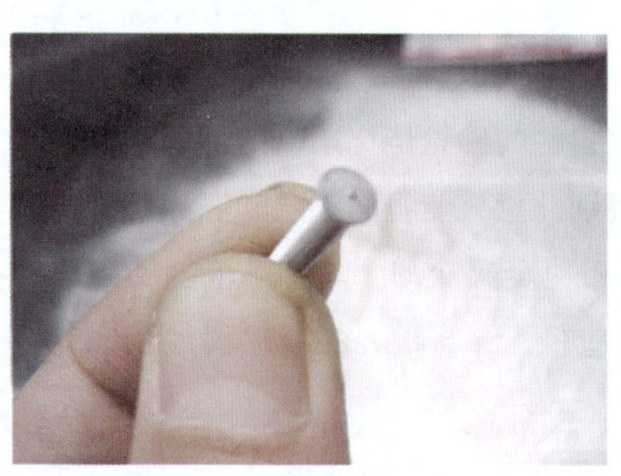
图 5–3–8　铝焊钉

图 5–3–9　清除铝件的氧化层

（2）把铝焊钉安装在焊机上，如图 5–3–10 所示。接通铝焊机的电源，将电流调整至合适的大小。

图 5–3–10　安装铝焊钉

（3）用适当的压力（不能太大或太小）把焊钉压在铝板上，焊钉要与铝板接触面垂直，启动焊机，焊钉通电后会焊接在铝板上，如图 5–3–11 所示。

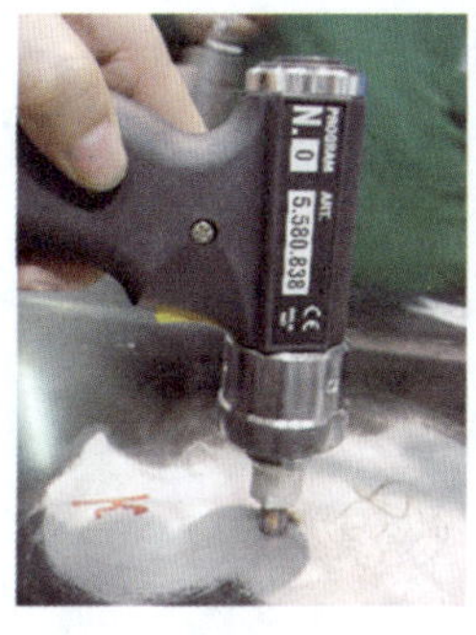

图 5-3-11　焊钉焊接

（4）把拉伸连接件拧到焊钉的螺纹上。通过拉伸连接件对铝板凹陷处进行修复，注意拉伸动作要轻柔，力量要逐渐加大，防止局部变形过大。拉伸的同时可以使用钣金锤对拉伸部位进行敲击整形，如图 5-3-12 所示。

（5）拉伸完毕后，用尖嘴钳清除焊接在铝板表面的焊钉，如图 5-3-13 所示。

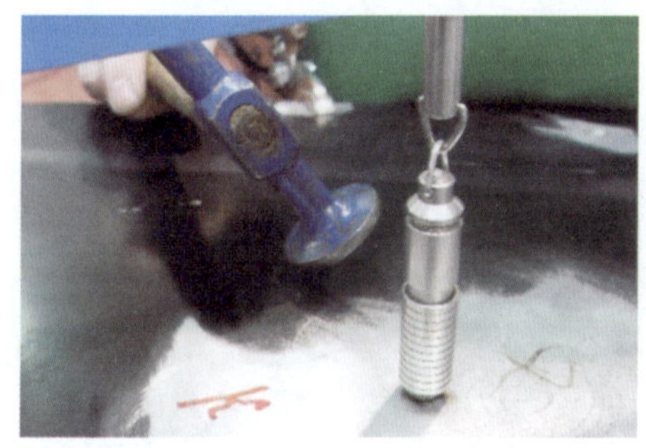

图 5-3-12　拉伸操作

图 5-3-13　清除焊钉

（6）将焊接部位用锉刀或打磨机打磨平整，如图 5-3-14 所示。无须对铝板进行防腐处理，因为铝板表面会形成致密的氧化膜，可以阻止金属进一步氧化。

图 5-3-14　打磨焊接部位

思考与练习

1. 简述铝的特性。
2. 简述使用铝板外形修复机对铝板进行修复的步骤。

项目六

车身测量与校正

任务1　车身的测量

学习目标

◆ 了解车身测量的基准。

◆ 掌握车身测量的方法。

◆ 掌握车身尺寸的测量要求。

◆ 能够进行车身图纸的识读。

◆ 能够熟练进行车身的测量（如用米桥式机械测量法和超声波电子测量法进行测量）。

任务引入

一辆本田汽车在公路上与一辆红旗汽车发生碰撞，本田汽车车身损伤严重，车头大面积损坏；红旗汽车左后车轮损伤，车身被撞后整车原地旋转 90°，两车碰撞后的损伤情况如图 6-1-1 所示。修车前需要先对被撞汽车的车身进行测量，检查其损伤情况，然后再制定维修方案。本任务要求对汽车车身进行测量。

a)

b)

图 6-1-1 车身损伤情况
a）本田汽车车头损坏 b）红旗汽车左后车轮损伤

任务分析

车身测量是汽车钣金维修过程中的一个必要程序，小到用常用测量工具测量，大到用专业的测量设备和软件进行测量，均对汽车钣金维修有重要作用。汽车维修过程中可以采用先进的设备进行车身测量，例如，米桥式机械测量法和超声波电子测量法都可以通过仪器快速、便捷地测量受损车身各个基准点的数据，再将测量到的数据与原车基准数据进行比较，从而判断车身的损坏情况。此外，车身测量工具还可以在车身拉伸校对过程中提供实时测量数据。本任务要对受损的汽车车身进行测量，因此必须掌握汽车车身测量基准、车身测量方法、车身图纸识读等方面的知识。

相关知识

一、车身测量的基准

生活中使用直尺测量数据时，要有一个零点作为测量的起始点。同样，车身测量也必须先确定长度、宽度和高度的零点，即测量基准。车身测量的基准主要以基准面、中心面和零平面为参考，如图 6-1-2 所示。

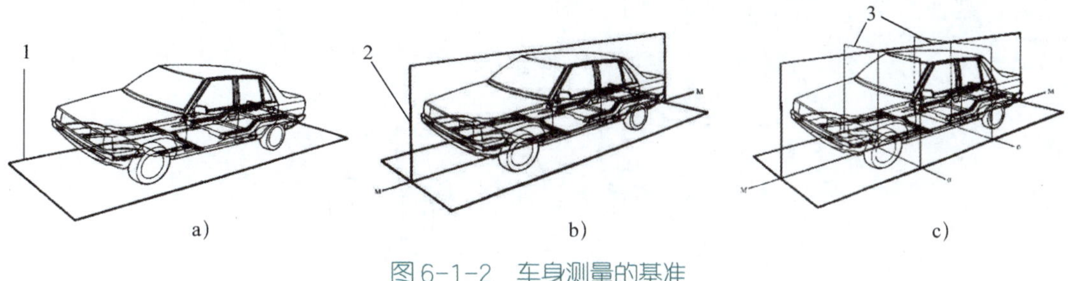

图 6-1-2 车身测量的基准

a）基准面 b）中心面 c）零平面

1. 基准面

基准面是一个假想的平滑表面，它与车身底板平行并与其有一定的距离，如图 6-1-2a 所示，汽车的高度尺寸数据就是以基准面为参考测量得到的。

由于基准面是一个假想表面，基准高度可相应增加或减小以使测量读数更方便。在实际测量的过程中，只要找到一个与车身底板平行的平面作为基准面，读取高度数值时将测量值与标准值相减即可。

2. 中心面

中心面将汽车分成左右对称的两大部分，是三维测量的宽度基准，如图 6-1-2b 所示，汽车的所有宽度尺寸都是以中心面为基准测得的。大部分汽车是左右对称的，即汽车右侧尺寸与左侧对应部分的尺寸是完全相等的。

如果汽车不对称，那么左侧和右侧的尺寸不同，要用车身数据图对其进行校正。

3. 零平面

为了正确分析汽车的损坏情况，通常将汽车看作一个长方体并将其分成前部、中部、后部三部分，三部分的基准面称为零平面，如图 6-1-2c 所示。在实际测量中，零平面也称为零点，是长度尺寸数据测量的基准。

二、车身测量的方法

1. 用常规工具进行测量

在修理厂，有经验的钣金维修员工最常用的基本测量工具是钢直尺和钢卷尺，它们可以测量两个测量孔之间的距离。因为钢卷尺的前端突出部位较宽，而孔径可能较小，为了测量方便并使测量结果更为准确，钣金维修员工通常会对钢卷尺的前端进行加工（在不具备标准测量工具的情况下），如图 6-1-3 所示。如果两个测量孔之间有障碍，这种测量方式测得的结果会不准确，这时就需要使用专用测量工具或设备进行测量。

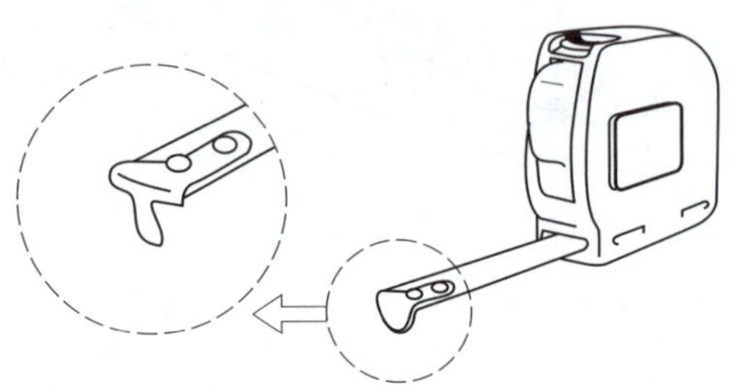

图 6-1-3 对钢卷尺前端的加工

2. 用量规进行测量

常用的量规主要有轨道式量规、中心量规和麦弗逊撑杆式中心量规等，它们既可以单独使用，也可以相互配合使用。轨道式量规多用于测量孔与孔之间的距离，中心量规可以用来检验部件是否发生了错位，麦弗逊撑杆式中心量规可以检验麦弗逊悬架支座（减振器支座）是否发生了错位。

（1）轨道式量规

轨道式量规如图 6–1–4 所示。在修理车身时，必须用轨道式量规对关键控制点反复进行测定并记录，以监测修理进度，防止过度拉伸。对车身上部的测量可以大量使用轨道式量规来进行，尤其是对于一些小的碰撞损伤，用轨道式量规测量既快速又有效。轨道式量规也可以对车身下部和车身侧面尺寸进行测量。

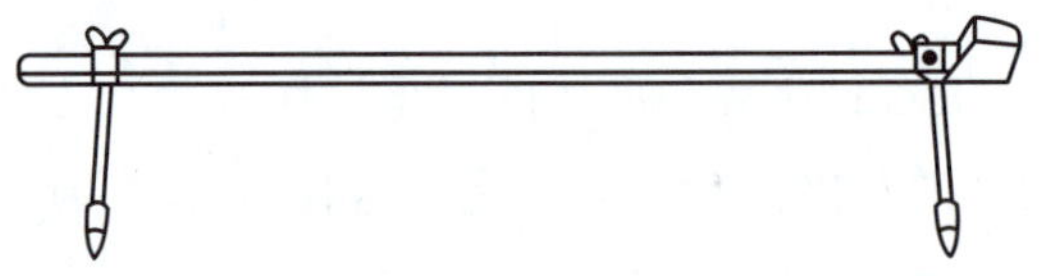

图 6-1-4 轨道式量规

车身上的大多数控制点是孔或洞，测量尺寸则是两孔（洞）中心的距离，即点对点测量。用轨道式量规对控制点进行测量如图 6–1–5 所示，测量孔的直径一般比轨道式量规锥头的直径要小，测量头的锥头起自定心的作用。如果测量孔直径大于测量头直径，为了使轨道式量规进行精确的测量，在两测量孔直径相等的情况下，需要采用同缘测量法，如图 6–1–6 所示，这是因为两个孔中心的距离 a 等于两个孔同侧边缘的距离 b。如果两个测量孔的直径不同，甚至不是同一类型的孔，如圆孔、方孔或椭圆孔等，要测出这些孔中心的距离，就要先测出两孔内缘间距离，再测得两孔外缘间距离，然后将两次测量结果相加再除以 2 即可得到两孔中心的距离。也就是说，当测量孔的直径不相等时，两孔内缘和外缘距离的平均值与两孔中心的距离是相同的。

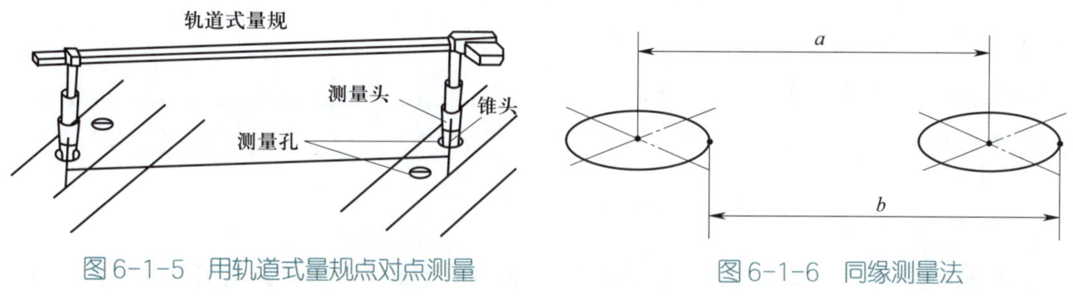

图 6-1-5　用轨道式量规点对点测量

图 6-1-6　同缘测量法

（2）中心量规

中心量规中最常用的是自定心量规，如图 6-1-7 所示，它不能测量实际尺寸，但能够检验车身是否发生变形。在汽车上安装自定心量规时可以选择不同的位置，量规上装有两个由里向外滑动时总保持平行的横臂，横臂可使量规在汽车不同的测量孔上安装。将量规（通常为 3 个或 4 个）悬挂在汽车车身上后，各量规应是互相平行的，且中心应在一条直线上，否则说明车身已经发生了变形。

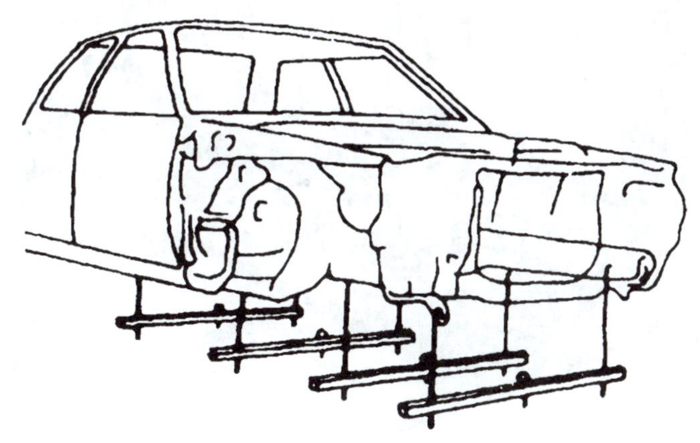

图 6-1-7　自定心量规

（3）麦弗逊撑杆式中心量规

麦弗逊撑杆式中心量规可以检测出减振器支座或车身上部部件相对于中心面的不对中情况，如图 6-1-8 所示。麦弗逊撑杆式中心量规有一根上横梁和一根下横梁。下横梁上有一个中心销，上横梁上有两个测量指针，测量指针的作用是将量规安装到减振器支座或上部车身上。上横梁一般是从中心向外进行标定。另外，麦弗逊撑杆式中心量规还可以用来检测散热器支架、B柱、前车身与中车身的交界处和后侧围板等部件的不对中情况。

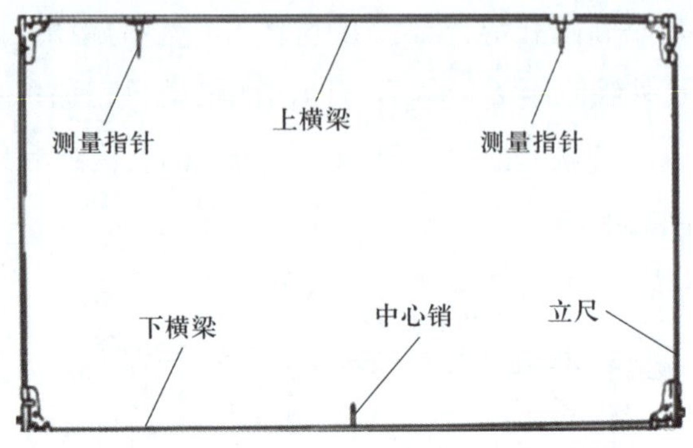

图 6-1-8　麦弗逊撑杆式中心量规

3. 用机械测量系统进行测量

机械测量系统不仅能同时测量所有基准点，而且能使一部分测量更容易、更精确。在测量时，只需将机械测量系统围绕车辆进行移动，既能检查车辆上所有的基准点，又能快速、准确地确定车辆上每个基准点的位置。常见的机械测量系统有门式通用测量系统、米桥式通用测量系统等，其中米桥式通用测量系统如图 6–1–9 所示。

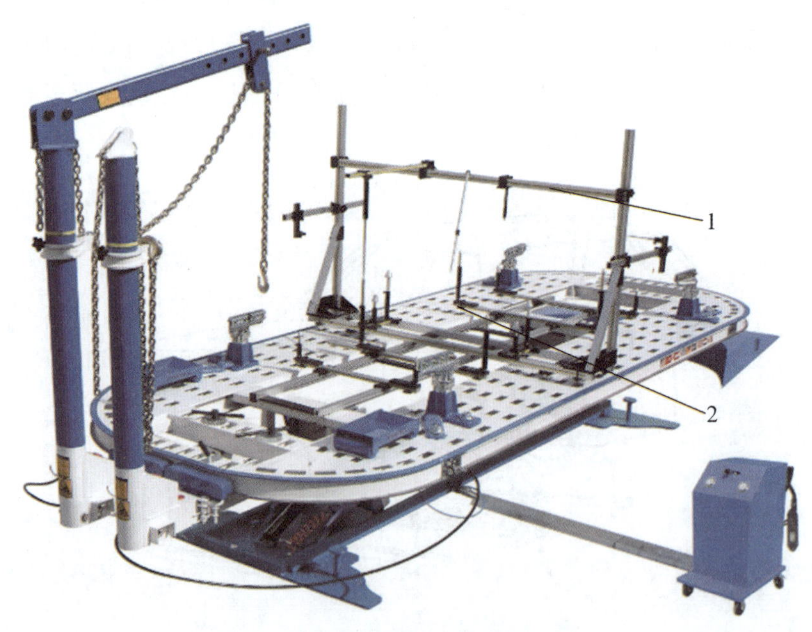

图 6-1-9　米桥式通用测量系统

1—测量组尺　2—长梯

在开始测量工作前，要做好以下准备工作：

（1）拆卸车身所有损坏的机械部件和车身覆盖件。

（2）如果车身损坏非常严重，则应先对车辆的中部和基础部分进行粗略的校正，将中部基准点相关数据恢复到标准数值范围内。

（3）如果某些机械部件不需要拆除，那么要对这些部件进行必要的支撑保护。

测量时，首先要建立起车辆和测量系统的基准，在测量桥或测量架上安装好横尺，将测量头安装到横尺上，就可以同时测量受损车辆上多个基准点的数据。

在实际测量过程中，首先用测量头测量各基准点。通过将各基准点的实际测量数据与标准数据进行比较，就能确定各个基准点所处的位置是否发生了变形。如果车身基准点的实际测量数据与标准数据之间的差值超过 ±3 mm，就必须先对基准点进行校正。

测量并校正好基准点后，就可以用测量头测量车身其他测量点的数据，通过与对应的标准数据进行对比，判定车身部件是否已经发生了变形，判断校正工作是否准确或者新更换的车身部件定位是否正确。

值得注意的是，被测量的各汽车部件通常是铝合金材料，所以测量过程中应轻拿轻放，避免损坏部件。

4. 用车身电子测量系统进行测量

目前，应用最广泛的车身电子测量系统是超声波测量系统，如图 6-1-10 所示。它的测量精度高、测量速度快，操作方便、高效。

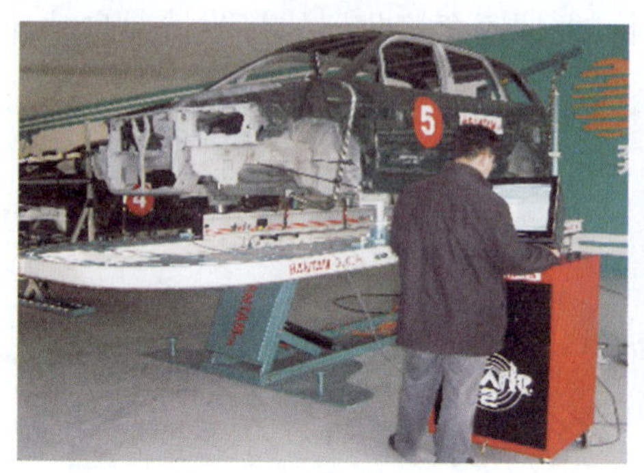

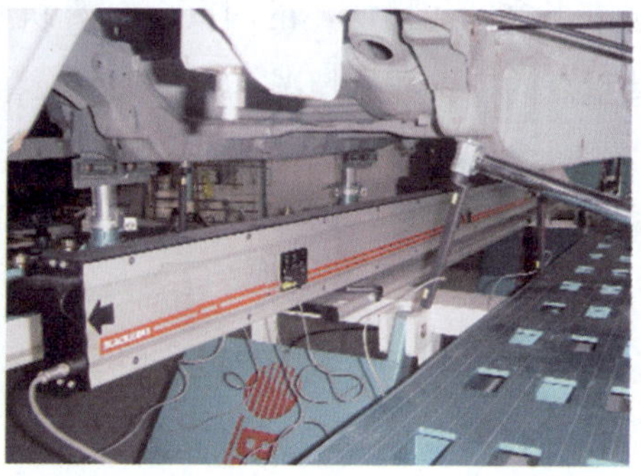

图 6-1-10 超声波测量系统

超声波测量系统主要由超声波发射器、控制柜（包括计算机，也称主机）、各种测量接杆及各种测量头等组成，如图 6-1-11 所示。

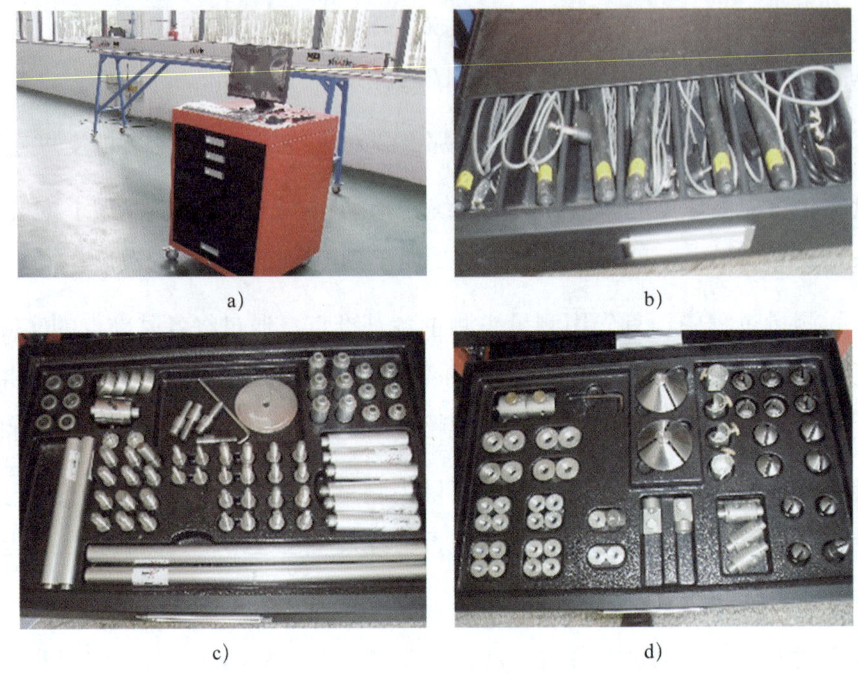

图 6-1-11　超声波测量系统附件

a）控制柜　b）超声波发射器　c）各种测量接杆　d）各种测量头

超声波发射器有上、下两个发声源同时发射超声波。将测量头及测量接杆等安装到车身某一部件的测量点上，超声波发射器发射超声波，由于声音是等速传播，装置在测量横梁上的上、下两排的 48 个超声波接收器就能够快速、精确地测量出超声波在不同基准点之间传播所用的时间，计算机则可根据每个接收器的接收情况自动计算出每个测量点的三维数据情况。

三、车身尺寸的测量要求

1. 车身前部尺寸的测量

车身前部受损后，必须对发动机罩及前端部件进行修复或更换，修复过程中和装配完成后必须对车身进行测量。即使是车身的前右侧受到碰撞，左侧也会受到关联损伤或牵拉变形，因此也需要在维修之前进行测量检验。图 6-1-12 所示为典型的前部车身的测量控制点，通过对照厂家

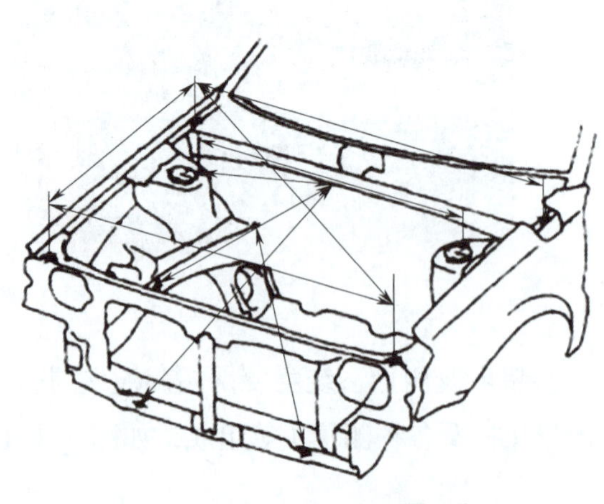

图 6-1-12　前部车身测量控制点

推荐的标准车身尺寸表，即可对碰撞部位的变形程度加以检验。

汽车前端的尺寸大多采用轨道式量规和钢卷尺进行测量，选择的测量点必须符合手册中规定的要求。采用轨道式量规测量的最佳位置应是悬架及机械装置上的安装点，因为它们对中的准确与否很关键。通常，测量的尺寸越长，测量准确度就越高。

2. 车身侧面尺寸的测量

车身侧面损伤可以通过车门开关时的状态或通过检验车门与门框周边缝隙的均匀与否来确定。利用车身的左右对称性进行对角线测量，可检测出车身侧边和门框的变形情况，如图 6-1-13 所示。注意在检测汽车两侧受损或扭转情况时，不能使用对角线测量法。

3. 车身后部尺寸的测量

车身后部发生碰撞后是否变形可通过行李舱门开关时的状况来判断。为了确定损坏情况，必须对图 6-1-14 所示的测量点进行精确测量。另外，后部地板上的皱褶通常是由后部部件的变形导致的，因此，测量后部车身时要结合车身底部的尺寸一起测量，这样可为修复工作提供有效的测量依据。

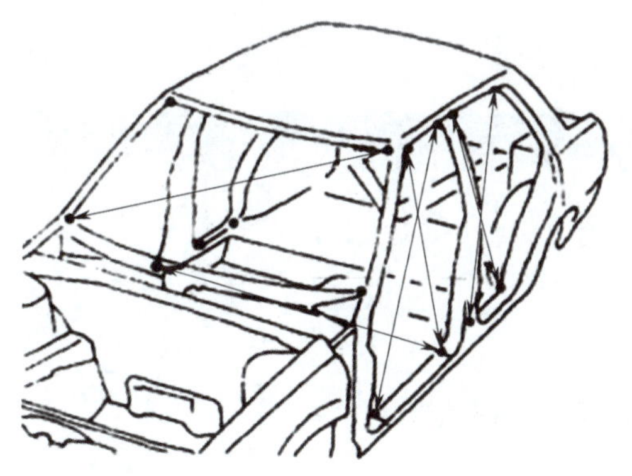

图 6-1-13 车身侧面尺寸的测量

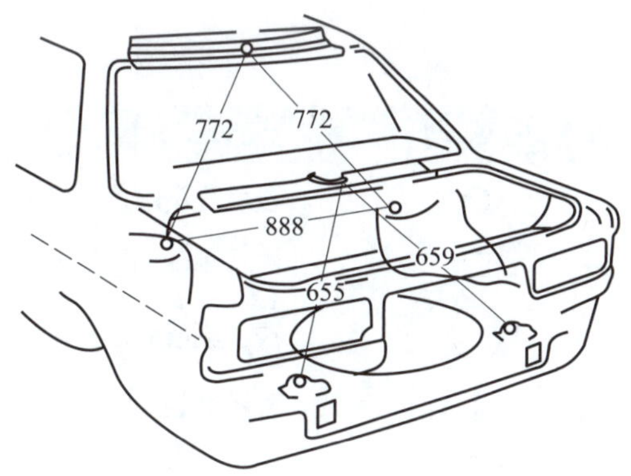

图 6-1-14 车身后部尺寸的测量

四、车身图纸的识读

各汽车公司生产的汽车都配有车身数据，不同的公司和厂家提供的数据格式可能不同，但要表达的基本内容是一致的，都要提供车身主要结构件、板件（车门、发动机罩、行李舱门、翼子板等）的安装位置以及机械装置（发动机、悬架、转向系统等）的安装尺寸。广州本田雅阁的车身数据图如图 6-1-15 所示。

广州本田 雅阁 2003

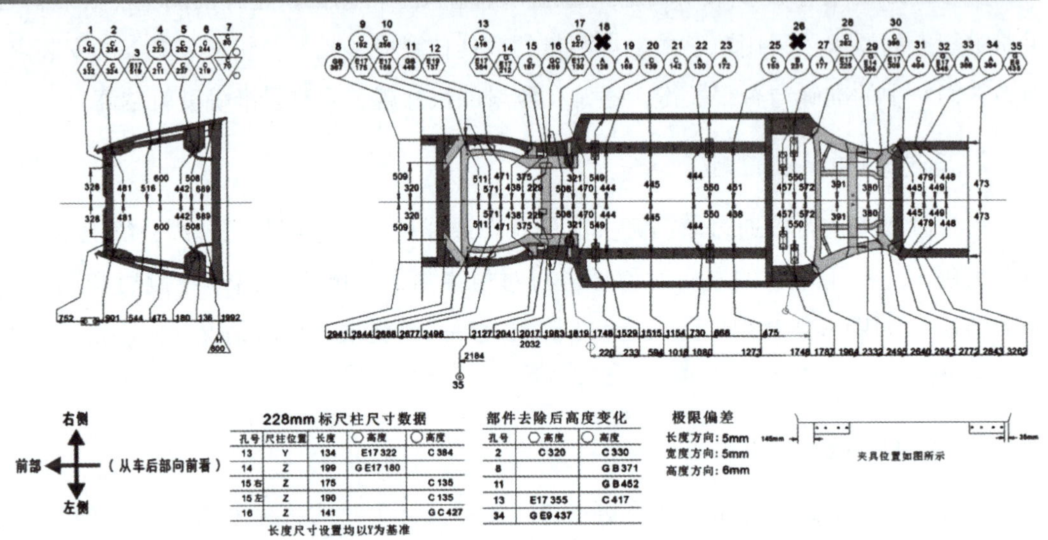

图 6-1-15　广州本田雅阁车身数据图

1. 符号标志

车身符号说明见表 6-1-1。

表 6-1-1　　车身符号说明

符号	说明
○	表示测量点是一个孔
□	表示测量部件的表面
⬡	表示测量点是一个螺栓
A、B、C、D、E	表示测量时测量头的型号，数字表示高度数值
GA 382（圆形）	表示测量点是孔，选用 G 测量头、A 测量头，高度的标准数据为 382 mm
E17 151（六边形）	表示测量点是螺栓，选用 E17 套筒，高度的标准数据为 151 mm
F 302（方形）	表示测量点是使用“F”块测量的一个边缘，垂直标尺固定器的长度标准数据为 302 mm
C 524（菱形）	表示测量车顶的一个外边缘，使用 C 测量头，垂直标尺固定器的长度标准数据为 524 mm

续表

符号	说明
460 →	表示上部车身量规块的高度是 460 mm，箭头指向上部车身量规延伸方向
(UP92)	表示使用不对称垂直标尺固定器，标尺朝上（UP 表示标尺朝上，DN 表示标尺朝下），在标尺固定器的上表面读数为 92 mm（UP 表示读上表面的尺寸，DN 表示读下表面的尺寸）
457	表示测量超过中心线杆长度的测量点，标尺筒固定在垂直固定器的外孔，读取内孔的数值为 457 mm
1915 H 770	表示在垂直三脚架上的横梁固定块的上表面垂直尺寸为 770 mm，从后基准点到短梯子左侧导轨描绘线处的长度为 1 915 mm
C 79	表示使用上标尺柱、C 测量头，从上向下穿过横梁的上标尺导块孔，至下面测量点，在上标尺导块上表面的读数为 79 mm，即测量点的高度为 79 mm；如果箭头朝上，表示上标尺柱从下向上穿过导块孔，至上面的测量点
● ●—	表示测量点是螺钉

2. 识别基准

✖或■均表示基准，可分为前基准和后基准。前基准一般在驾驶区与发动机舱的交界处，后基准一般在乘客区与行李舱的交界处。基准通常都在车身最硬的、不易撞伤的部位。

3. 识读车身图纸

以图 6-1-16 所示的广州本田雅阁汽车车身尺寸图为例，进行车身图纸的识读。

（1）确定基准

先在车身尺寸图中确定基准。

（2）读取长度方向测量值

以图 6-1-17 中的前基准和后基准为标准进行读数，注意标注尺寸时箭头的方向，如 18 号点（画圆圈处）的长度尺寸为 1 748 mm，是以后基准为参考读出的；如果以前基准为参考，则读数为 0。

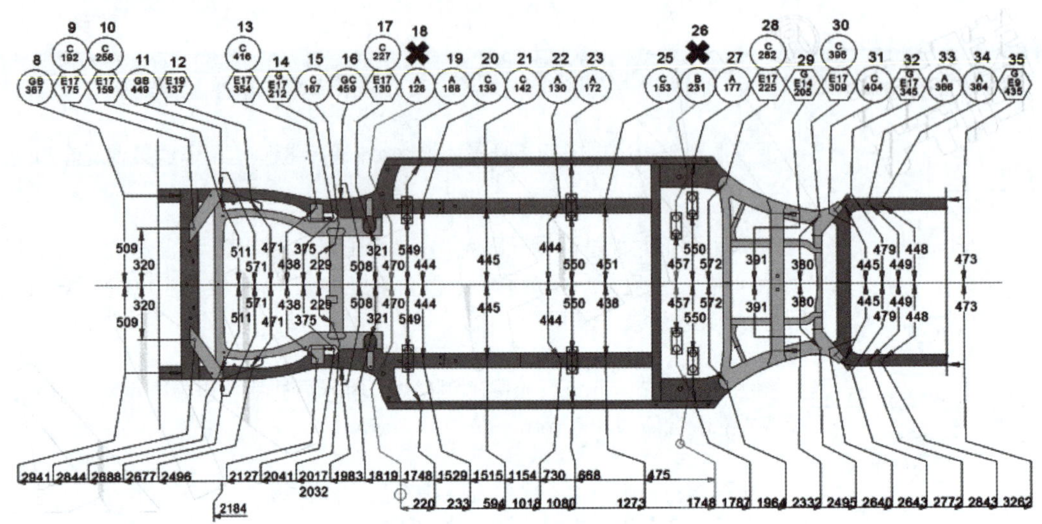

图 6-1-16　广州本田雅阁汽车车身尺寸图

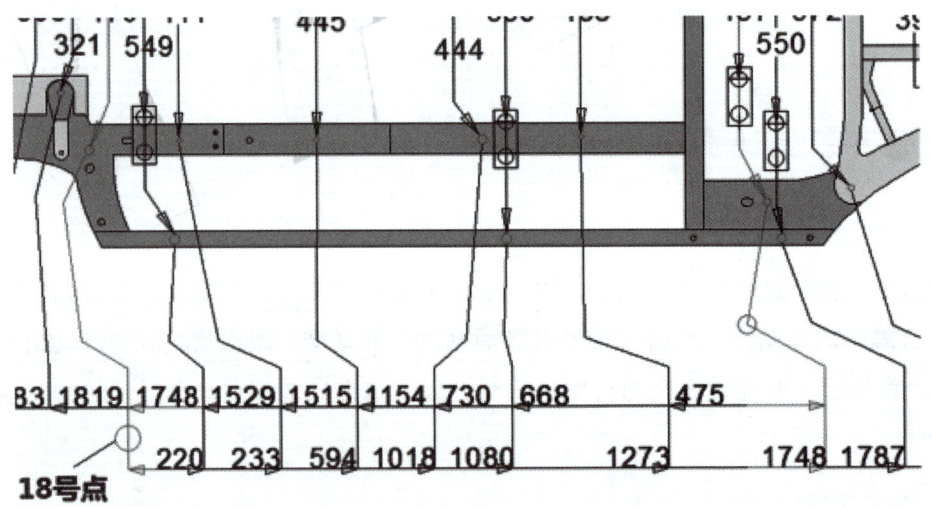

图 6-1-17　18 号点尺寸示意图

（3）读取宽度方向测量值

宽度方向的尺寸应从中心面向两边读取，由图 6-1-16 可知，19 号点的宽度尺寸为 549 mm，21 号点的宽度尺寸为 445 mm。

（4）读取高度方向测量值

高度方向的尺寸是通过不同的测量头（A、B、C、D、E）进行测量后读取的，图 6-1-16 中的 19 号点用 A 测量头测量，读数为 168 mm，21 号点则用 C 测量头测量，读数为 142 mm。

由于事故汽车车身受到撞击，车身严重变形，所以首先需要对车身进行测量，查找损伤部位，再进行损伤修复。下面分别采用米桥式机械测量和超声波电子测量的方法对汽车车身进行测量。

一、米桥式机械测量

米桥式机械测量的具体步骤如下：

1. 穿戴好个人防护用品。

2. 读取车身尺寸图纸和测量点，车身尺寸图纸如图 6-1-18 所示。

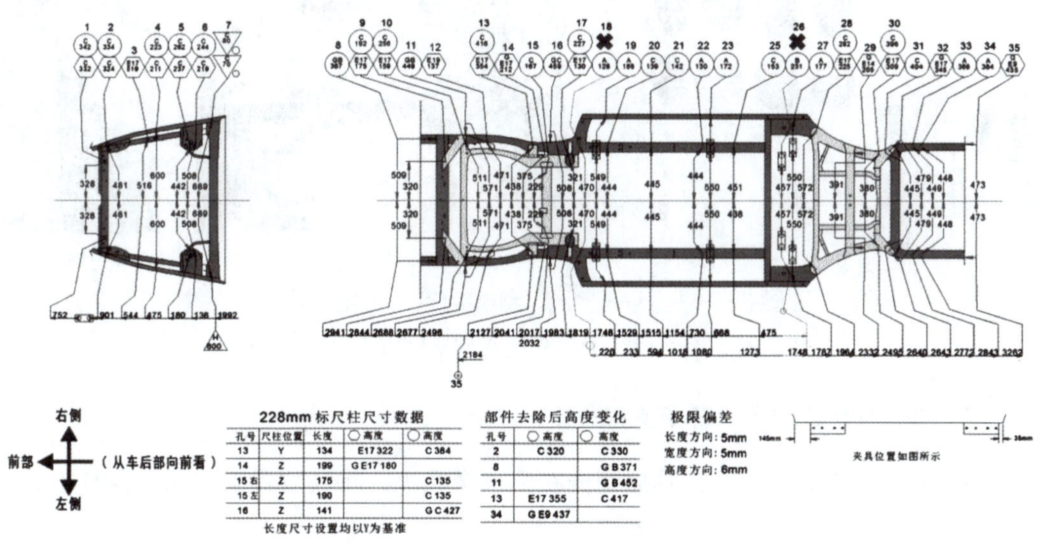

228mm 标尺柱尺寸数据

孔号	尺柱位置	长度	◯ 高度	◯ 高度
13	Y	134	E17 322	C 384
14	Z	199	G E17 180	
15 右	Z	175		C 135
15 左	Z	190		C 135
16	Z	141		G C 427

长度尺寸设置均以Y为基准

部件去除后高度变化

孔号	◯ 高度	◯ 高度
2	C 320	C 330
8		G B 371
11		G B 452
13	E17 355	C 417
34	G E9 437	

图 6-1-18　车身尺寸图纸

3. 打开测量系统通用附件，调整长梯左右、前后位置。测量系统通用附件及长梯位置如图 6-1-19 所示。

4. 组装横尺、测量接杆、滑块和测量头，如图 6-1-20 所示。

5. 定位基准。在使用米桥式通用测量系统时，需要先建立测量系统的基准，具体步骤如下：

（1）将三个梯子支撑杆分前、中、后放置于车身整形设备的平台上。

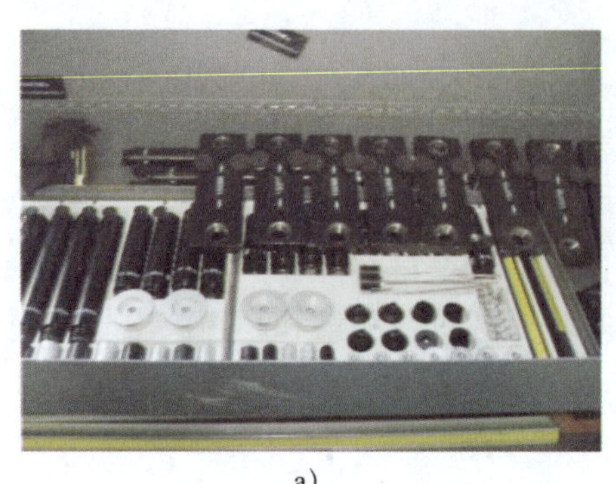

a）

b）

图 6-1-19　测量系统通用附件及长梯位置

a）测量系统通用附件　b）长梯位置

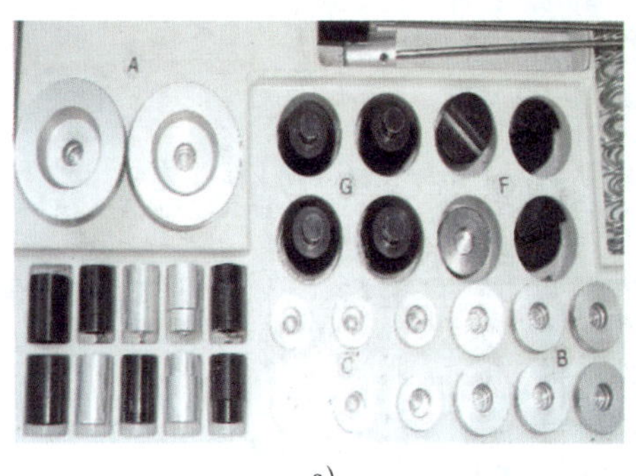

a）

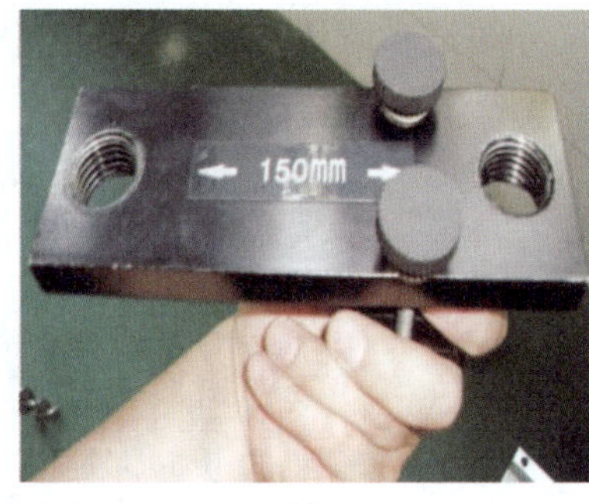

b）

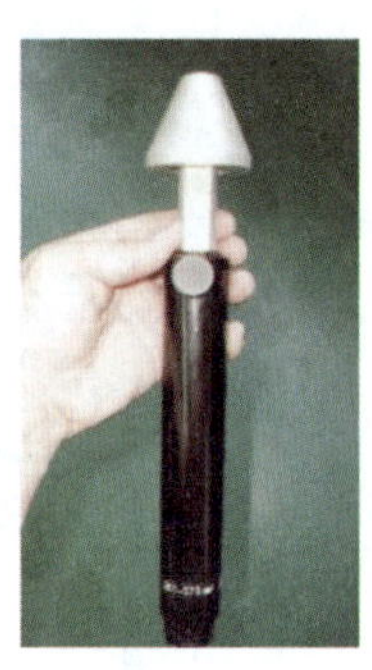

c）

图 6-1-20　组装横尺、测量接杆、滑块和测量头

a）选择测量头　b）选择滑块　c）连接测量头和测量接杆

（2）将长梯组件放置于梯子支撑杆上。

（3）取两个夹具，每个夹具插销插在第一个孔上，将其放置于中间支撑杆上，夹具中心线应与支撑杆刻度位置对齐。

（4）将两个垂直标尺固定器安装在中心线杆上，并固定于 500 mm 的中心线上，取 150 ~ 260 mm 的垂直标尺放到垂直标尺固定器上，装上 C 测量头。设置两个垂直标尺杆，其长度为 176 mm，将该中心线杆放置于中间梯子支撑杆上。

（5）将横梁放置于夹具上部，对准 C 测量头。

（6）调整支撑杆两边的螺栓，使两侧的测量头都接触到横梁底部。

（7）按上述方法再调整前、后支撑杆。

（8）调整好支撑杆后，检查梯子与支撑杆是否接触，确认接触后拧紧每一个调整螺母。

（9）将标签贴在支撑杆及其与平台接触的位置上，依次标明“1”“2”“3”。在以后每次使用测量系统时，都要将梯子支撑杆按序号安装于同一位置。

6. 测量各基准点的数据并与标准数据进行比较，如果基准点所处位置发生了变形应先将其校正。

7. 依次读取每组测量点的数据。注意测量时需将测量接杆刻度线面对自己，正视刻度并进行读数。

8. 将读取的数据记录在表 6–1–2 中。

表 6–1–2　各测量点数据记录表

测量点		长度方向测量值	宽度方向测量值	高度方向测量值
第一组点	左侧			
	右侧			
第二组点	左侧			
	右侧			
第三组点	左侧			
	右侧			
第四组点	左侧			
	右侧			
第五组点	左侧			
	右侧			
第六组点	左侧			
	右侧			

二、超声波电子测量

超声波电子测量的具体步骤如下：

1. 穿戴好个人防护用品。

2. 打开计算机，进入测量系统。

（1）单击“Shark”图标，如图 6–1–21a 所示。

（2）进入语言选择界面，选择中文系统，按 F1 键进入欢迎界面，如图 6–1–21b 所示，再按 F1 键进入系统界面，如图 6–1–21c 所示。

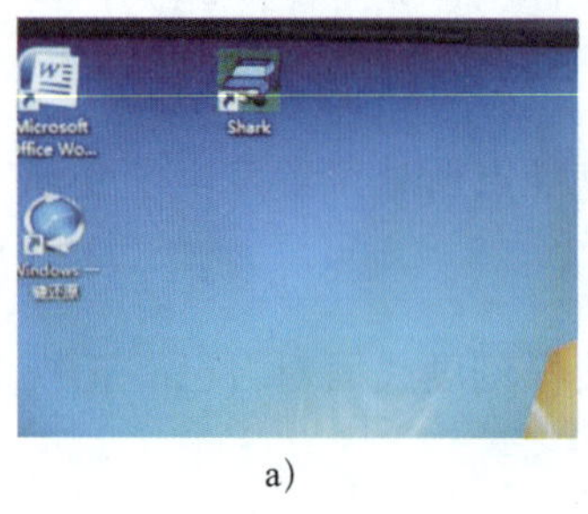
a）

b）

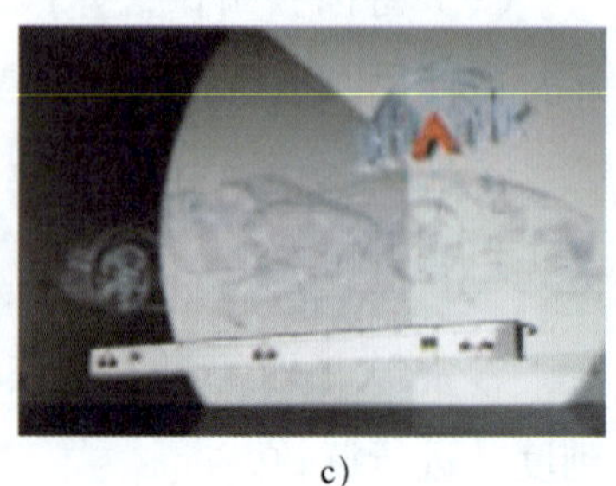
c）

图 6-1-21　进入测量系统
a）单击“Shark”图标　b）欢迎界面　c）系统界面

（3）填写客户信息，如图 6-1-22 所示，按 F1 键继续。

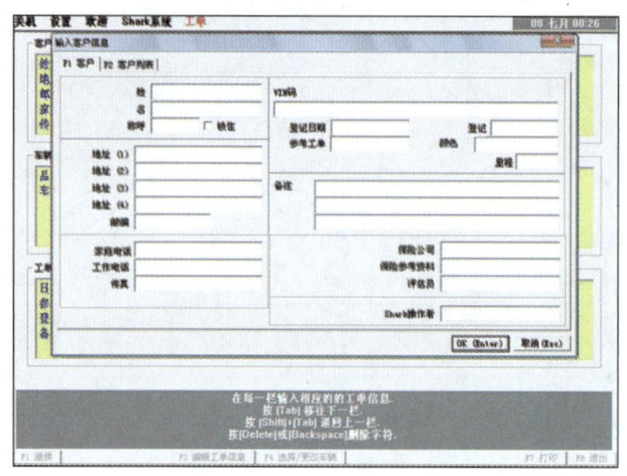

图 6-1-22　填写客户信息

（4）选择汽车品牌、车型、年代和型号，如图 6-1-23a 和图 6-1-23b 所示，按 F1 键继续。

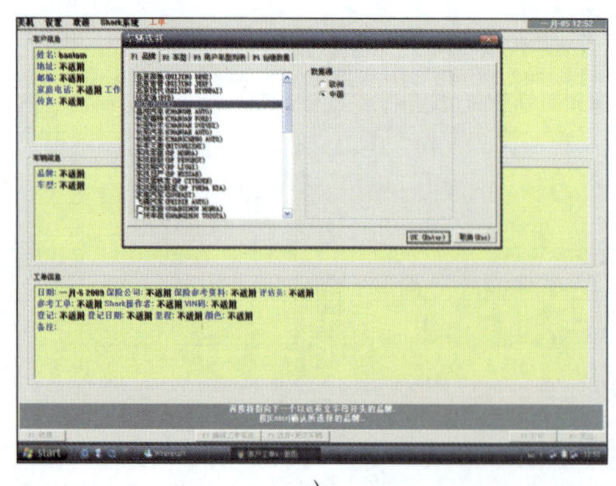
a）

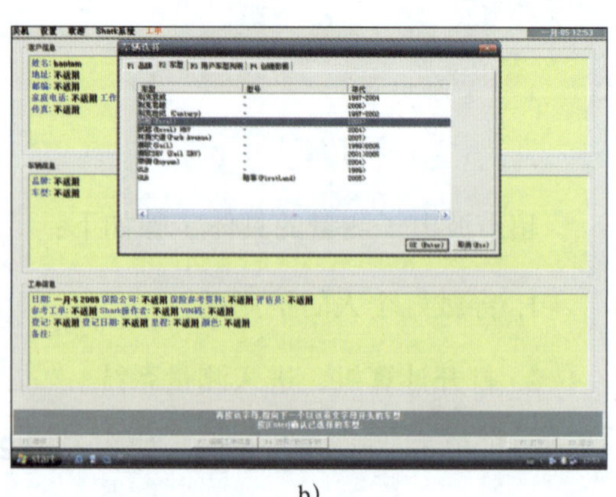
b）

图 6-1-23　选择汽车品牌、车型、年代和型号
a）选择品牌　b）选择车型、年代和型号

（5）打开车身尺寸图纸，对图纸进行识读，如图 6-1-24 所示。根据车辆受损情况单击“Page Up”和“Page Down”按钮或通过操作键盘左右箭头键选择有无悬架。按 F4 键选择横梁方向，一般要求横梁方向与车头方向一致，准备好后按 F1 键进入下一界面。

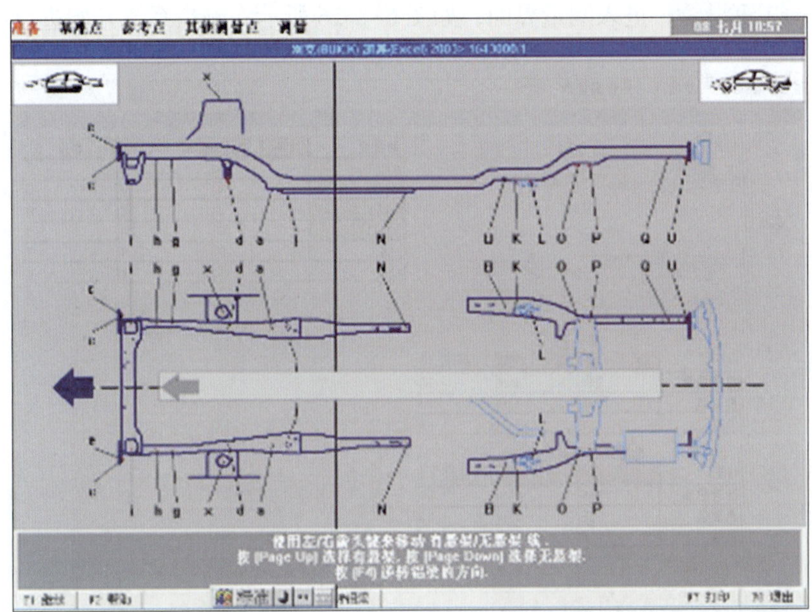

图 6-1-24　进入准备界面

3. 根据四个基准点调整测量系统和车身的基准

（1）选择 $a_{左}$、$a_{右}$、$b_{左}$和 $b_{右}$四个基准点，分别单击图纸上的字母 a 和 b，出现如图 6-1-25 所示的对话框。

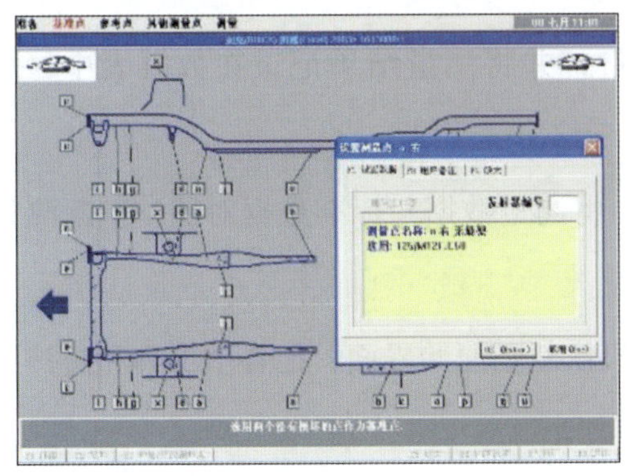

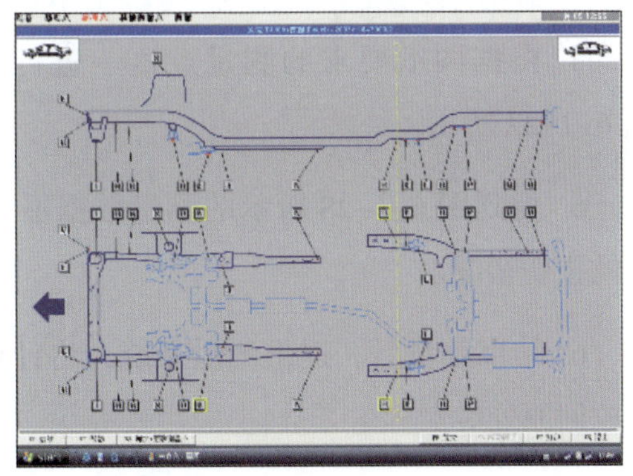

图 6-1-25　基准点的选择

在选择的四个基准点中，一般其中三个点进行数据传输，另一个点作为参考点对基准面进行验证。如基准点选择无误后，则开始对其他测量点进行测量。

（2）根据对话框附件的选用提示，在车辆相应的点上分别选择测量头和测量接杆，挂上附件及发射器。

（3）按 F1 键继续，进入测量界面，如图 6-1-26 所示，测量系统开始进行数据传输。

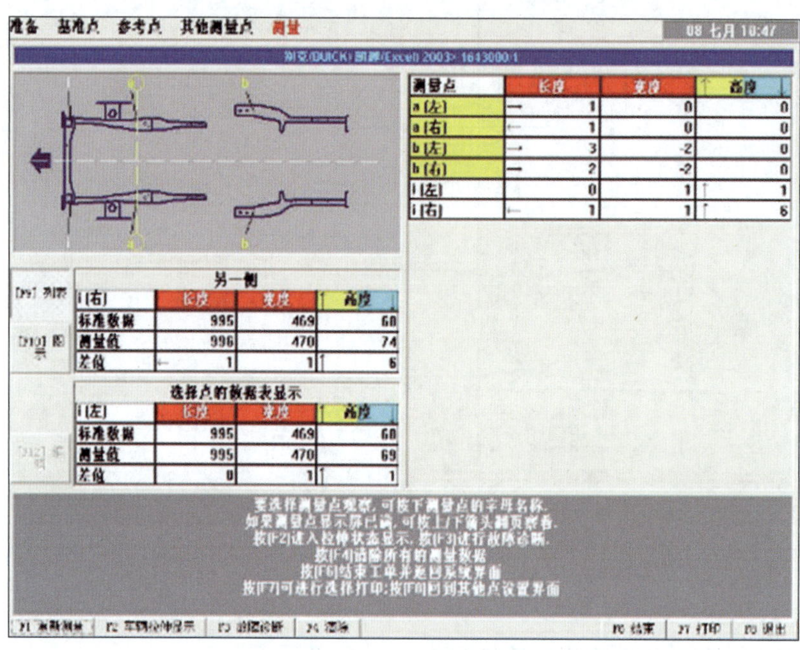

图 6-1-26　测量界面

测量界面中左侧为每一点的标准值、测量值和差值，右侧为各点在长、宽、高三个方向上的差值。如要测量其他点，按 F8 键退回其他测量界面即可。

4. 根据图纸要求的测量点逐一进行测量，并将测量结果记录在数据表中，如图 6-1-27 所示。

5. 得到图 6-1-28 所示的测量数据报告，将测量数据与标准数据对照，判断测量点的损伤情况。

6. 结束测量后，退出测量系统，将计算机恢复至原始界面，把各个工具和防护用品放回原处。

7. 打扫、整理场地。

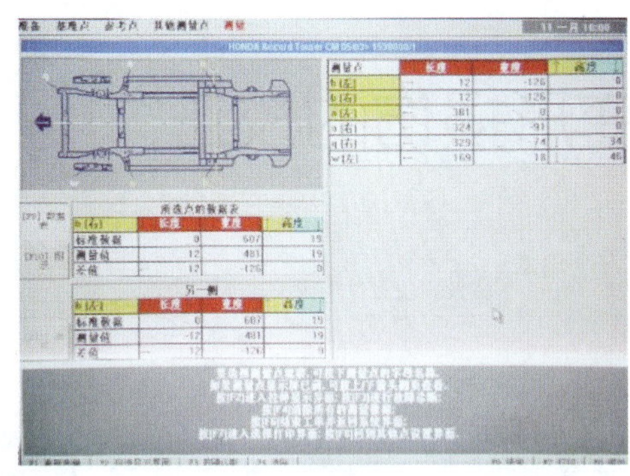

a）

车身修复—机械测量和拉伸作业记录表

开始时间______ 结束时间______ 成绩______

测量点		长度方向测量值	宽度方向测量值	高度方向测量值
第一组点	左侧			
	右侧			
第二组点	左侧			
	右侧			
第三组点	左侧			
	右侧			
第四组点	左侧			
	右侧			
第五组点	左侧			
	右侧			
第六组点	左侧			
	右侧			

教师签名________ 复核签名________

b）

图 6-1-27 记录相关测量数据

a）测量界面 b）测量记录表

测量点	侧边	资料坐标			测量坐标			差别（*D*–*M*）		
		长	宽	高	长	宽	高	长	宽	高
a	*L*	0	410	−7	0	410	−7	0	0	0
a	*R*	0	410	−7	0	410	−8	0	0	−1
b	*L*	−1 535	541	118	−1 525	541	117	0	0	−1
b	*R*	−1 525	541	118	−1 523	541	119	2	0	1
d	*L*	1 048	476	82	1 052	477	85	4	1	3
d	*R*	1 071	492	82	1 074	491	85	3	−1	3
e	*L*	892	461	295	890	461	295	−2	0	0
e	*R*	917	477	295	922	476	295	5	−1	0
f	*L*	667	392	318	663	392	319	−4	0	I
f	*R*	686	466	255	689	464	255	3	−2	0
q	*L*	571	517	670	571	518	670	0	1	0
q	*R*	571	517	670	566	530	664	−5	13	−6

图 6-1-28 测量数据报告

思考与练习

1. 车身变形的测量方法有哪些？
2. 简述用超声波电子测量方法进行车身测量的操作过程。

任务 2　车身局部变形损伤的校正

学习目标

- ◆ 熟悉车身局部变形损伤的维修工具和设备。
- ◆ 熟悉车身局部变形损伤的维修方法。
- ◆ 能够熟练进行车身局部变形损伤的校正。

任务引入

某汽车在转弯时与一直行车辆发生碰撞，导致车身左侧面凹陷，如图 6–2–1 所示，需进行拉陷修复。

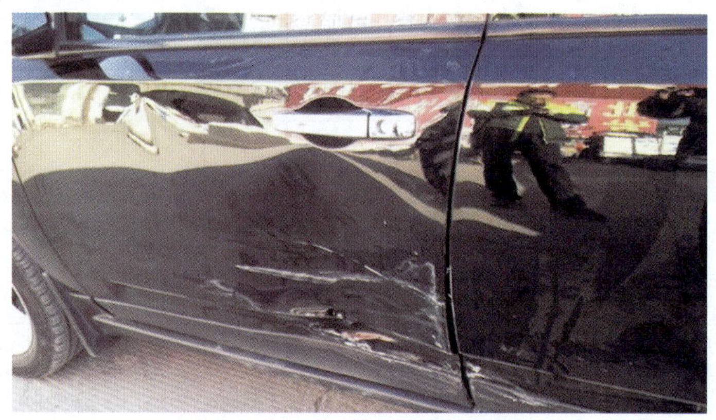

图 6-2-1　车身局部变形损伤

任务分析

汽车侧面翼子板和门板局部损伤后需进行修复，可通过手工方式进行拆装、修复，也可使用外形修复机等局部整形设备，根据车身结构的破坏情况，迅速、便捷地进行修复，从而恢复原厂尺寸、性能和工艺要求。

相关知识

一、车身局部变形损伤的维修工具和设备

1. 维修工具

正确选择和使用汽车车身维修工具，对于提高维修效率、保障设备完整及保护人身安全有着十分重要的作用。常用的汽车维修工具主要包括垫铁、扁錾、钢直尺、扁头锤、鲤鱼钳等，如图 6–2–2 所示。

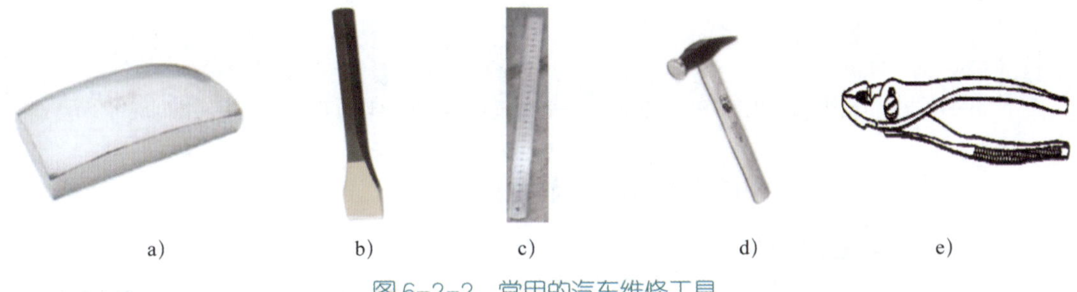

a) b) c) d) e)

图 6-2-2 常用的汽车维修工具

a）垫铁 b）扁錾 c）钢直尺 d）扁头锤 e）鲤鱼钳

2. 维修设备

修复门板损伤时多采用外形修复机，外形修复机将光垫圈熔植在凹陷部位的表面，通过惯性锤的冲击力将表面拉出，同时外形修复机还可进行点焊、碳棒加热、薄板补焊及局部加热、收火处理等。外形修复机及其附件如图 6–2–3 所示。

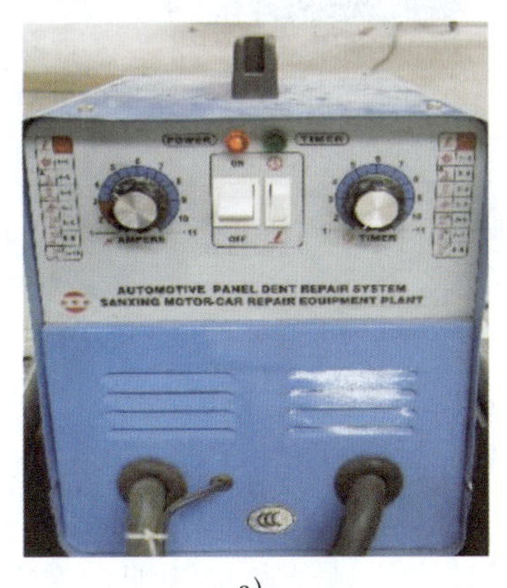

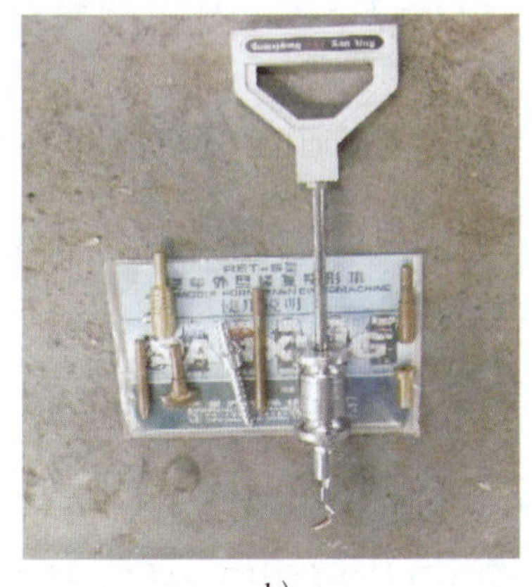

a) b)

图 6-2-3 外形修复机及其附件

a）外形修复机 b）惯性锤等附件

外形修复机的操作面板如图 6–2–4 所示。使用时主要通过控制电源开关、电流调节旋钮、时间控制旋钮等来设定参数，使光垫圈熔植在修复板件的外表面，并通过反复使用惯性锤将其拉陷修复。

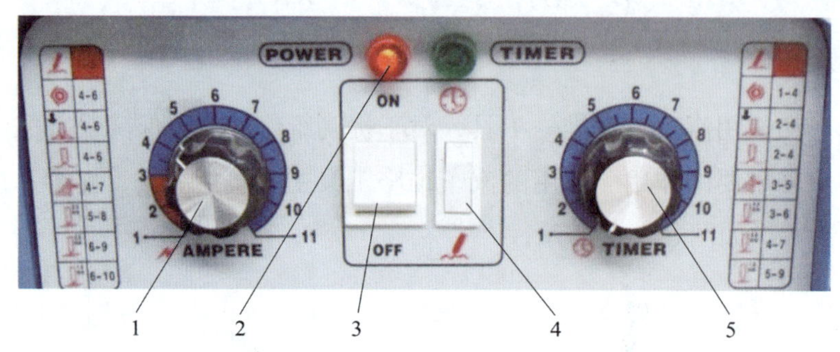

图 6–2–4　外形修复机操作面板

1—电流调节旋钮　2—电源开关指示灯　3—电源开关　4—收火切换开关　5—时间控制旋钮

二、车身局部变形损伤的维修方法

1. 通过整形设备拉平

外形修复机主要应用于不便敲击的特殊部位，对于有多层板料以及空间较小的部位，其应用最为广泛，特点是方便、省时、费用较低。凹陷拉平操作如图 6–2–5 所示，具体操作步骤如下：

图 6–2–5　凹陷拉平操作

（1）在损伤部位按照受力方向打磨漆面，露出金属，将搭铁连接好。

（2）将外形修复机通电并调整相关参数。

（3）在板件上熔植光垫圈，使用拉拔器进行拉拔，当变形区域被拉出后，保持拉力并进行敲击，以消除应力。

（4）反复操作，直至损伤区域被完全修复。

2. 通过手工整形整平

手工整形整平方法适用于损伤较严重的部位，用锤子和垫铁配合敲击损伤部位，恢复其外观形状、尺寸和强度。门板外板的修复如图 6–2–6 所示。

图 6-2-6　门板外板的修复

a）用木锤敲击外板内侧　b）用铁锤敲击外板外侧

之后采用错位敲击法对门板进行最后修复，左手持垫铁抵在最低部位，右手持铁锤敲击附近的凸出部位，如图 6–2–7 所示。

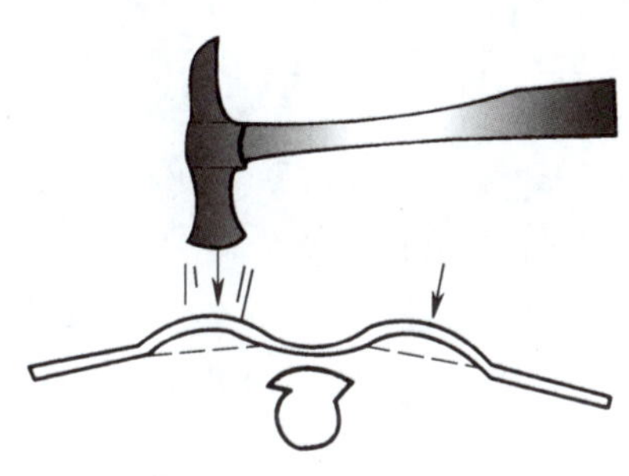

图 6–2–7　错位敲击法

3. 整形设备拉平法与手工整形整平法的比较

手工整形整平法利用锤子的敲击对表面的凹陷进行修复；整形设备不仅可以对车身表面进行修复，还能进行收火和焊接，应用非常广泛。两种修复方法的优缺点对比见表 6–2–1。

表 6–2–1　整形设备拉平法与手工整形整平法的比较

方法	是否需要拆装	时间	费用	修复范围
手工整形整平法	是	慢	高	外形和骨架
整形设备拉平法	否	快	低	外形

任务实施

事故车辆的门板因受到撞击而变形，首先根据门板的损伤情况确定维修方案。通常门板损伤的原因有两类，一类是受到物体的意外撞击，另一类是交通事故发生的碰撞。如果物体撞击使汽车门板出现凹陷或划痕，可以使用外形修复机对其进行修复；如果汽车门板由于交通事故变形量较大时，则需进行拆卸修复，严重时甚至需要更换。

一、门板损伤严重时的修复

1. 设备与工具

门板损伤严重时的修复设备和工具通常包括垫铁、扁錾、钢直尺、打磨机、撬棒、锤子等，如图 6–2–8 所示。

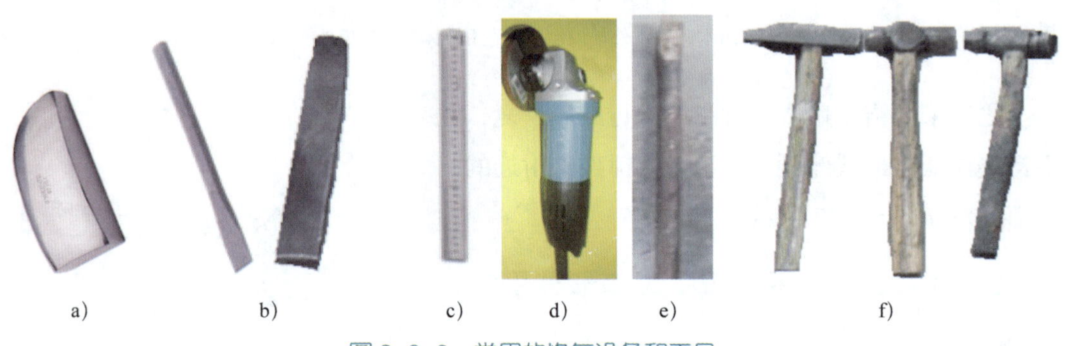

a)　b)　c)　d)　e)　f)

图 6–2–8　常用的修复设备和工具

a）垫铁　b）扁錾　c）钢直尺　d）打磨机　e）撬棒　f）锤子

2. 修复步骤

（1）拆除附件。将门板放在工作台上，逐一拆掉附件。

（2）将门板的内板与外板分离。首先用专用撬具将外板的包边撬开，使其与内板边缘逐渐分离。然后用锤子与垫铁配合，将外板的包边部分全部打开。如果边角处有焊点，可用扁錾铲除或用打磨机磨除，尽量不要用氧—乙炔割炬切割，防止门板发生变形。将内板与外板分离可便于分别修复。

（3）平整凹陷部位，矫平门板。将门板外板的外表面朝下，内表面朝上，放在平台上，用木锤先将塌陷的大坑顶出。然后将外板翻转，外表面朝上，内表面朝下，用锤子配合垫铁进行敲击。需要注意的是，敲击时的力度要均匀，由四周逐渐向中间移动，下面的垫铁也要配合锤子同时移动。

（4）对门板表面进行光洁处理。门板外板的平整、矫形工作结束后，由于锤子、垫铁、撬棍等工具作业留下了凹凸不平的痕迹，需要用车身锉刀进行最后的修复。

（5）对内板进行修复。由于门板的内板位于车身内部，只是起到增强外板刚度的作用，所以对其表面质量要求较低，修复工作也相对容易，其修复方法与外板相似。

（6）将内板与外板合成。将修复完毕的内板与外板按原来的连接方式合成为一体，即将外板的包边重新包住内板边缘，四角处可用二氧化碳气体保护焊分段焊接，以增加牢固度，使门板恢复到原始状态。

二、门板表面损伤的修复

1. 设备与工具

门板表面损伤修复的常用设备与工具包括打磨机、钢直尺、锤子、垫铁、外形修复机及其附件等。

2. 外形修复机的调节

进行门板修复前，应将外形修复机的电源开关、电流调节旋钮、时间控制旋钮等调节至适当位置。

3. 修复步骤

（1）根据门板的损伤情况，确定修复范围和方案，如图 6–2–9 所示。

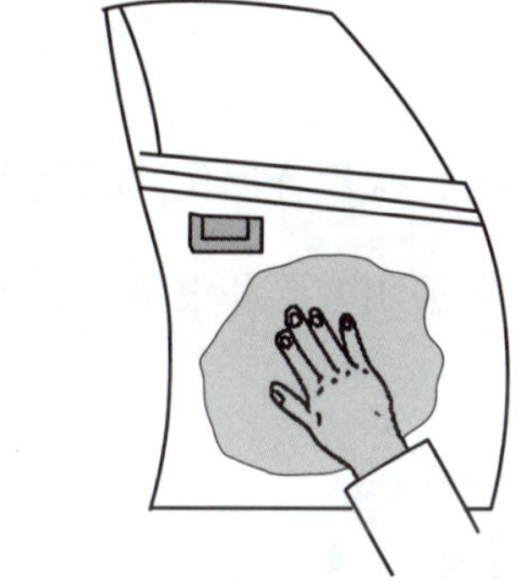

图 6–2–9　确定修复范围和方案

（2）根据损伤面积的大小和受力的情况，打磨涂层和腻子层，然后利用外形修复机对门板的损伤区域进行拉陷修复，焊上光垫圈进行拉陷操作，如图 6–2–10 所示。

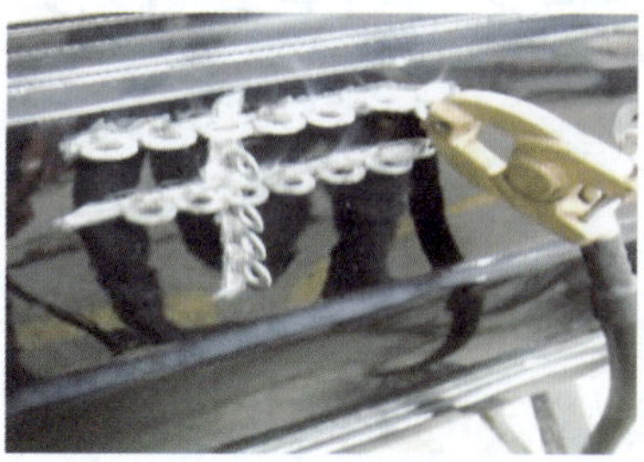

图 6–2–10　焊上光垫圈进行拉陷操作

（3）将凹陷拉平后，用钢直尺检查所拉平面的平整度，如图 6–2–11 所示。

（4）如果损伤区域没有达到修复要求，可再次使用外形修复机进行修复，最后去除光垫圈。

（5）打磨损伤区域的焊点。

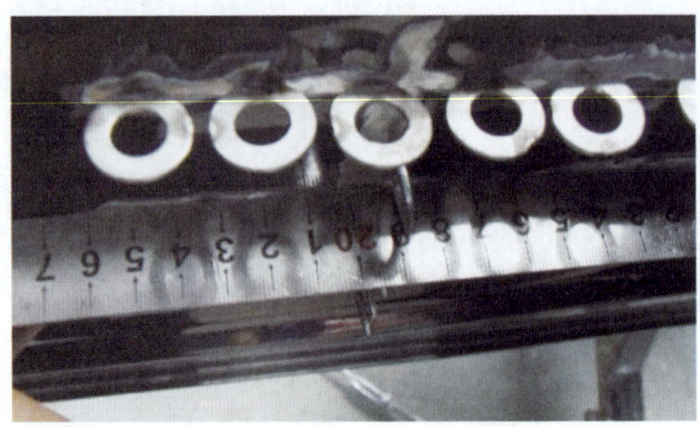

图 6-2-11　检查修复平面的平整度

（6）再次检查损伤区域是否达到修复要求并进行调整。

（7）关闭电源和设备，整理工量具，打扫场地。

思考与练习

1. 如何使用外形修复机对受损门板进行修复？
2. 整形设备拉平法与手工整形整平法有哪些区别？

任务 3　车身整体变形损伤的校正

学习目标

- ◆ 了解汽车碰撞诊断的基本步骤。
- ◆ 掌握车身碰撞力的分析方法，了解碰撞对整体式车身的影响。
- ◆ 熟悉车身损伤检视的方法和内容。
- ◆ 能够熟练使用车身校正仪对车身整体变形损伤进行校正。

任务引入

某高速公路上发生多车连环相撞事故，奇瑞汽车车身前部损伤严重，左前部发动机罩、翼子板、左前纵梁等严重变形，保险杠开裂、脱落，如图 6-3-1 所示，现需对汽车车身进行整体变形损伤的校正。

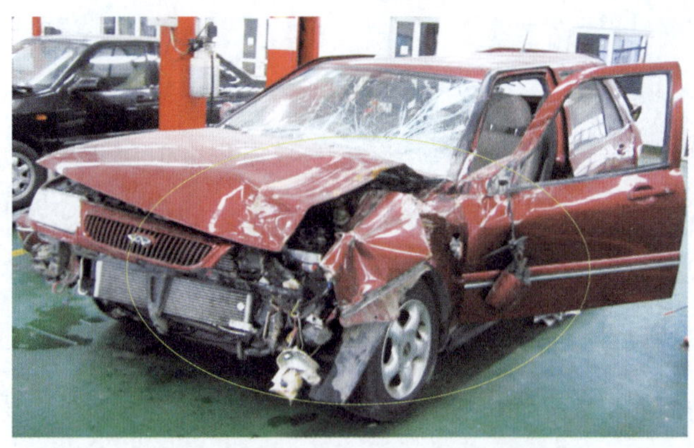
图 6-3-1　车身前部严重受损

任务分析

要对汽车车身进行校正、修复，首先需要了解碰撞诊断的基本步骤和碰撞力分析的相关知识，明确碰撞对整体式车身的影响，熟悉车身损伤检视的方法和内容，掌握车身校正仪等整形设备的操作方法。

相关知识

一、汽车碰撞诊断

汽车碰撞诊断的基本步骤如下：

1. 了解受损汽车车身的结构类型，如车架式车身、整体式车身等。

2. 目测确定碰撞部位、撞击方向，估算碰撞力的大小。

3. 检查可能存在的隐性损坏，确定损坏限制于车身范围内还是包含功能部件（如车轮、空调、悬架、发动机等）的损坏。

4. 沿碰撞能量传递路线检查部件的损坏情况，直至没有任何损坏痕迹的位置。

5. 测量主要部件的尺寸。通过比较标准尺寸和实际测量尺寸，检查、确定其变形量的大小，确定最终的修理方案。

二、碰撞力分析

1. 影响碰撞力的因素

汽车发生碰撞时，产生的碰撞力及汽车的受损程度取决于事故发生时的状况，了解事故的整个过程有助于确定损伤情况。因此，车身修理人员应及时向事故的见证者尤其是驾驶员询问事故发生的全过程，主要应掌握以下情况：

（1）事故汽车的尺寸、构造和碰撞位置。

（2）发生碰撞时车速和方向。

（3）碰撞物的具体情况。

（4）碰撞时乘员、货物的数量及其位置。

2. 汽车碰撞情况的确定

（1）碰撞位置

1）侧面损坏

当碰撞发生时，驾驶员的第一反应是绕离危险区，但由于转向操作欠熟练，汽车的侧面可能会被碰撞损坏，严重时甚至会导致汽车前部、中部或后部的弯曲变形，如图 6–3–2 所示。

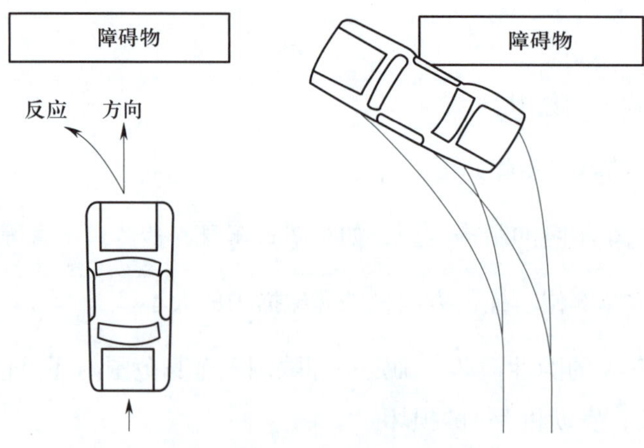

图 6–3–2　汽车侧面碰撞损坏

2）前部损坏

当汽车前部发生碰撞时，若碰撞点位于汽车前端较高部位（高点位置），则会导致车身和车顶后移及后部下沉，如图 6–3–3a 所示。若碰撞点在汽车前端下方（低点位置），由于惯性作用，汽车后部会向上翘曲，车顶发生上移，车门的前上方与车顶板之间会形成一个裂口，车顶板会出现凹陷变形，如图 6–3–3b 所示。

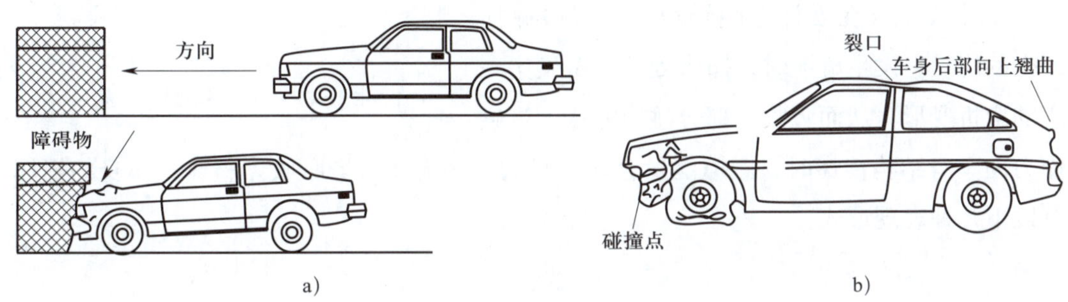

图 6–3–3 汽车前部位置的碰撞

a）高点位置的碰撞 b）低点位置的碰撞

（2）碰撞面积

质量相近的车辆以同样的车速发生碰撞时，碰撞损伤状况与碰撞面积有很大的关系。如果车辆与墙面碰撞，碰撞面积较大，所以损坏程度较轻。相反，如果撞上电线杆，由于碰撞面积小，其损坏程度会比较严重，可能会导致汽车保险杠、发动机罩、散热器等部件严重变形，甚至会出现整个发动机被后推等情况，如图 6–3–4 所示。

图 6–3–4 汽车与不同面积障碍物相撞的结果

a）碰撞面积较大 b）碰撞面积较小

（3）行驶方向

当横向行驶的汽车撞击纵向行驶汽车的侧面时，纵向行驶汽车的中部会产生弯曲变形，而横向行驶汽车除了产生压缩变形外，还会被纵向行驶汽车向前牵引，导致弯曲变形。这类碰撞大多发生在十字路口，如图 6-3-5 所示。

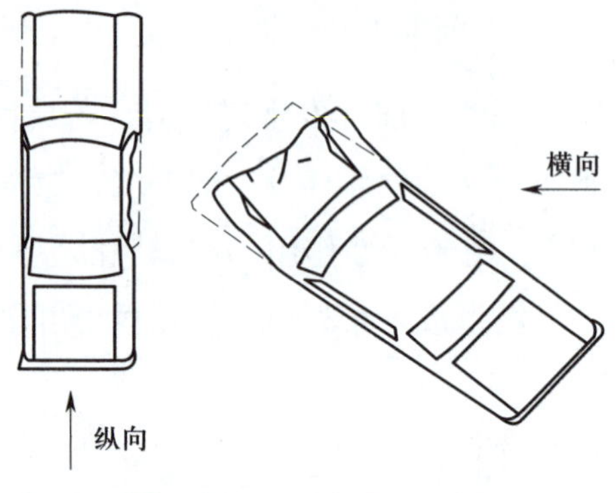

图 6-3-5　车辆侧面碰撞

三、碰撞对整体式车身的影响

整体式车身在设计上能够很好地吸收碰撞产生的能量。发生碰撞时，撞击处的车身发生一定的扁折变形，从而吸收一部分碰撞能量。当碰撞力向车身结构传递时，碰撞能量会被车身的更多吸能区域吸收。整体式车身的损坏有以下几种表现形式：

1. 前部损坏

前部损坏往往是车头撞上另一辆汽车或其他物体引起的损坏，损坏程度取决于整车质量、车速、撞击物以及撞击面积的大小。如果损坏程度较轻，将会造成保险杠后移，使保险杠座、散热器支架、前侧梁、前翼子板和发动机罩锁支柱等发生弯曲变形。如果损坏程度较严重，前翼子板将撞到前车门，发动机罩铰链将碰撞发动机罩，前侧梁折皱，与悬架所在横梁相撞。如果损坏程度十分严重，前翼子板挡板和前车身立柱将发生弯曲变形，前车门可能被撞掉。此外，前侧梁折皱加大，使悬架横梁弯曲，导致发动机与驾驶区之间的隔板和地板也会变形以吸收碰撞能量。如果前部碰撞与整车轴线间有一个夹角，那么车身还会发生侧向弯曲变形。由于两侧纵梁由横梁连接在一起，发生碰撞后一侧纵梁所受的力将通过横梁传递给另一侧纵梁。图 6-3-6 所示为整体式车身的弯曲及断裂。

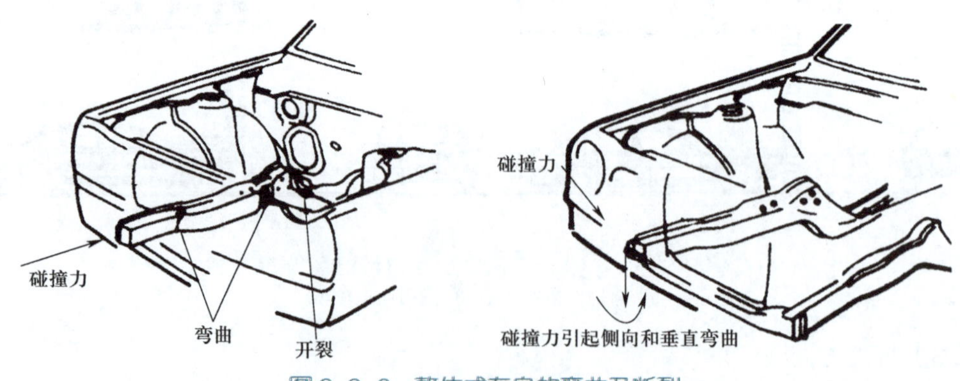

图 6-3-6　整体式车身的弯曲及断裂

汽车前部损坏的修理一般包括前部横梁一侧的前挡泥板及侧梁的更换，以及另一侧的前翼子板、前挡泥板和侧梁的修复。前部损坏的修理要从前挡泥板和侧梁的复原开始，并且要修复替换件的支撑结构，如图 6-3-7a 所示。修理时，涉及测量对角线的尺寸 *A* 和 *B*，并在目视下校正好对角线尺寸，如果对挡泥板上加强筋和侧梁同时进行牵拉将更有效，如图 6-3-7b 所示。

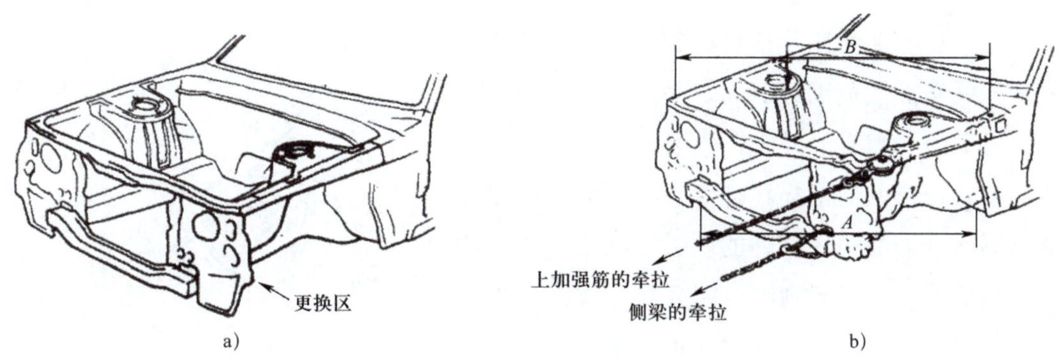

图 6-3-7 车身前部损坏的修理

a）车身前部更换区域 b）校正对角线

如果牵拉会导致修理侧的侧梁严重损坏，则可在对角线尺寸正确的位置，将前横梁和散热器的上支撑分开，再分别加以校正。要夹紧侧梁里面的损坏面，向前牵拉时，从内向外拉或从外向内压，如图 6-3-8a 所示。修理完弯曲部分后，使实际对角线尺寸与标准的对角线尺寸相吻合。

简单地夹住挡泥板侧梁的前缘进行牵拉，无法修理好车体前柱或前围板的主要损坏，图 6-3-8b 所示为车身前围板牵拉图。

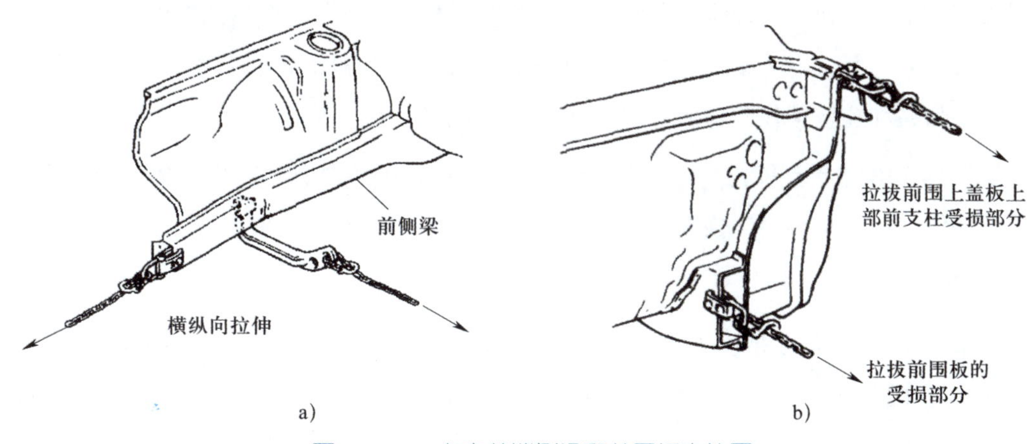

图 6-3-8 车身前端侧梁和前围板牵拉图

a）车身前端纵梁拉伸 b）车身前围板牵拉

2. 后部损坏

后部损坏是汽车在倒车时撞上其他物体或被另一辆汽车从后面碰撞上引起的损坏。如果损伤较轻，后保险杠、行李舱、后车身板和地板等会发生变形，车轮上方的后侧围板也可能鼓起。如果损伤较重，后侧围板会上折到车顶，四门汽车的B柱会弯曲，车身上部部件和后部纵梁也可能发生变形。

与车身前部相比，车身后部的车板结构更加复杂，损伤扩散范围也更大。当后侧梁被撞进轮罩、后车门间隙有误差时，不要对只有少量变形甚至没有变形的后部损坏部件进行牵拉，而要靠牵拉侧梁来消除损坏部件的应力。如果将轮罩或车顶侧板内板与后部侧梁一起夹紧牵拉，那么后车门的间隙就可以恢复正常，如图6–3–9所示。

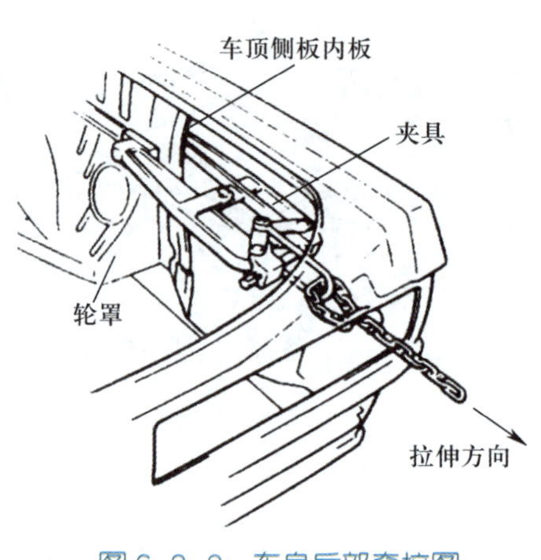

图6–3–9 车身后部牵拉图

一旦上部结构被修复到可以加以固定时，应立刻装好校正上部结构的固定装置，同时更换损坏严重、无法修理的部件。

3. 侧向损坏

汽车侧面碰撞损伤时，会造成车门、前部侧板、B柱甚至地板发生不同程度的变形。如果前翼子板中部受到撞击，前轮将会后缩。碰撞力会通过前悬架所在的横梁传递给两侧纵梁。如果碰撞力很大，对悬架部件造成损坏，前轮定位将发生改变。如果汽车门槛护板中心受到严重碰撞，车底板也会发生变形，整个车身会扭曲。图6–3–10a表示了一种固定方法，当在汽车两端进行侧向牵拉时，中心部分可以用一根链条穿绕，采取用接弹夹和挂钩挂住工作台边缘的方法进行固定。

如果汽车B柱受到撞击，门框变形较大，可采用分离式千斤顶等设备，用动力杆将变形部位支好，利用液压恢复门框的形状和尺寸，如图6–3–10b所示。

4. 顶部损坏

汽车顶部损坏大多是高空坠物或汽车翻滚导致的，顶部损坏不局限于车顶板，还有可能造成车顶侧梁、后侧围板和车窗的损坏。汽车翻滚时，车身立柱和车顶板会发生弯曲，车身前部或后部也可能被损坏，其特征是车门及车窗附近会发生变形。

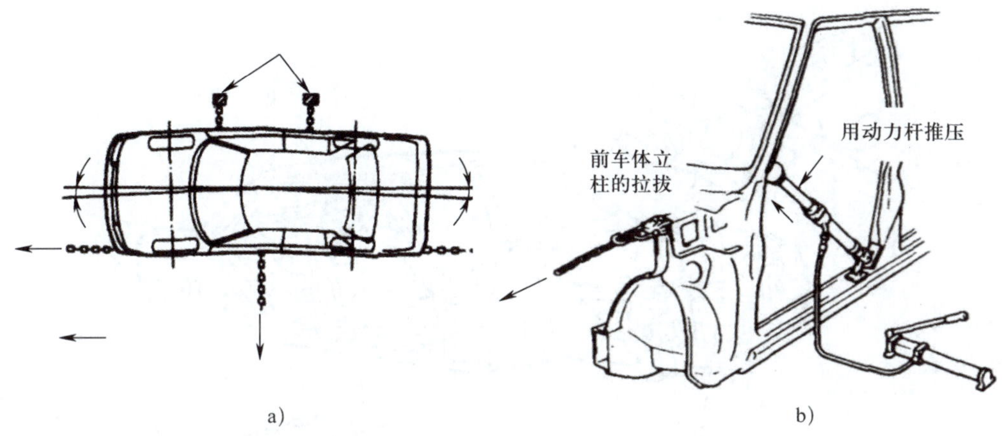

图 6-3-10 汽车侧面变形的修复

a）汽车的固定 b）门框的修复

汽车顶部变形损伤的修复如图 6-3-11 所示，当牵拉点移向较高位置时，部分有效拉力将转变为较长的链条行程。

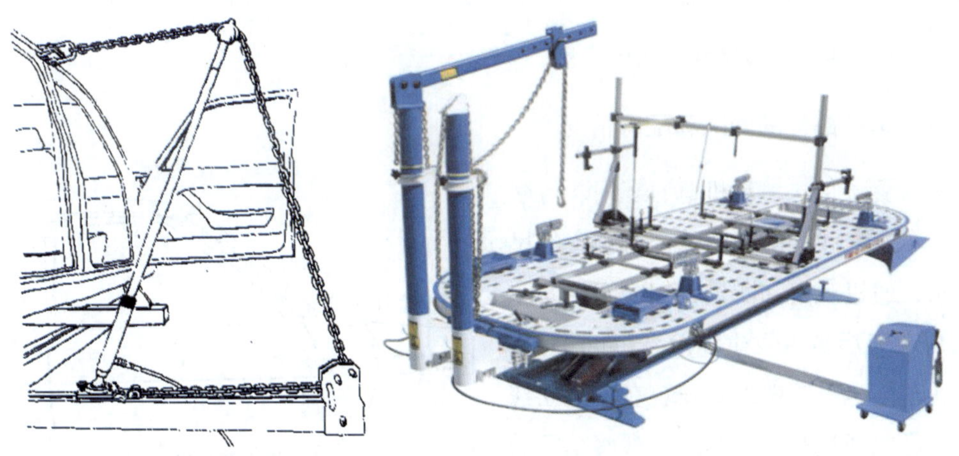

图 6-3-11 汽车顶部变形损伤修复

四、车身损伤检视

1. 容易识别的损伤部位

车身上容易识别的损坏和变形部位如图 6-3-12 所示，包括部件截面、部件连接处、棱角或边缘以及发生弯曲、扭曲、断裂的部位。

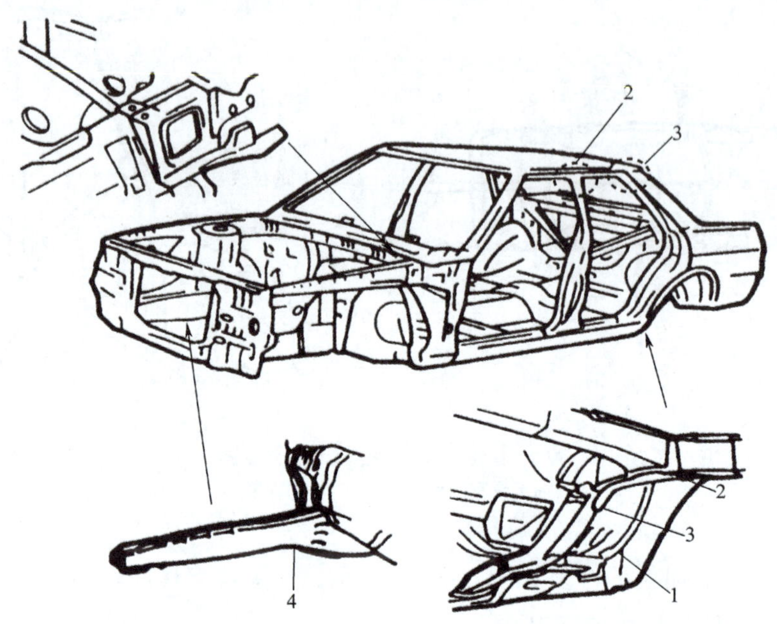

图 6-3-12　容易识别的损坏变形部位

1—部件截面　2—部件连接处　3—棱角或边缘　4—发生弯曲、扭曲和断裂的部位

2. 车身损伤检视的内容

（1）车身部件的间隙和配合情况

车身翼子板、发动机罩、车门、行李舱门、车灯之间的配合间隙都有一定的尺寸要求，通过观察和测量它们之间的间隙可以判定变形是否发生以及变形的类型。例如，车门是以铰链形式安装在车身立柱上的，可以通过开、关车门及观察车门的准直程度和配合间隙来确定车身立柱是否受到损伤，如图 6-3-13 所示。

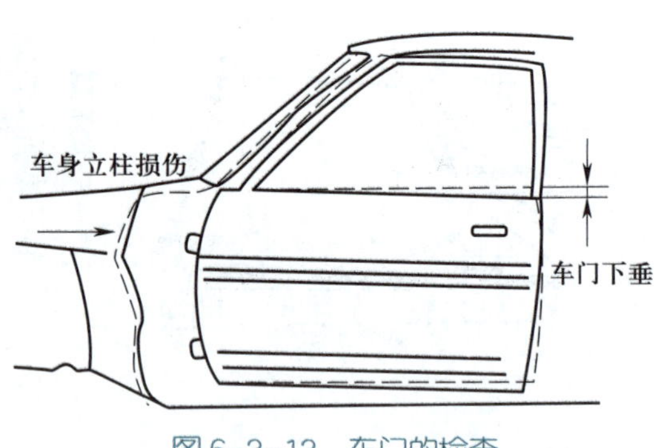

图 6-3-13　车门的检查

当汽车前部发生碰撞事故时，了解损坏情况最重要的方法是检查后车门与后顶侧板之间的间隙及水平方向的差异；另一个较好的方法是将汽车左侧与右侧部件的间隙进行对比。

（2）汽车的惯性损坏

汽车受到碰撞后，一些沉重部件（如发动机）由于惯性较大会产生巨大的作用力，对车身造成二次损伤，因此需要对这些沉重部件的固定件、周围部件及钢板进行全面检查。

（3）来自乘员和行李的损伤

在汽车碰撞过程中，由于乘员和行李具有一定的惯性，转向盘、转向支柱、仪表板和座位靠背等可能会受到损坏，行李舱中的行李也可能导致行李舱地板、行李舱门和后侧顶板发生损坏。

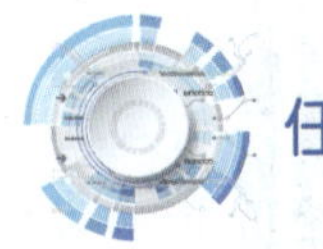

任务实施

现代整体式车身多由高强度钢制成，汽车发生碰撞损坏后，必须采用全方位拉伸方法进行修复。越来越多的维修企业采用车身校正仪来对事故车辆进行修复，车身校正仪可以将损坏部位修复至原始强度、形状和尺寸。

一、车身校正仪的功用及应用场合

汽车由于发生碰撞、倾覆等事故引起车身和骨架变形时，可利用车身校正仪，通过拉伸和尺寸测量恢复其原始强度、形状和尺寸。车身校正仪通常用于校正车身和骨架的变形。

二、车身校正仪的组成

车身校正仪主要由梁身、塔柱、二次举升装置、测量组尺、油泵等组成，此外还配有相应的附件，如图 6-3-14 和图 6-3-15 所示。

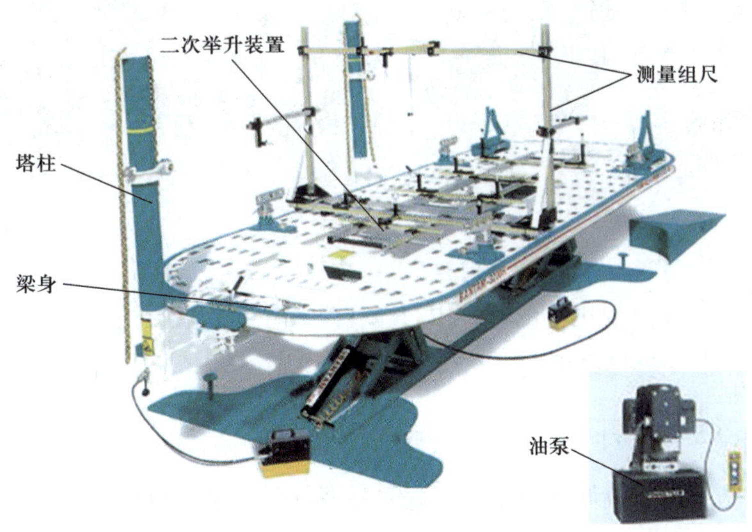

图 6-3-14 车身校正仪的组成

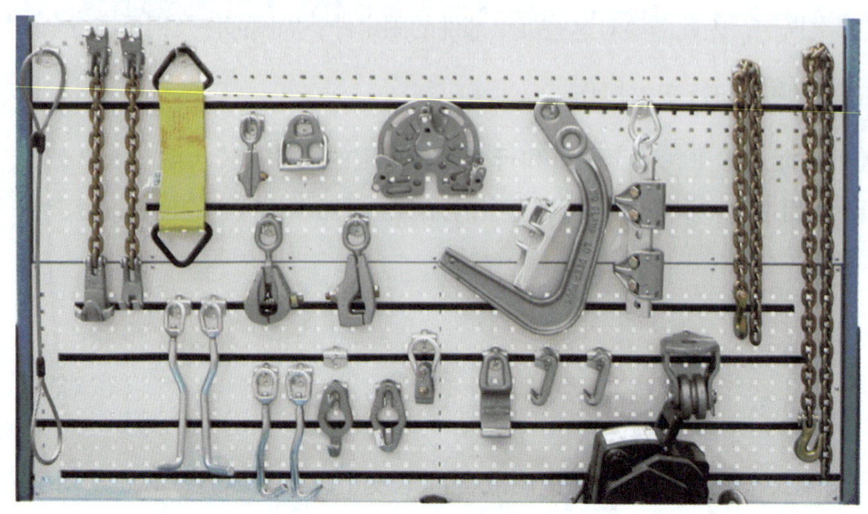

图 6-3-15　车身校正仪的附件

三、车身校正仪的操作流程

1. 上校正仪

事故车如果可以起动、行驶，则将其开上车身校正仪；如不能行驶，则采取拖动的方式将其拉上车身校正仪，如图 6–3–16 所示。

图 6-3-16　将事故车拉上车身校正仪

将事故车拉上车身校正仪的过程中，应注意其左右位置要适中，同时将挡位置于空挡，拉紧驻车制动器操纵手柄，车后不可站人。

2. 车身定位和夹具固定

由于要对车身进行拉伸和测量，因此需要进行车身定位和夹具固定，如图 6–3–17 所示。

图6-3-17 车身定位和夹具固定

3. 举升平台

根据事故车修理的实际情况，将油泵拉锁扳至“平台升降”位置，并打开油泵控制开关，举升校正仪平台到合适的位置，如图 6-3-18 所示。

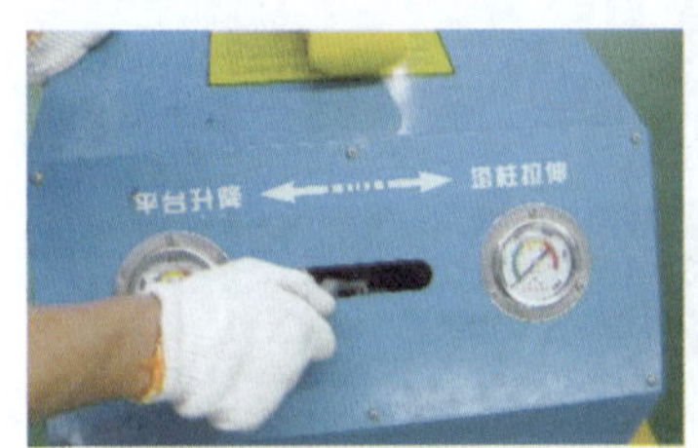

图6-3-18 举升平台

4. 拉伸操作

对车身进行拉伸维修，并反复检查、调整，具体操作步骤如下：

（1）将塔柱移动到汽车受力反方向位置并进行固定，如图 6-3-19 所示。如有需要，可将另一塔柱置于校正仪对称位置起固定作用。

（2）接通塔柱液压管路，打开液压控制开关至“ON”位置，如图 6-3-20 所示。

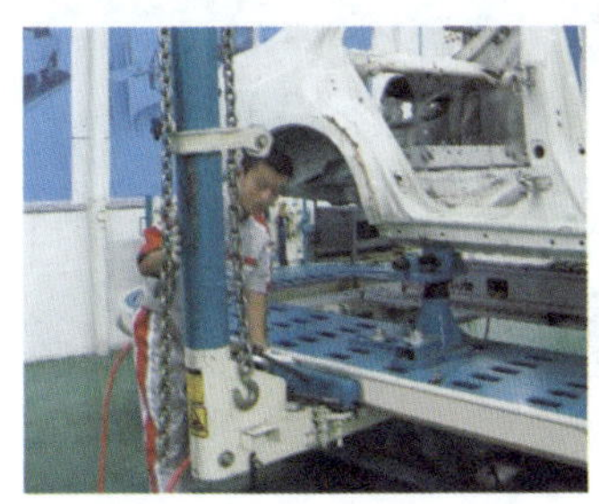
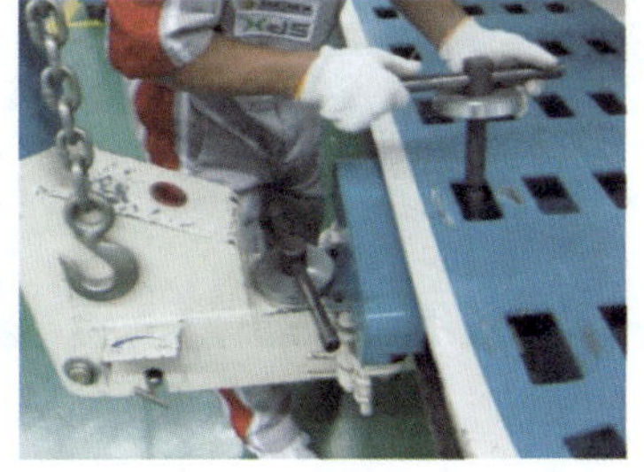

图6-3-19 塔柱的定位及固定

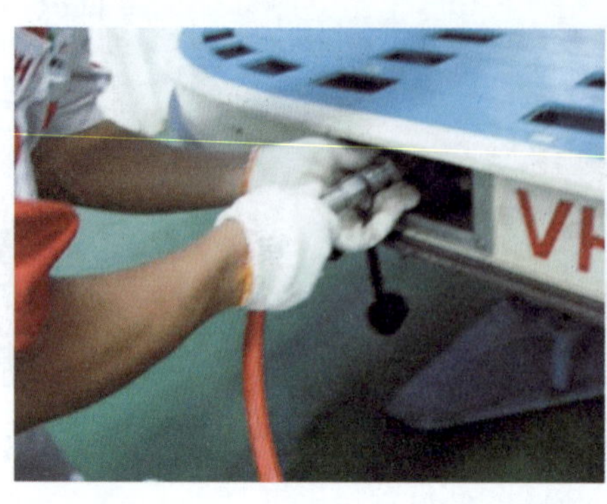

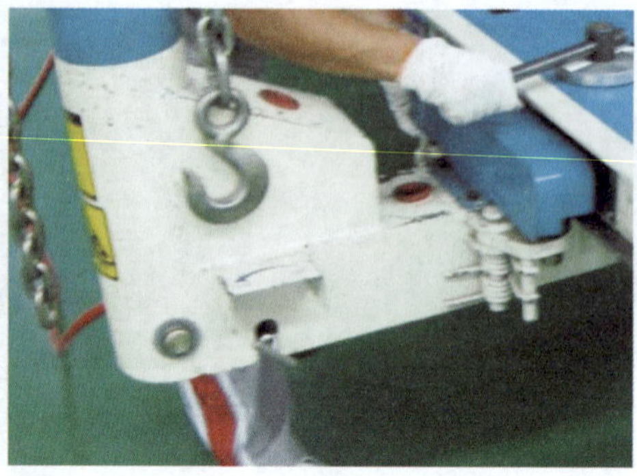

图 6-3-20　接通塔柱液压管路并打开液压控制开关

（3）根据事故车车身受力位置和受力面积选择相应拉伸夹具，并再次确定拉伸方向。图 6-3-21 所示为车身纵梁的拉伸，根据塔柱和车身受力点之间的距离选择链条长度，再选择夹具，将链条、夹具和车身可靠地连接好，防止在拉伸及校正过程中脱落伤人。

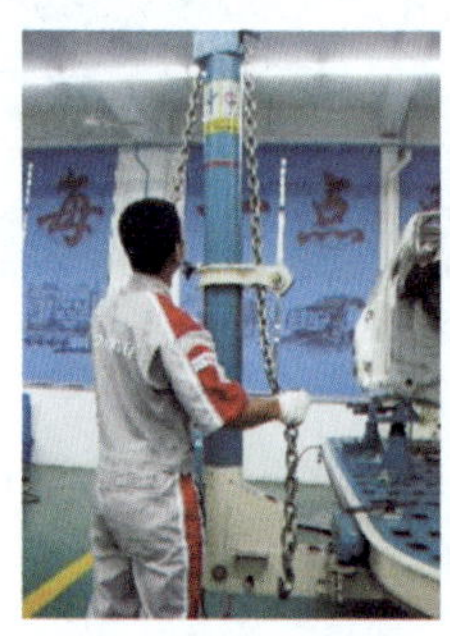

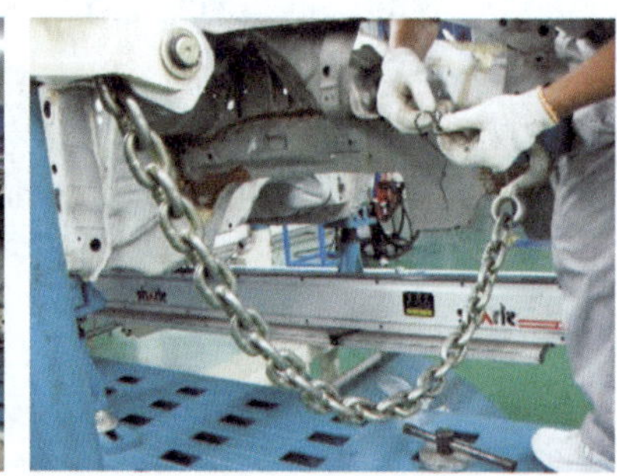

图 6-3-21　车身纵梁的拉伸

（4）将油泵开关扳至“塔柱拉伸”位置，打开升降开关至“ON”，升起塔柱，不断对链条施力，从而对损伤位置进行拉伸修复，如图 6-3-22 所示。

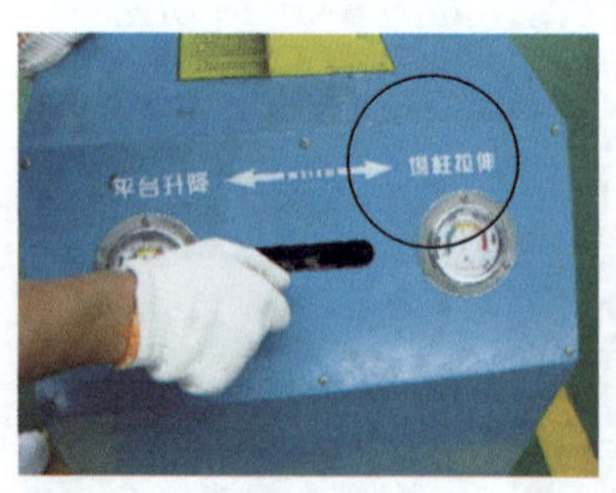

图 6-3-22　塔柱拉伸

（5）在拉伸过程中，应注意边拉伸边测量，以防止拉伸过度。拉伸完毕后，按相反的顺序依次拆卸车身校正仪各附件，关闭相关开关。

5. 注意事项

进行车身校正作业的过程中应注意以下事项：

（1）维修车辆时，汽车必须挂空挡，驻车制动器操纵手柄必须拉紧，以防车辆滑动。

（2）在升起或降下工作平台时，一定注意不要压到工具、液压管路、空气管路等。油管应保持完整，不得有任何形式的损伤，不允许用火烤。

（3）要时刻注意检查液压系统的密封性，如果密封不严，应立刻维修或更换。

（4）在拉伸操作前，必须将事故车夹紧牢固，不允许事故车在拉伸过程中出现滑动现象。

（5）钣金工具和附件必须牢固夹紧在车身表面上，保证拉伸过程中不会脱落。

（6）在拉伸过程中，不允许使用液压千斤顶作为汽车的支撑，不允许维修人员在车下工作。

（7）升降平台时，维修人员不允许站在车的后面。车开上或开下平台时，一定要有工作人员在旁边协助指挥方向。拉伸过程中，维修人员不允许站在有张力的链条和拉伸钣金工具后面。

（8）在使用链条前，必须保证链条没有扭曲、弯折、打结现象，应定期检查链条有无刻痕和弯曲、拉长等现象，检查凹槽是否扭曲、附件是否损坏。

思考与练习

1. 简述车身校正仪的组成及其功用。
2. 简述汽车碰撞诊断的基本步骤。